이론과 실제

평신도 전문인 자비량 선교

이현정 지음

쿰란출판사

이 작은 책을 전 세계에 흩어져 선교사역에 헌신하시는 모든 선교사님들과 본국에서 기도로 세계선교를 지원하고 계시는 모든 주의 백성들, 그리고 앞으로 선교사역에 쓰임받기를 원하고 준비하고 계시는 모든 주의 백성들에게 바칩니다.

추천사

이 책 《평신도 전문인 자비량 선교》는 이론과 실제를 겸비한 한국형 평신도 전문인 자비량 선교를 최초로 전문적으로 소개한 매우 귀한 책이다. 그리고 이현정 박사님의 박사 논문을 토대로 하여 누구나 읽기 쉽게 재구성한 책이다. 이현정 박사님은 바로 평신도 전문인 자비량 선교를 경험한 분이다. 또한 신학을 하고 성직을 수행하면서도 계속해서 이를 위해 헌신하며 UBF(University Bible Fellowship, 대학생성경읽기선교회)를 진두지휘하고 있는, 불철주야 연구하고 발로 뛰는 진정한 사역자이다.

한국 교회의 99.6퍼센트를 차지하고 있는 평신도는 '하나님의 동결된 자산' (God's frozen property)이다. 예수님의 지상명령에 헌신된 전문 직업을 가진 평신도들이 동원되고 자비량으로 선교가 활성화될 때 남은 과업이 완수될 수 있을 것이다. 전통적인 선교방식은 중요하다. 그러나 한계가 있다. 평신도 전문인 자비량 선교가 물결처럼 전세계적으로 파도칠 때 사도행전 시대의 선교 부흥의 역사가 일어날 것이다.

이 책은 평신도의 위치를 성경적으로, 교회사적으로, 신학적으로 매우 명쾌하게 정리했다. 또한 평신도가 교회와 세상에서 주인의식을 가지고 어떤 역할을 해야 하는지에 대한 길라잡이 역할을 하고 있다. 뿐만 아니라 전문인 자비량 선교에 대한 ABC를 이론적으로 알기 쉽게 논거했다.

한국형 평신도 전문인 자비량 선교의 고전적 모형인 UBF의 사례연구(Case Study)를 통해서 UBF가 어떻게 자비량으로 하나님 나라를 섬기고 있는지를 상세하게 분석하여 나누고 있다. UBF는 윌리엄 캐리가 제안한 바 있는 하나님의 귀중한 선교 도구(means)이다. UBF는 랄프 윈터 박사가 명명한 'Sodality' 선교 구조로서 한국의 모든 선교 'Sodality' 구조 중에서 가장 많이 선교사를 파송했다. 그것도 평신도 자비량 선교사이다. UBF는 평신도 전문인 자비량 선교의 개척자이며, 주님을 사랑하는 헌신된 평신도 전문인 선교 단체 중 가장 이상적인 모델이다.

이 책을 통해서 한국의 동결된 하나님의 자산인 평신도 전문인들이 자비량 선교 헌신에 크게 공헌하리라 확신하면서 모든 선교사들과, 선교 헌신자들과, 평신도 전문인들과, 교회지도자들, 그리고 모든 청소년들에게 추천한다. 할렐루야!

2010년 6월 15일
강승삼 목사(Ph. D)
(사)한국세계선교협의회 대표회장

추천사

나는 이현정 목사님을 매우 좋아한다. 그는 겸손하고 따뜻하며 지적 능력이 탁월하고 복음에 대한 열정이 뜨겁고 리더십이 뛰어나기 때문이다. 나는 이현정 목사님 부부와 함께 중국 연변 지역에 흩어져 있는 조선족 어린이들 200여 명(주로 고아들)을 세 번이나 방문해서 저들을 돌아본 적이 있었는데 그들은 함께 다니기가 너무 편하고 즐거운 분들이었다. 불우한 어린이들에 대한 따뜻한 가슴을 지니고 있었고 마음과 마음이 통하는 분들이었다. 나는 이현정 목사님과 함께 일하게 된 것을 늘 고맙게 생각한다.

이현정 목사님이 지은 이 책 《평신도 전문인 자비량 선교》의 머리말과 내용을 훑어보면 선교가 어려워지고 있는 오늘날 "평신도 전문인 자비량 선교"가 왜 필요한지를 성경적으로, 역사적으로, 그리고 현실적으로 정확하게 분석하고 설득력 있게 주창하고 있다. 금세기에 들어와서 선교지의 상황이 어려워지고 있음을 분석하고 있다. "선교사의 입국을 제한하고 있다. 복음을 듣지 못하는 사람들의 수가 증가하고 있다. 종족과 문화의 장벽이 높아지고 있다. 막대한 선교 지원금 문제가 있다. 공산주의의 도전이 계속되고 있다. 세속주의의 영향으로 복음이 도전을 받고 있다." 이와 같은 상황을 고찰해 볼 때 가장 중요한 대안은 '하나님의 동결된 자산'인 평신도 전문인들을 세계 선교에 동원하는 것이다. 이는 설득력 있는 주창이다.

　사도 바울은 몇몇 사람들을 얻고 몇몇 사람들을 구원하기 위해 즉 전도와 선교의 사명을 수행하기 위해 "여러 사람에게 여러 모양으로"(all things to all men)란 구호를 외치면서 그대로 살았다(고전 9:20-22). 그것이 사도 바울의 삶의 스타일이었고, 전도와 선교의 스타일이었다. 사도 바울은 다양한 삶의 처지에 적응하는 삶의 비결도 배웠다고 고백했다. "어떠한 형편에든지 내가 자족하기를 배웠노니 내가 비천에 처할 줄도 알고 풍부에 처할 줄도 알아 모든 일에 배부르며 배고픔과 풍부와 궁핍에도 일체의 비결을 배웠노라"(빌 4:11-12). 사도 바울은 자비량으로 일하면서 복음을 전하기도 했다.

　"여러 사람에게 여러 모양으로" 나타나는 삶의 스타일은 자기를 부인하는 겸손한 삶의 스타일이었고, 모든 사람을 포용하는 따뜻한 삶의 스타일이었으며, 모든 사람들에게 도움의 손길을 펴는 친절한 삶의 스타일이었다. 이는 누구와도 함께 살 수 있는 동일시하는 삶의 스타일이었고, 누구와도 함께 음식을 나누어 먹을 수 있는 친밀한 삶의 스타일이었으며, 누구하고든지 함께 놀아줄 수 있는 즐거움의 삶의 스타일이었다. 이와 같은 사도 바울의 삶의 스타일

추천사

은 말씀이 육신이 되신, 즉 성육하신 예수님의 삶의 스타일이었다. 나는 평신도 전문인 자비량 선교사들의 삶의 스타일이 이와 비슷한 스타일이라고 생각한다.

이현정 목사님은 48년 역사의 UBF 사역을 고찰하고 나서 겸손한 자기 성찰을 했다. "UBF가 소명으로 인식하고 추구하고 있는 사역의 방향이 보편성을 가진 지역교회 공동체에서 볼 때 자칫 배타적으로 비칠 수도 있다. 우리는 이런 점을 언제나 인식하고 스스로 배타적이 되지 않도록 노력하고 있다. 우리가 받은 특수한 소명을 지키면서 동시에 거시적인 안목에서 그리스도의 몸 된 교회의 지체로서의 몸을 세울 수 있도록 교계와의 연합사업을 적극적으로 섬기고자 노력하고 있다." "이런 상황으로 인해 알게 모르게 엘리트 의식에 빠질 위험성이 있다. 이 점을 늘 경성하며 영적으로 성숙해지고 겸손해질 수 있도록 주님과 사람을 섬기는 자들이 될 수 있도록 기도하며 노력하고 있다." 아름다운 자기 성찰이라고 생각한다.

끝으로 너무 바쁜 사역을 수행하는 중에도 《평신도 전문인 자비량 선교》를 집필하여 출판하는 이현정 목사님의 애정 어린 수고에 치하와 감사의 마음을 전하며, 이 책을 통해 평신도 전문인 자비량 선교에 대한 이해와 함께 평신도 전문인 자비량 선교 운동이 한국 교회 안에 널리 확산되기를 바라며 UBF가 보다 건강하고 아름다운 선교 단체로 든든하게 발전하게 되기를 기원한다. "뜻이 하늘에서 이룬 것같이 땅에서도 이루어지이다"(마 6:10).

2010년 6월 15일
김명혁 목사
한국복음주의협의회 회장

머리말

　개신교 선교 125년을 맞은 한국 교회는 1천 만의 신자를 갖게 되었다.[1] 뿐만 아니라 한국 교회 파송 해외선교사의 수는 2010년 1월 말 현재 169개국에 20,840명이다.[2] 한국은 1999년도에 세계 3대 선교사 파송국, 2005년 이후부터는 세계 2대 선교사 파송국의 위상을 지켜오게 되었다.[3] 한국 교회는 서구 교회의 선교사 파송 둔화와 함께 세계 선교운동을 주도하는 교회가 되었다. 1천 만이 넘는 신자들의 신앙과 뜨거운 기도, 예수님의 지상명령을 이루어 드리고자 하는 선교의 열정 그리고 경제 성장이 1980년대와 1990년대에 선교의 붐을 이루는 데 밑거름이 됐다고 볼 수 있다.

　한국 교회는 2006년 6월 한국세계선교협의회(KWMA)[4] 주관으로 세계선교대회 및 전략회의를 열고, 앞으로의 한국 선교의 비전으로 타깃(Target) 2030운동과 엠티(MT, Million Tent-makers) 2030운동을 선포한 바 있다.[5] 타깃 2030운동은 2030년까지 10만 명의 정병 선교사를 파송하는 운동이며, 엠티 2030운동은 2030년까지 1백 만 명의 자비량 사역자[6]를 파송하는 운동이다. 사실 한국 교회가 1백 만 명의 자비량 선교사를 파송할 수 있으리라는 것은 1998년 6월에 출간된 나의 연세대학교 연합신학대학원 석사 논문에서 언급한 바 있다.[7] 아마도 나의 이 언급이 한국 교회의 1백 만 자비량 선교사 파송에 관한 최초의 제안이었다고 생각된다.

한국 교회가 비전과 열정을 갖고 땅 끝까지 복음을 전파하라 하신 우리 주님의 유언적 선교 명령을 이루어 드리고자 하는 것은 매우 기쁜 일이다. 또한 그렇게 되기를 소망한다. 한국 교회의 모든 교단 선교부와 선교단체들, 그리고 한국 교회 목회자들과 성도들이 그렇게 되도록 기도하며 총력을 기울여야 할 것이다. 그런데 금세기에 들어와서 해외 선교지의 상황은 점점 더 어려워지고 있다. 어떤 점에서 그런지 구체적으로 살펴보자.

첫째, 목회자(성직자) 선교사의 입국을 제한하는 폐쇄지역이 증가하고 있다.[8] 1974년 MARC[9]의 총무인 에드 데이턴은 한 보고서에서 "어떤 형태이든지 일체의 외국인 선교를 허락하지 아니하거나 자국의 영토 내부에서 복음 전도를 엄하게 제한하고 있는 국가는 32개국이다"라고 했다. 그런데 1987년 데츄나오 야마모리가 조사한 보고서에 의하면, 완전 폐쇄국가가 3개, 매우 폐쇄적인 국가가 43개, 약간 폐쇄된 국가가 31개 그리고 폐쇄되고 있는 국가가 7개인 것으로 밝혀졌다. 이후로는 이 문제에 관한 통계가 발표되지 못하고 있다. 앞에서 언급한 통계는 23년 전

머리말

의 것인데도 폐쇄적인 국가의 총수가 84개국이나 된다. 여기서 '폐쇄적'이라는 말은 목회자 선교사들을 받아들이지 않는 것을 의미한다. 목회자 선교사의 접근을 막고 있는 이들 84개국의 인구가 전세계 인구의 65퍼센트나 된다. 그런데 목회자 선교사에 대하여 폐쇄적인 나라는 이후로도 계속 증가하고 있다.

둘째, 복음을 듣지 못하는 사람들 수의 증가에 비해 선교사의 파송이 이를 뒤따르지 못하고 있다. 데이빗 바렛의 조사에 의하면, 복음을 영접하지 못한 사람의 수는 2008년 중반에 44억 6천 명에 이르렀다. 매일 14만 명이 늘어나고 있다. 반면에 현재 해외 사역자들은 대략 46만 명이며, 매일 14명의 선교사가 파송된다. 증가율로 볼 때 격차는 더욱 커질 것이다. 또한 패트릭 존스턴은 현지인과 외국인 선교사를 모두 포함한 전체 선교사와 현재 인구 비율이 1:30,232라고 했다. 이는 선교사 1명이 선교해야 할 불신자가 30,232명이라는 것이다. 세계의 인구는 계속하여 성장하고 있으며, 갈수록 다원화되고 복잡해지는 선교지의 상황을 고려해 볼 때, 복음을 영접하지 못한 사람의 절대적인 수는 계속하여 증가할 것으로 예상된다. 반면에 이들에게 복음을 전해 줄 선교사의 비율은 갈수록 감소하는 현상이다.

셋째, 종족과 문화의 장벽이 높아지고 있다.10) 세계는 민족주의의 부흥과 함께 자기 민족의 토속종교를 믿는 사람들이 늘어나고 있다. 전호진 박사는 아시아의 종교적 상황을 단적으로 표현하여 "비기독교 종교는 점차로 군사적 절대주의의 방향으로 나아가 소수 종교를 철저히 배격한다"고 말했다.11) 아시아에서는 새뮤얼 헌팅턴이 지적한 대로 종교가 일종의 이데올로기로 변질되고 있다. 인도와 파키스탄의 핵 경쟁이나 이슬람 원리주의자들의 미 대사관 폭파사건, 이에 대한 미국의 대응, 2008년 8월에 인도 오리사 주에서 일어난 힌두교도들의 기독교 교회 건물 방화 및 무차별 테러 등은 종교가 이데올로기화되는 대표적인 예라고 할 수 있다. 이때 약 2천 개의 교회 건물이 방화로 불타고, 수십 명의 기독교인들이 죽임을 당했으며, 수만 명이 피신을 하는 어려움이 있었다.

회교, 힌두교, 불교, 유대교의 세계에서는, 종교는 개인의 선택이 아니라 마을이나 국가 단위 혹은 부족 단위의 집단적 선택이라고 말한다.12) 이들 나라에는 목회자들이 들어갈 수도 없다. 또한 선교지의 많은 원주민 교회들은 외국의 목회자들이 와서 적극적으로 선교하는 것을 싫어한다. 게다가 선교 외지도 결여되어 있다. 예를 들면, 스리랑카의 기존 교회는 오랜 전통과 진

머리말

보주의적 신학으로 인해 복음 전도보다는 종교 간의 대화에 더 열심이다. 그래서 복음 전도에 열심인 오순절 계통의 교회를 핍박한다.13)

현재 전세계의 미전도 종족 중 대부분이 공산권·힌두교권·회교권·불교권에 속하며, 이 지역들은 더 많은 선교사들이 필요한 전략적인 지역이다. 그런데도 이들 지역의 나라들은 모두가 목회자(성직자) 선교사들을 받아들이지 않고 있다. 더욱 중요한 사실은 전체 선교사의 10퍼센트 미만과 선교 기금의 5퍼센트만이 이러한 미전도 종족들에게 선교하는 데 투자되고 있다는 것이다.14) 그 주된 이유는 한국 교회가 파송한 선교사 대부분이 목회자 선교사이며 재정 지원을 받고 있는 선교사들이기 때문이다. 앞에 언급한 지역들에 목사 선교사들이 들어갈 수도 없으니 자연히 선교사들이 절실하게 필요한 이 지역들의 선교사 수가 10퍼센트 미만에 머무르고 있는 것이다.

넷째, 막대한 선교 지원금 문제가 있다. 한국 교회는 1997년 말 IMF 체제가 되었을 때, 선교 지원금 문제로 큰 어려움을 겪은 바 있다. 당시 본국 선교부는 선교사를 불러들이거나, 안식년을 앞당기거나, 선교사 파송을 중단하거나, 선교 프로젝트를 축소하거나, 생활비 지원을 삭감하는 등의 비상정책을 실시한 바 있다. 그런데 2008년 11월 25일, 10년 8개월 만에 달러 대 원화 비율이 1:1,500을 넘는 상황이 되었다. 이날 〈국민일보〉는 '선교활동, 환율 상승 직격탄에 휘청'이란 제하의 기사를 다룬 바 있다. 환율 상승이 지속되면서 선교사들이 후원 교회나 선교단체로부터 제때에 선교비를 받지 못하거나 턱없이 줄어든 후원금 때문에 선교 활동에 제동이 걸렸으며, 교회와 단체가 예산과 운영비를 삭감하는 비상대책을 세우고 있다는 내용이었다.15) 선교비 지원의 어려움으로 인한 고통은 본국의 목회자들과 선교 책임자들뿐 아니라 선교 현장의 선교사들도 똑같이 당할 수밖에 없다. 외환 위기 때뿐 아니라 선교사의 증가에 따른 막대한 선교비, 선교사 자녀들의 교육비, 선교사들의 노후 등을 생각할 때, 선교비 지원금의 어려움은 갈수록 가중될 수밖에 없다.

다섯째, 공산주의의 도전이 계속되고 있다. 이데올로기의 종언을 말한 다니엘 벨의 말처럼 소련을 비롯한 동구권이 공산주의의 깃발을 내렸지만, 공산주의가 완전히 사라진 것이 아니라 아시아에서는 엄연한 정치 이데올로기로 살아 있다.16) 공산주의는 본질적으로 기독교를 용납하지 않는다. 이것은 북한, 중국, 베트남, 캄보디아 등이 증명하고 있다. 2008년 베이징 올림픽을

머리말

앞두고 중국에서 지하교회를 이루며 사역하던 많은 사역자들이 강제로 추방을 당했다. 러시아는 외형적으로는 종교의 자유를 허락하고 있는 것 같지만, 실제로는 종교법을 제정하여 기독교 선교를 상당히 제한하고 있다.

여섯째, 세속주의의 영향으로 말미암아 복음이 도전을 받고 있다. 인도에서는 힌두교 원리주의자들이 맥도날드 햄버거의 인도 상륙을 완강하게 저지했으나 실패했고, 오히려 햄버거의 인기는 급등하고 있다고 한다. 비서구 문화권에서는 맥월드[17]에 대항하는 성전을 선포했지만, 실제로 이는 소수의 메아리에 불과하다. 세속주의는 기독교의 복음을 세속화시킨다. 세속주의는 세상의 것만을 더 중시하기 때문에 천국도, 지옥도, 내세도 부인한다. 이들에게 종교가 있다면 그것은 이 세상에서 누리는 부귀영화와 축복을 더 추구하는 것이다. 세속화된 젊은 세대들은 전통적인 종교와 문화를 거부한다. 특히 이런 세속주의의 영향력은 청소년들에게 막대하다. 아시아 인구의 60퍼센트가 청소년들인데, 이들 청소년들에게 복음이 효과적으로 전해지지 못하고 있다.

세계 선교는 우리 주님의 유언이며 지상명령이다. 또한 이는 주님께서 교회를 세우신 중요한 목적으로, 교회의 존재 이유라고 말해도 과언이 아니다. 그러므로 교회는 어떤 상황에서도 세계 선교를 해야 하며, 선교는 더욱 확장되어야 한다. 그리하여 온 땅에 하나님의 구원과 하나님의 나라가 임하고 하나님의 영광이 드러나야 한다. 하나님의 이름이 거룩히 여김을 받고 찬송과 경배를 받으셔야 한다.

　그런데 오늘의 해외 선교지 상황을 고찰해 볼 때, 한국 교회(세계 교회도 마찬가지임)가 지속적이면서도 더욱 적극적으로 세계 선교를 하려면 이상의 문제들을 해결할 수 있는 대안이 제시되어야 한다. 그동안 하나님은 목회자 선교사들을 세계 선교 역사에 귀하게 쓰셨다. 그러나 이제는 상황이 달라졌다. 위에서 살펴본 세계 선교의 상황들은 기존의 전통적인 목회자 중심의 선교의 한계를 보여주고 있다. 그러므로 이제는 목회자 선교사 중심의 선교전략에 큰 변화가 있어야 한다.

　이러한 세계 선교의 상황을 뚫고 지속적이고도 적극적으로 세계 선교를 섬길 방안은 무엇이겠는가? 여러 가지 대안을 말하고 있다. 오늘날과 같은 타종교 박해의 시대에는 선교사들이 현지 교회들과 더욱 협력을 잘해야 한다는 주장이 있다. 또한 선교

머리말

사들이 근검절약하며 고통을 감수해야 한다고 말하기도 한다. 협력 선교를 통하여 중복 투자를 피하고, 프로젝트성 선교를 지양해야 한다고 말하기도 한다. 원주민 교회의 지도자들을 한국에 초청하여 신학 교육을 시키는 원주민 지도자 양성이 필요하다고도 말한다. 선교사 파송에 있어 수보다도 질에 치중해야 한다고 말한다. 다 옳은 방안들이다. 해외선교가 이런 쪽으로 성숙해가도록 다같이 기도하며 노력해야 할 것이다. 그러나 이런 방안들만으로는 앞에서 언급한 세계 선교의 상황들을 극복하고 21세기 세계 선교를 효과적으로 섬기는 데 역시 한계가 있다.

그렇다면 가장 중요한 대안은 무엇일까? 그것은 목회자(성직자) 선교사 중심의 파송 정책에서 방향을 바꾸어 '하나님의 동결된 자산'(凍結된 資産: God's frozen property)인 평신도 전문인들을 세계 선교에 동원하는 것이다. 이는 목회자 선교사 파송을 중단하자는 이야기도 아니고, 목회자 선교사 파송의 중요성을 약화시키는 것도 아니다. 목회자 선교사 파송은 계속되어야 한다. 그러나 한국 교회가 지금까지 해 온 목회자 선교사 중심의 파송 정책에서 평신도 전문인 자비량 선교사 양성 및 파송으로 그 중심축(中心軸)을 옮겨야 한다는 것이다. 전문 직업을 가진 전문인들이 들어갈 수 없는 나라는 세계 어느 곳에도 없다. 한 손에는 복음을 들고, 다른 한 손에는 전문 직업을 가진 전문인들은 어디든지 들어갈 수 있으며, 폐쇄적인 국가에도 자유롭게 들어갈 수 있다. 또한 자국에 도움이 되기 때문에 어느 곳이나 이런 전문인들은 환영한다.

더구나 전문 직업을 가진 평신도는 한국 교회 전 교인의 99.6 퍼센트를 차지하고 있다. 주님께 헌신된 전문 직업을 가진 평신도들이 동원되고, 더 나아가 이들이 스스로 생활비를 벌어 자급하며 선교하는 자비량 선교가 활성화될 때, 이상의 문제들이 해결될 뿐 아니라 세계 선교는 사도행전 시대와 같은 새로운 전기를 맞이하게 될 것이다. 이처럼 전문 직업을 가진 평신도들의 선교요원화(宣敎要員化)와 자비량 선교는 위의 한계를 뛰어넘어 세계 선교를 이룰 수 있는 새로운 대안이며, 평신도 전문인 자비량 선교는 오늘날 이 시대가 요구하는 부름이다. 이 시대가 요구하는 간곡한 부름은 곧 이 시대를 향하신 하나님의 뜻이 아니겠는가?

물론 전문인 선교가 평신도들의 전유물은 아니다. 신학을 공부하고 목사로 안수를 받은 사람도 다른 전문 직업을 가지고 그 분야에서 일하면서 선교를 한다면 이들도 전문인 선교사이다.

머리말

그들은 사역적 전문성과 직업적 전문성 위에 신학적 전문성을 가졌기 때문에 더욱 효과적인 전문인 선교를 할 수 있을 것이다. 그러나 전문 직업을 가진 자들의 대부분이 평신도들이다. 그러므로 일반적으로 선교계에서는 '전문인 선교사' 라고 할 때 '평신도 선교사' 와 같은 개념으로 이해하고 있다.

또한 전문인 선교사로 파송을 받았을지라도 재정 후원을 받으며 선교하는 분들이 있다. 이들은 전문인 선교사이기는 하지만 자비량 선교사는 아니다. 그런데 전문인 선교정책만으로는 앞에서 제기한 문제의 항목 중에서 매우 중요한 항목인 선교비 지원 문제를 해결할 수 없다. 평신도 전문인들을 훈련하여 선교에 동원할 뿐 아니라 적극적으로 자비량 선교의 전략을 도입해야만 선교비 지원 문제까지 해결할 수 있는 것이다.

지난 수년 동안 한국에서 평신도 전문인 선교사를 파송하는 교단과 선교회가 꾸준히 증가하고, 전문인 선교사의 수도 크게 증가했다. 매우 고무적인 일이다. 그러나 아직 자비량하는 평신도 전문인 선교사 파송은 그렇게 많지 않은 실정이다.

대학생성경읽기선교회(UBF)는 지난 40년 동안 평신도 전문인 자비량 선교사역을 섬겨 왔다. 하나님께서 지난 40년 동안 UBF

라는 작은 공동체를 평신도 전문인 자비량 선교 역사를 이루시는 그릇으로 사용하셨다고 말할 수 있다. 1976년도에 말린 넬슨 박사는 그의 책에서 UBF를 아시아의 자비량 선교의 선두주자로 언급한 바 있다.18) 또한 전문인 자비량 선교에 관한 선교신학의 정립을 처음 시도한 학자라고 말할 수 있는, 선교사 출신 크리스티 윌슨 박사는 1979년도에 출판한 그의 책에서 UBF를 자비량 선교의 분야에서 성공적인 모델을 제공한 선교기관으로 언급하고 있다.19) 한국 교회가 전문인 자비량 선교에 관해 논의도 시작하기 훨씬 전인 1969년부터 하나님께서는 UBF를 통해 평신도 전문인 자비량 선교사를 파송하기 시작하셨던 것이다.

나는 UBF에서 1976년부터 2000년까지 25년 동안 해외선교를 책임 맡아 섬겼다. 그리고 지금은 한국 대표로서 섬기고 있다. 나는 이 책을 통해 평신도 전문인 자비량 선교의 이론적 근거와 역사적 예를 들 것이다. UBF의 평신도 전문인 자비량 선교의 역사와 실례도 들 것이다. 그리고 어떻게 UBF에서 평신도 전문인 자비량 선교사들이 양성되고 있는지를 소개할 것이다. 또한 전문인 자비량 선교의 유리한 점과 불리한 점들을 살펴볼 것이다. 더 나아가 평신도 전문인 자비량 선교기 지역교회에 공헌할 수 있는 점들을 살펴볼 것이다. 마지막으로는 평신도 전문인

머리말

자비량 선교의 활성화 방안을 제시할 것이다.

이를 통해 우리 주님의 선교 명령을 이루어 드리기 위해서 기도하며 헌신하고 있는 이 땅의 수많은 목회자들과 평신도들에게 전문 직업을 가진 전문인들, 특히 평신도 전문인들이 어떻게 자비량하며 선교할 수 있는가 하는 실례와 가능성을 제시하고자 한다. 이를 통해 한국 교회의 해외선교에 평신도 전문인 자비량 선교사 파송을 활성화함으로써 한국 교회의 해외선교에 새로운 지평을 열 수 있는 새로운 대안을 발견할 수 있기를 기대한다. 그리하여 21세기 세계 선교 사역에 일조하고자 함이 이 책을 집필하는 목적이다.

2010년 6월 15일
이현정

추천사 _ 강승삼 목사[(Ph. D)(사)한국세계선교협의회 대표회장] … 4
　　　 _ 김명혁 목사(한국복음주의협의회 회장) … 6
머리말 … 10

✞ 제1장 평신도의 위치와 역할 …………………………… 27

1. 평신도의 위치 ………………………………………29
   1) 성경적 고찰 ………………………………………29
   2) 교회사적 고찰 ……………………………………39
   3) 신학적 고찰 ………………………………………56
2. 평신도의 역할 ………………………………………64
   1) 교회에서의 평신도의 역할 ………………………65
   2) 세상에서의 평신도의 역할 ………………………71

✞ 제2장 전문인 자비량 선교 ………………………… 77

1. 전문인 선교란 무엇인가? ……………………………79
2. 자비량 선교란 무엇인가? ……………………………83
3. 전문인 자비량 선교의 성경의 모형 …………………86

목차

4. 교회사에 나타난 전문인 자비량 선교의 모형 ······100
5. 한국 교회사에 나타난 전문인 자비량 선교 ········109
6. 전문인 자비량 선교의 장·단점 ······················114
7. 전문인 자비량 선교가 지역교회에
   공헌할 수 있는 점들 ······························124

제3장 UBF의 평신도 전문인 자비량 선교 ············ 131

1. UBF의 약사 ································135
2. UBF의 국내 사역 ··························143
3. UBF의 조직 및 재정 운영 ···············160
   1) UBF의 조직 ···························160
   2) 재정 운영 ····························167
4. UBF의 평신도 전문인 자비량 선교의 약사 ········170
5. UBF의 평신도 전문인 자비량 선교의 특징 ········177
6. UBF의 평신도 전문인 자비량 선교사가
   양성되는 과정 ······························186

제4장 UBF의 평신도 전문인 자비량 선교 사례 … 197

1. 유형 분석 …………………………………………199
   1) 연도별 분류 ……………………………………199
   2) 지역별 분류 ……………………………………200
   3) 직업별 분류와 실례 …………………………208
   4) 파송 전 직업과 파송 후 직업의 변동 ………230
   5) 연령별 분류 ……………………………………231
2. UBF 선교사역의 위치 …………………………232
   1) 목회자와 평신도의 비율 ……………………232
   2) 전문인 자비량 선교사의 비율 ………………235
3. UBF 선교사역이 공헌한 점과 보완해야 할 점 ……236
   1) 공헌한 점 ………………………………………236
   2) 보완해야 할 점 ………………………………246

목차

제5장 평신도 전문인 자비량 선교의 활성화 방안 255
  1. 선교 지향적 교회로의 전환 ·····················257
  2. 선교 신학과 선교 방법의 변화 ·················262
  3. 심도 있는 성경 본문 공부를 통한
     선교 헌신자 양성 ·····························263
  4. 기도 지원, 재정 지원, 편지 지원 및
     선교지 방문 등 ······························272
  5. 다양한 전문인 자비량 선교 모델 발굴 ·········281
  6. 선교사 자신들의 준비 ·························287

맺는말 ···292
후기 : 감사의 글 ···301

참고문헌 ···304
미주 ···318

제1장
평신도의 위치와 역할

평신도 전문인 자비량 선교

평신도 전문인 자비량 선교를 이야기함에 있어서 먼저 성경과 역사의 고찰, 신학자들의 이론을 근거로 평신도의 위치와 역할을 알아보고자 한다. 이어서 전문인 선교와 자비량 선교의 정의, 성경과 역사의 예 등도 살펴보고자 한다.

☀ 베드로전서 2장 9-10절

그러나 너희는 택하신 족속이요 왕 같은 제사장들이요 거룩한 나라요 그의 소유가 된 백성이니 이는 너희를 어두운 데서 불러내어 그의 기이한 빛에 들어가게 하신 이의 아름다운 덕을 선포하게 하려 하심이라 너희가 전에는 백성이 아니더니 이제는 하나님의 백성이요 전에는 긍휼을 얻지 못하였더니 이제는 긍휼을 얻은 자니라.

1. 평신도의 위치

1) 성경적 고찰

가. 어원(語源)을 통해서 본 평신도(平信徒)[20]

평신도를 가리키는 영어 명사 '레이티'(laity)는 본래 희랍어 '라오스'(λαός: laos)를 그 근원으로 하고 있다는 데는 이론(異論)이 없다. 70인역에서 '라오스'(λαός)는 히브리어 '암'(עם: am)이 번역된 단어이며, '암'(עם)은 구약성경에서 '백성'이란 뜻으로 사용되다. 구약성경에서 '백성'으로 사용된 단어는 '암'과 함께 '고이'(גוי: goi)가 있다. 구약성경에서 이 두 낱말은 그 사용되는 용도가 명확히 구분되어 있다. '고이'는 '이방인, 이교도, 국가' 그리고 '백성'의 뜻으로 광범위하게 사용되었다.[21] 이처럼 '고이'(גוי)는 어떤 종교적인 혹은 윤리적인 의미가 없이 정치적, 종족적 또는 지역적 그룹으로서의 백성을 뜻한다.[22] 그러나 '암'(עם)은 '하나님으로부터 선택된 백성'만을 가리켜 이 세상에서 구별되고 선택된 자들임을 나타내고 있다. 출애굽기 3장 10절에서 하나님께서 이스라엘을 가리켜 '내 백성'으로 명명하실 때 이 표현을 사용하셨다.[23]

출애굽기 33장 13절에 이 두 용어가 함께 사용되면서 너욱 그 의미의 차이를 보여주고 있다. 출애굽기 33장 13절에는 "이 족속(גוי)

을 주의 백성(עַם)으로 여기소서"라고 되어 있다. 이처럼 구약에서의 '고이'(גּוֹי)는 일반 백성들을 지칭하고, '암'(עַם)은 다른 민족들과 구별된 하나님의 백성들을 나타낸다. 곧 '하나님의 백성'은 하나님으로부터 선택된 백성으로서 많은 주변 국가들 중에서 구별된 하나님의 소유로 나타나고 있다.

구약성경의 헬라어역인 70인역에서 '암'(עַם)은 '라오스'(λαός: 하나님의 백성)로 번역하고, '고이'(גּוֹי)는 '에드노스'(ἔθνος : 국가들, 나라들)로 번역하였다. 신약성경에서는 '라오스'(λαός)가 유대인 그리스도인들과 함께 이방인 그리스도인들을 포함하는, 구약보다 더 확대된 개념으로 사용되었다.[24] 게르하르트 키텔은 "라오스(λαός)라는 말은 특별히 '모든 하나님의 백성에 대한 계약적인 성격을 강조하는 말'"이라고 설명했다.[25] 신약에서 이 단어는 '그리스도인의 공동체'를 지칭하는 말로 신약성경의 중요한 부분에서 나타나고 있다.[26]

나. 성경 구절을 통해서 본 평신도

구약과 신약에 나타난 평신도의 개념은 각자의 독창적인 면도 있지만 서로 간에 연속적인 면을 가지고 있다. 그 대표적인 성경구절이 구약의 출애굽기 19장 5-6절과 신약의 베드로전서 2장 9-10절이다. 이 성경 구절을 살펴보고자 한다.

먼저 출애굽기 19장 5-6절을 살펴보자. "세계가 다 내게 속하였나니 너희가 내 말을 잘 듣고 내 언약을 지키면 너희는 모든 민족 중에서 내 소유가 되겠고 너희가 내게 대하여 제사장 나라가 되며 거룩한 백성이 되리라 너는 이 말을 이스라엘 자손에게 전할지니라."

본문은 하나님의 능력과 은총으로 출애굽한 이스라엘 백성이 시내 광야에 장막을 치고 머물렀을 때, 하나님께서 모세를 통해 이스라엘 백성에게 주신 말씀이다. 그래서 이 말씀을 모세 계약, 시내산 계약, 혹은 율법 계약이라고 말한다. 이 구절은 하나님과 선민 이스라엘의 계약관계를 잘 설명해 주고 있다. 동시에 이 구절은 구약의 어떤 구절보다도 하나님의 백성으로서의 평신도의 의미와 그들이 가지는 선교적 역할에 대해서 잘 설명하고 있다.

여기에는 먼저 하나님에 대한 소개가 나오는데, 그분은 세계를 다 소유하신 분이다. 또한 세상을 창조하신 분이요, 세상의 주인이시다. 이 하나님이 이스라엘 백성, 곧 하나님께서 선택하신 백성에게 세 가지 이름을 주셨다. 그것은 "모든 민족 중에서 내 소유", "제사장 나라", "거룩한 백성"이다.

다음으로 베드로전서 2장 9-10절을 살펴보자. "그러나 너희는 택하신 족속이요 왕 같은 제사장들이요 거룩한 나라요 그의 소유가 된 백성이니 이는 너희를 어두운 데서 불러내어 그의 기이한 빛에 들어가게 하신 이의 아름다운 덕을 선포하게 하려 하심이라 너희가 전에는 백성이 아니더니 이제는 하나님의 백성이요 전에는 긍휼을 얻지 못하였더니 이제는 긍휼을 얻은 자니라."

이 구절은 극심한 핍박으로 인해 사방으로 흩어진 초대교회 신자들에게 보낸 사도 베드로의 서신에 기록된 구절이다.27) 이 구절에서도 출애굽기 19장 5-6절에서 말한 동일한 개념이 나타나고 있다. 약간 다른 점은 '택하신 족속'이라는 개념이 추가되었고, '제사장 나라' 대신에 '왕 같은 제사장들'이라고 한 것이다. 그 외에 '거룩한 나라', '그의 소유된 백성'은 동일하다. 이러한 명칭을 살펴보면, '평신도는 누구인가? 그들의 사명은 무엇인가?' 하는 평신도의 정체성과 사명을 발견할 수 있다.

첫째로, 하나님의 백성은 "모든 민족 중에서 하나님의 소유"가 된 백성이다. '하나님의 소유'라는 표현은 하나님의 백성들이 갖는 지위에 관한 획기적인 표현이다.28) '소유'의 의미로 사용된 히브리어 '쎄굴라'(סְגֻלָּה: Segulla)는 개인의 사적인 소유물, 값비싼 보물, 왕의 귀중한 물건을 담는 보배함 등의 뜻을 가지고 있는 단어이다.29) 이것은 또한 하나님의 백성이 갖는 가치를 표현한다. 곧 하나님의 백성은 하나님의 특별하신 목적을 위한 '특별 소유'이며, 그 소유자 되시는 하나님의 사랑과 존귀히 여김의 대상, 절대적인 보호의 대상이 되고 있다는 뜻이다.

둘째로, 하나님의 백성은 "제사장 나라"이다. 이것은 하나님의 백성이 가지는 제사장적 역할을 의미한다. 구약의 제사장은 거룩하신 하나님과 죄인인 인간 사이에서 중보 역할을 하는 존재였다. 제사장은 아무나 될 수 없고, 오직 레위 지파만이 성소를 출입하며 그 일을 감당할 수 있었다. 또 1년에 한 번 지성소에 들어가 속죄제를 드리는 대제사장은 오직 아론과 그의 자손들만이 감당할 수 있었다. 제사장들은 같은 인간이지만 거룩하신 하나님께 나아가 죄인인 인간과 거룩하신 하나님 사이의 중보 역할을 할 수 있도록 특별히 구별된 존재였다.

그런데 "제사장 나라"라는 말은 구약에서는 이스라엘 백성 전체를,[30] 그리고 신약에서는 예수님을 믿는 모든 신자들을 가리키기 때문에, 이는 어떤 개인의 특별 지위를 인정하는 교직주의와는 다른 개념이다.[31] 다시 말하면 종교적으로 특수한 계급 없이 하나님의 백성인 평신도 모두가 갖는 역할을 나타낸다. 하나님의 백성은 하나님의 자녀의 신분으로 누구나 하나님께 담대하게 나아갈 수 있다(히 4:14-16). 히브리서 10장 19-20절은 말한다. "그러므로 형제들아 우리가 예수의 피를 힘입어 성소에 들어갈 담력을 얻었나니 그 길은 우리를 위하여 휘장 가운데로 열어 놓으신 새로운 살 길이요 휘장은 곧 그의 육체니라." 이 말씀은 루터의 만인제사장론의 근거가 된다.

구약의 제사장들은 백성들에게 하나님의 율법을 가르치고, 백성들을 위해 성전 제사를 드리며, 백성들을 위해 중보기도를 하고, 축복하는 일을 감당해 왔다. 이처럼 하나님께 선택받은 '하나님의 백성'은 세상을 위해 하나님을 대변(代辯)하고 하나님을 위해 세상을 대변할 위치에 서게 되었다.32) 구약에서 이스라엘은 하나님과 만민들 사이에서 우주적 제사장 역할을 감당하는 사명을 부여받은 것이다.33) 신약에서는 그리스도인 모두가 '새 이스라엘'이 되었기 때문에 모든 신자들이 하나님과 인간 사이에서 제사장적 역할을 감당하도록 사명을 부여받았다. 이처럼 평신도는 그 소명이 분명하다. 평신도는 세상을 위한 제사장 나라로서 복음을 가지고 세상을 섬기는 자들이다. 즉 평신도는 '선교하는 하나님의 백성'이다. 평신도는 세계 선교를 위한 하나님의 수단이요, 전세계를 축복하는 하나님의 통로이다.

셋째로, 하나님의 백성들은 "거룩한 백성"이다. "거룩한 백성"이라는 말은 하나님의 백성이 이 세상에서 갖는 위치와 책임을 동시에 포함하는 말이다. '거룩한'의 구약의 어원적인 의미는 '평범하거나 부패한 것에서 구별된' 또는 '하나님의 쓰심을 위해 특별히 분류된'이다. 이 말은 '이스라엘의 완전한 정결성(淨潔性)'을 말하기보다는 '하나님의 특별 목적을 위한 책임'의 의미를 갖는 말이다. 하나님은 그들이 구별된 삶을 살 수 있도록 삶의 법도라 할 수 있는 율법(하나님의 말씀)을 주셨다. 하나님의 선택된 백성들은 이 세상에서 하나님의 말씀을 따라 하나님의 백성으로서 '구별된 삶'을 살아야 한다. 세상의 빛과 소금의 역할을 해야 한다. 더 나아가 하나님의 구속사 속에서 선교적 소명을 실천하는 구별된 백성, 곧 선교하는 백성이 되어야 한다.

넷째로, 하나님의 백성은 하나님의 "택하신 족속"이다. 출애굽기 19장 5-6절과 베드로전서 2장 9-10절은 구약과 신약의 연속성을 잘 보여주고 있다. 여기서는 출애굽기 19장 6절에서 살펴본 세 가지 개념은 생략하고, "택하신 족속"에 대해서만 살펴보겠다. 평신도들은 하나님의 택하신 족속이다. 이 이름은 구약성경 이사야 43장 20-21절[34]을 인용한 것으로, 구약에 전반적으로 잘 나타나 있는 이름이다.[35] 또한 베드로전·후서 전체에도 두루 강조되어 사용되었는데, 여기서 '택한'의 의미는 하나님께서 그리스도인들을 특별하신 은혜로 선택하셨다는 뜻이다. 이에 대해 칼뱅은 그의 주석에서 "하나님의 특별하신 은혜와 사랑의 대상으로 그리스도인을 선택하심을 나타낸다"고 했다. 그리고 이 명칭은 아무에게나 주는 것이 아니라 "오직 그리스도를 믿는 아브라함의 자손들에게 주는 이름"이라고 강조했다.[36] 이처럼 "택하신 족속"이란 세상으로부터 하나님에 의해 선택되고 부름받은 그리스도인들을 가리킨다. 이는 그리스도인이 갖는 특권과 특별하게 부여받은 사명을 묘사하는 말이다.

족속이란 말은 '레이스'(race), '피플'(people) 등으로 번역된다. 이는 모든 평신도가 그리스도를 머리로 하는 한가족으로서 서로 유기적인 관계를 형성함을 나타내는 것이다. 그러므로 "택하신 족속"이라는 말은 '하나님께 선택된 백성'으로서의 특권뿐만 아니라 봉사와 섬김을 통해 복음을 전파하도록 부름받은 공동체임을 드러내는 것이다.[37] 결국 평신도는 '선택된 백성'이면서 '선교하는 백성'으로 이해되어야 한다.

'왕 같은 제사장'이란 표현은 평신도가 갖는 직책과 역할의 중요성을 더욱 강하게 나타내고 있다. 절대군주 시대에는 왕이 백성들의 생사여탈권(生死與奪權)을 가졌다. 이와 같이 복음을 맡은 '선택된 하나님의 백성'들은 영적으로 볼 때 사람의 생명을 맡은 자들이라는 것이다. 또한 선택된 하나님의 백성들을 가리켜 '왕 같은 제사장'이라고 한 것은 예수님이 왕이요, 제사장이신 것처럼 선택된 하나님의 백성들도 하나님 나라의 왕이요 제사장의 특권과 책임을 가지고 있음을 나타낸다(눅 19:17; 딤후 2:11-12).

베드로전서 2장 9절 하반절은 하나님께서 평신도들에게 놀라운 은혜와 특권을 주신 목적이 나타나 있다. 그것은 그리스도의 아름다운 덕을 선포하는 것이다. '아름다운 덕'이라는 말은 도덕적 우수함이나 그리스도의 영광 또는 하나님의 구원하신 행동을 나타내는 말로, 복음 전파의 내용을 말한다. 그리스도인이 증거해야 할 내용은 하나님의 사랑과 거룩하심, 과거 역사 속에서 행하신 하나님의 구원의 행위와 은혜 그리고 하나님의 전능하신 능력 등이다. 따라서 베드로전서 2장 9절 하반절은 "이 백성은 내가 나를 위하여 지었나니 나를 찬송하게 하려 함이니라"(사 43:21)라는 말씀과, "그의 영광을 백성들 가운데에, 그의 기이한 행적을 만민 가운데에 선포할지어다"라는 시편 96편 3절 말씀을 생각나게 한다. '선포한다'는 말은 많은 사람들에게 똑똑히 보여주는 것, 설명하고 가르쳐 주는 것, 확실하게 밝히는 것을 말한다. 이 구절은 복음의 사자로서 그리스도인들의 선교적 의무를 나타내는 것이다. 본문을 볼 때, 예수 그리스도의 아름다운 덕을 선포하는 것은 목회자(성직자)들뿐 아니라 모든 신자들에게 주어진 사명이다. 본문은 평신도들이 이 세상에 존재하는 목적이 선교에 있음을 밝히 말하고 있다.

결론적으로, 평신도의 어원인 '암'(ܥܡ) 곧 '라오스'(λαός)는 교회의 어떤 직분이나 역할에 관계 없이 구원받은 모든 남녀 그리스도인들을 포함하는 말이며, 신·구약성경에서 하나님의 특별한 선택을 받은 계약 백성들을 지칭한 이름이다.38) 후에 언급하겠지만, '평신도'라는 이름이 '제사장', '사제' 혹은 '성직자'(聖職者)라는 이름에 대비되어 형성되었기 때문에 엄격한 의미에서는 '평신도'(平信徒)라는 단어에서 '평'(平)자를 빼고 '신도'(信徒)로 불러야 정확할 것이다. 그리고 이 '신도' 속에는 소위 평신도뿐 아니라 성직자도 포함되는 것이다.

그렇다고 내가 성직자 혹은 목회자들의 신학적·목회적 전문성을 부인하는 것은 아니다. 또한 전 생애를 주님의 구속 역사에 헌신하도록 부르심을 받은 특별한 소명을 약화시키는 것도 아니다. 다만 역사적으로 성직자나 평신도 사이에 계급적 차이가 있는 것처럼 인식되었던 것이 문제점이었고, 지금도 이러한 인식이 사라졌다고 말할 수 없다는 점이다. 또한 성직자(목회자)와 평신도의 구별이 실제적으로 하나님의 구속 역사를 섬기는 데 있어서 많은 손실을 초래하고 있다는 점이다. 그러므로 기독교 교회에서는 평신도를 말할 때 할 수 있는 대로 '평신도'라는 용어 대신에 그냥 '성도'라고 부르든지, 아니면 물질을 지원받지 않고 자비량한다는 뜻에서 '자비량 사역자' 라는 용어로 부르는 것이 좋지 않을까 생각한다. 하지만 현재 '평신도' 라는 용어로 통용되고 있기 때문에 이 책에서는 '평신도' 라는 용어를 사용했다. 평신도들이 하나님의 부름을 받은 사역자라는 인식과 소명의식을 가진다면, 전 생애를 목회자로 소명 받아 헌신하는 전임 목회자들을 더 잘 섬기고 동역할 수 있을 것이다. 또한 목회자들이 평신도들을 하나님의 구속사역을 위한 동역자로 인정하고 그들의 은사와 달란트를 주님을 위해 사용하도록 격려하고 세운다면 사역이 더욱 활기를 띠게 될 것이다.

이상에서 간략하게 살펴본 대로, 성경은 하나님의 백성으로서 평신도들이 갖는 정체성과 그들이 감당해야 할 사역에 대해 명확하고 풍성하게 말하고 있다. 평신도는 '선택된 하나님의 백성' 이며, '선교하는 하나님의 백성' 이다. 평신도가 차지하는 위치와 역할은 교회뿐만 아니라 세계와 인류를 대상으로 한다. 목회자는 모든 평신도가 세상에서 제사장의 역할을 담당할 수 있도록 교육하고 파송하는 일을 감당해야 할 것이다.[39] 평신도는 자신의 위치와 사명을 인식하고 목회자와 잘 동역하여 세상에서 제사장적인 역할을 감당해야 할 것이다. 따라서 평신도신학(平信徒神學)은 반(反)성직자 운동을 의미하는 것이 아니며, 오히려 목회자와 함께 제사장 나라로서 하나님과 그의 나라를 위하여 봉사하는 구속 역사의 주역임을 일깨우고 확인하는 것이다. 이와 같이 평신도신학을 선교적 차원에서 이해해야 할 것이다.[40]

물론 소위 '평신도주의'(平信徒主義)[41]가 갖는 위험성도 있다. 지나치게 '평신도'를 강조하고 이에 치우치다 보면 '성직'(聖職)에 대한 존경심이 약화되고, 선포되는 메시지의 권위가 떨어질 수 있다. 그 결과 교회의 질서가 무너지거나 사역이 약화될 수 있다. 그러므로 '성직주의'에 치우쳐서는 안 되듯이 '평신도주의'에 치우쳐서도 안 될 것이다. 다만 내가 여기서 평신도의 위치와 역할을 강조한 것은 기독교의 현실에서 평신도가 '선택된 하나님의 백성'으로서의 본래적인 위치를 찾고, 국내선교와 해외선교에서 주님께 헌신하게 해야 한다는 것이다. 동시에 성직자와 평신도의 신분적·계급적(?) 구분을 없앰으로써 그리스도의 몸 된 교회의 지체로서 서로 존중하고, 한마음 한뜻으로 동역하여 '그의 나라와 의'(마 6:33)를 이루어가야 한다는 것이다. 이런 의미에서 나는 앞으로 '평신도'라는 용어를 쓰는 대신에 '지원받는 사역자'의 개념에 대비해서 '자비량 사역자'라는 용어를 사용할 것을 제안한다.

2) 교회사적 고찰

가. 초대교회 시대의 평신도

예수님이 승천하신 후, 예루살렘에 있는 마가의 다락방에 모여 회개하며 간절히 기도하던 120명의 성도들은 오순절을 맞아 성령 충만을 받고 예수님의 부활을 증거했다. 베드로가 복음을 전했을 때 3천 명이 회개하고 세례를 받는 역사가 일어났다. 3천 명이나 되는 예루살렘의 신자들은 성령의 충만함을 받아 한마음 한뜻으로 예배 · 봉사 · 교육 · 선교 · 구제 · 친교에 힘썼다. 이것이 곧 초대 교회이며, 이들이 모두 평신도들이었던 것이다.

초대교회의 특징은 첫째로, 교회가 어떤 건물이나 제도가 아니라 그리스도를 주로 영접하고 그리스도의 삶을 본받아 살아가는 하나님의 백성들의 공동체였다는 것이다. 당시 외부 사람들이 교인들을 부르기를 '이 사람들'(행 5:35), '배운 것이 없는 무식한 자들'(행 4:13), '남자 여자 할 것 없이 이렇게'(행 9:2), '그리스도에 속한 자들'(행 11:26)이라고 하였다. 이것은 모든 평신도가 교회의 동등한 주체요, 전체로 보여졌음을 말한다.

둘째로, 제도교회가 성직자와 평신도를 이분화했듯이 성직자와 평신도의 그룹을 나누지 않았다는 것이다. 사도들과 신자들은 하나님의 백성으로서 그리스도의 사역을 수행하는 교회의 디아코니아 42)에서 높고 낮음의 구분이나 계급의 이원주의가 존재하지 않았다. 다만 '부르심'(calling)과 '은사'(gifts)의 구분이 있었다(고전 12:4-11; 롬 12:6-8). "우리에게 주신 은혜대로 받은 은사가 각각 다르니 혹 예언이면 믿음의 분수대로, 혹 섬기는 일이면 섬기는 일로, 혹 가르치는 자면 가르치는 일로, 혹 위로하는 자면 위로하는 일로, 구제하는 자는 성실함으로, 다스리는 자는 부지런함으로, 긍휼을 베푸는 자는 즐거움으로 할 것이니라"(롬 12:6-8).

초대교회에는 12사도로 대표되는 '카리스마적 사역'과 그후에 나타난 감독·장로·집사로 대표되는 '제도적 사역'이 있었다. 이를 보면 교회 내에도 계급적 구분이 있는 것 같고, 사역의 높고 낮음이 있지 않는가 하는 오해를 할 수도 있다. 그러나 바울이 이해했듯이 이 모든 직책은 그리스도의 몸을 이루어가는 은사와 직분이었던 것이다(고전 12:1-31).

초대교회에서 12사도들은 때로는 설교자로, 때로는 세례와 성찬을 베푸는 사제로, 때로는 교회를 다스리는 행정가로, 그리고 섬기는 자로서의 역할을 했다. 뿐만 아니라 사도행전 7장에 기록된 스데반의 감동적인 설교나, 핍박으로 흩어진 모든 성도들이 가는 곳마다 복음을 전하고 교회를 세운 것이나, 사도행전 8장 38절에서 빌립 집사가 세례를 베푼 기록들을 볼 때 설교나 성례전의 집행이 사도들에게만 제한되었다는 근거는 찾아볼 수 없다. 12사도들도 하나님이 택한 백성으로서 평신도의 신분과 성격을 가지고 있었다.[43] 또한 감독·집사·장로들도 단위 교회의 평교인들이었다. 그들은 부여받은 은사와 부르심과 믿음의 분량에 따라 그리스도의 몸 된 교회(신앙공동체)를 섬기는 교회의 지체들이었던 것이다.[44]

라토렛 박사는, 초대교회의 기독교 확장의 주력부대는 전문 사역자들이라기보다는 삶의 현장에서 같이 일하는 불신자들에게 삶을 통하여 복음을 증거한 남녀 평신도들이었다고 주장했다.[45]

초대교회 시대에는 '부르심'과 '사역'의 다양성은 있었지만, 근본적으로는 하나님의 백성 모두가 예수 그리스도의 사역을 함께 수행했다. 따라서 성직자와 평신도의 구분과 여기에 따르는 권위의식과 신분적 차이 같은 것은 전혀 없었던 것이다.

나. 중세 이전까지의 평신도

조지 헌트스톤 윌리엄스는 기독교 문서 중에서 최초로 '평신도'(λαίκος ἄνθρωπος)라는 용어를 사용한 사람은 로마의 클레멘트였다고 말한다. 주후 95년경에 쓴 한 편지에서 클레멘트는 다음과 같이 언급한다. "평신도는 평신도 의식에 의해 속박된다"(클레멘트 1서 40:5).46) 안드레아스 린데만은 "클레멘트가 '평신도' 라는 용어를 사용한 것은, '제사장' 과 '평신도' 를 구별하는 데 목적을 둔 것이 아니라 각 그룹이 그들의 고유한 의무를 수행했어야 함을 말하려는 것이었다"고 말한다.47)

그렇다 하더라도 앞에서 살펴보았듯이 '라오스' 가 '하나님으로부터 선택된 백성' 이라고 한다면, '레이맨'(lay man)보다는 '추즌 피플'(chosen people)로 번역하는 것이 타당할 것이다. '라오스' 를 '레이맨', 곧 평신도로 번역한 것은 하나님의 백성에 대하여 부정적이고 자기비하적인 표현이 나타나는 결과를 가져오게 되었다. 또한 평신도의 자기 정체성 확립에 장애를 가져왔고, 평신도의 선교 참여를 막는 결과를 초래하게 되었다.48) 왜냐하면 '레이'(lay)라는 단어는 '교육받지 못한', '알지 못하는', '아마추어' 와 같은 뜻으로 표현되기 때문이다.49) 2세기 말엽에 알렉산드리아의 클레멘트는 성직자와 평신도의 결혼에 관하여 언급하는 부분에서 '사제'(司

祭)나 '부제'(副祭)와 대조시켜 '평신도'라는 용어로 '라이코스' (λαικος)를 사용했다고 한다.50)

평신도라는 개념은 본래 성직자와 평신도를 다 포함한 '하나님의 백성 전체'를 가리켰지만, 세월이 지나면서 '평신도'(λαϊκος)라는 용어가 이류 계층을 지칭하는 말로 전락했다. 이는 구약의 제사장 제도를 신약교회에 적용시키려는 교직주의의 영향 때문이었다. 헨드릭 크레머는 "성례주의가 발전함에 따라 제사장 역할을 하는 특별한 사람들(?)이 생겨 성례를 집행하고, 이를 수동적으로 받아들이는 '일반 계층', 즉 평신도 층이 형성되었다"고 말하고 있다.51) 또 한편의 견해는 주후 2세기 초 시리아 안디옥 교회의 감독이었던 이그나티우스를 시작으로 에베소 교회의 오네시모 그리고 서머나의 폴리캅 등의 감독들이 교회의 머리는 곧 감독이라고 자신들의 지위를 상승시켜 놓은 데서 사역의 교권화(敎權化)가 출발했다고 한다.52)

또한 평신도 층의 가치 하락의 결정적인 요인은 당시 세상의 지도체제를 모방하여 교회를 세속화시켰기 때문이라고 보는 견해도 있다. 그리스 · 로마시대의 시(市) 행정제도에는 두 계층이 있었는데 한 계층은 '클레로스'(κλῆρος), 곧 행정관들이었고, 다른 계층은 '라이코스'(λαϊκος), 곧 무식하고 교육받지 못한 시민들이었다. 교회가 이를 모방함으로써 교회제도에도 두 계층이 존재하게 되었고, 이 불명예스러운 계층 분류는 오늘날까지도 계속되고 있다는 것이다.53)

주후 4세기부터 교회 안에서 평신도들이 성직자와 대립된 그룹으로 자주 나타나기 시작했다. 주후 313년 콘스탄틴 황제가 기독교를 공인한 후에 기독교는 로마의 국교로 받아들여졌다. 교회가 사회적으로 점차 인정받기 시작하면서 교회는 성직자 중심의 하나의 종교적인 제도가 되었고, 성직자가 정치적 책임과 체면을 갖게 되었다.[54] 주후 319년 콘스탄틴 황제는 영토 내의 모든 성직자들에게 납세 등 공적인 의무를 면제해 주는 칙령을 내렸다. 321년에는 재산 상속의 권리가 부여되었고, 교회는 승인된 법인으로 특별한 대우를 받았다. 그리고 성직자를 위한 연보가 거두어졌다.[55] 성직자는 구별된 계층으로 특혜를 누리게 된 것이다. 이와 함께 성직자들은 읽고 쓸 수 있는 교육을 받는 특권을 가짐으로 그렇지 못한 평신도들과 구분되었다. 뿐만 아니라 평신도와 성직자의 구분이 분명해진 것은, 가정교회가 중심이 되었던 교회생활의 중심이 신자들의 수가 증가하면서 예배의 처소가 특별한 장소로 옮겨진 문제에도 기인하고 있다.[56] 이로써 성직자들은 사회적 특권을 누리는 계층이 되어 교회의 주인처럼 되었고, 평신도들은 교회의 주변인들로 밀려나게 된 것이다.

콘스탄틴 이후의 교회는 로마 교황권을 확립하도록 촉진하는 역할을 했고, 교회의 계급적 사고방식은 더욱 높아지게 되었다. 325년 니케아 회의 이후 감독이 '교회의 머리'로 자리가 상승되면서, 성직자는 '안수와 성례전'을 독점하는 특권 계급으로 등장했다. 380년 라오디게아 회의에서는 공식적으로 평신도에 의한 감독 선거가 금지되기에 이르렀다.57) 여기서 초대교회의 유산 곧 모든 성도들의 공동 사역이라는 유산은 깨어지고, 하나님의 백성들은 평신도라는 이름의 수동적이고 열세적인 위치로 내려앉게 되었다.

중세가 진행되는 동안 성직자와 평신도의 구분은 더욱 확대되어 갔다. 로마 가톨릭의 추기경단과 그들만이 소유했던 교황 선출권에서 교권은 극치를 이루게 됐다. 교황이 황제의 권한을 능가하는 최고의 성직자로 군림하게 됐고, '고해성사'라는 교리의 제도 때문에 평신도와 성직자 사이에도 엄청난 간격이 생겼다.58) 심하게 표현하면, 성직자는 하나님의 대제사장으로서 예수님과 같은 중보자의 자리에 앉게 된 것이다. 평신도가 성직자의 말을 듣는 것은 하나님의 말씀을 듣는 것이요, 반대하는 것은 예수님과 하나님의 말씀을 어기는 것으로 여겨졌다.

뿐만 아니라 로마 가톨릭은 우월계급의 성직자와 열등계급의 평신도 사이의 차이를 교회법으로 법제화했다. 트랜트 회의(1545-1563년)에서 로마 가톨릭은 이전부터 있어 온 계급질서를 다음과 같이 확정했다. 상위 직위부터 보면 ① 교황, ② 추기경, ③ 대주교, ④ 주교, ⑤ 사제, ⑥ 집사, ⑦ 서리 집사, ⑧ 시종직, ⑨ 마귀 쫓아내는 자, ⑩ 성경 읽는 자, ⑪ 문지기, ⑫ 평신도였다.59)

중세시대의 평신도와 성직자 간의 관계는 그 지위와 역할에 있어서 너무나 달랐다. 칼 크로밍가는 평신도의 역할이란 "가르치는 것이 아니라 가르침을 받는 위치요, 말하는 쪽이 아니라 듣는 쪽이요, 다스리거나 활동하는 지위가 아니라 다스림받고 조정당하는 위치에 있다"고 말했다.60) 롤랜드 베인튼은 성직자와 평신도 간에 교회예식적 차원에서의 구별을 지적했다. "교회 성찬에서는 두 자세가 있었다. 성직자는 일어서고, 평신도는 무릎을 꿇는다. 성직자는 제단에, 평신도는 제단 앞에 줄지어 서게 되어 있었다."61) 이처럼 평신도는 교회의 예배와 토론에서 제외됐다.

다. 교회사 속에 나타난 평신도 회복운동
(1) 종교개혁 이전
이러한 성직주의를 반대하고 나선 것이 초기 수도원운동이다. 그들은 주로 평신도로 구성되었으며, 순수한 기독교적 삶을 추구했다. 평신도들은 수도원에서 열심히 수도하며, 경건한 훈련을 쌓았다. 이러한 수도원의 평신도들은 중세시대에 파리 대학을 위시하여 각국 대학의 교수직을 맡아 그 영향력을 과시했다. 또한 신부 외에는 설교를 할 수 없는 당시의 상황에서도 수도사들은 소외된 평신도들에게 설교를 함으로, 평신도의 영적 생활에 힘을 불어넣어 주었다.62) 그중에서도 로욜라 중심의 예수회는 주도적으로 세계 선교 사역까지도 감당했다.

12세기 초 교권에 반대하여 남부 프랑스에서 피터 왈도와 함께 일어난 평신도운동이 왈덴시안 운동이다. 왈도는 매우 부유한 상인이었지만 모든 것을 다 팔아 가난한 자들과 나누고 복음을 전했다.

라토렛 박사는 이들이 자기들을 가리켜 스스로 "리옹의 가난한 자들"이라고 불렀다고 말하고 있다.63) 왈도는 설교 금지령을 받았지만 설교자로서의 부르심을 더욱 확신하고, 더 많은 평신도 설교자들을 배출하여 전도하게 했다. 그는 많은 박해 속에서도 프랑스 북부, 라인 강 유역, 오스트리아, 보헤미아, 동부 독일, 스페인 북부에서 복음을 전파했다.64) 그들은 하나님과의 관계에서 하나님께 선택된 백성이라는 확신을 가지고, 하나님이 주신 선교의 사명을 어찌하든지 감당하고자 한 것이다.

14세기경에는 평신도 중심의 전도가 존 위클리프(1330-1384년)의 사역을 중심으로 이루어졌다. 존 위클리프는 뛰어난 학자로서 성경을 영어로 번역함으로 평신도들로 하여금 복음 전파의 사역을 가능하게 했다. 그는 신약성경의 모형대로 둘씩 전도대(傳道隊)를 조직해서 전도여행을 실시했다. 그의 제자들을 일컬어 '롤라드'(Lollards)라 불렸는데, 그들은 로마 교황정치의 교직제도에 대항하면서 죽음을 각오하고 담대하게 성경을 전파했다. 위클리프는 "교회의 법은 오직 성경뿐이며, 교회란 교황이나 추기경들을 중심으로 한 것이 아니라 선택된 하나님의 백성 전체"임을 가르쳤다. 그리고 교회의 확실하고 유일한 머리는 교황이 아니라 그리스도이심을 담대히 증거했다.65)

14세기 후반에 존 후스(1373-1415년)는 남부 보헤미아를 중심으로 당시의 교황제도에 반발하면서 아울러 평신도의 중요성을 부각시켰다. 그는 위클리프의 저작들과 성경 연구를 통해서 교회의 머리는 교황이 아니라 그리스도이심을 주장했다. 그의 평신도운동은 그의 제자들을 통해서 엄격한 중세교회의 개혁을 계속 주장하게 했다. 이러한 후스의 영향력은 전 유럽으로 퍼져 나갔고, 17세기에 일어난 유명한 평신도운동인 '모라비안 선교운동'에 많은 기여를 했다.66)

1517년 마틴 루터(1483-1546년)는 성서적 신앙과 초대교회의 신앙생활에서 멀리 떠난 로마 가톨릭에 대하여 95개 조의 항의문을 발표함으로써 종교개혁의 기치를 높이 들고 일어났다. 루터는 교회를 '교황이나 교회의 전통이 아닌 성도의 교제'라고 보았다. 루터는 하나님을 믿는 신자들은 누구나 같은 제사장(만인제사장론)이며, 평신도와 안수받은 사제 간에는 본질적으로 아무런 차이가 없다고 주장했다. 이러한 해석은 오랜 세월 동안 소외되어 왔던 하나님의 백성인 평신도의 신학적 위치와 사명을 근본에서 다시 회복시키는 혁명적인 일이었다.

케인스는 종교개혁의 원인으로, ① 정치적 요인, ② 경제적 요인, ③ 지적 요인, ④ 도덕적 요인, ⑤ 사회구조적 변화, ⑥ 평신도의 열망, ⑦ 대변할 지도자의 등장 등을 들었다. 이 중에서 종교개혁의 전략적·철학적 근거가 된 것이 바로 평신도의 열망이다.67) 평신도들은 매일의 세속생활 속에서 자기들의 신앙의 기쁨과 실천을 발견하려고 했다. 그들은 자기의 가족과 직업을 버리고 수도원에 들어

가는 일이 없어도 충만하고 효과적인 크리스천의 생활을 누릴 수 있어야 한다고 열망했다. 이러한 열망이 종교개혁을 성공시킨 것이다.68) 종교개혁 당시와 그 뒤 얼마 동안은 평신도가 성경을 읽고 쓰면서 교회와 국가의 봉사 업무를 주도하였다. 종교개혁가들은 평신도들을 교육시켜 그들의 역할을 수행하게 도와주었다. 교리문답 등을 가지고 그들을 가르침으로써 평신도의 영적 각성을 도와주었다. 이로써 밭을 갈면서 시편을 노래하고, 해가 서산에 기울 때 하루를 감사하는 기도를 드리는 농부의 모습을 볼 수 있었다.

(2) 종교개혁 이후

종교개혁 이후 활기찼던 평신도운동은 과학의 발전과 산업에서의 새로운 발달로 인하여 위축되기 시작했다. 이것은 성직자와 평신도 사이의 오래된 분열이 아니라 교회와 사회 간에 일어난 새로운 균열이었다. 산업과 경제생활의 새로운 형태는 교회의 관할권과 관심 밖에서 발전했다. 평신도의 신앙생활은 가정과 교회에서의 봉사 그리고 개인의 도덕적인 생활 속으로 좁아졌다. 과거에는 신앙생활이 평신도의 생활 전체를 지배했으나 이제는 한 부분, 즉 여가시간에 영위되는 개인적이고 가정적인 부분과 관계가 있을 뿐이다. 이로써 평신도의 신앙생활은 교회 안에서나 볼 수 있게 되었다.

또한 종교개혁 이후 개신교에서는 교회 내에서 설교의 직분이 강조되면서 설교사들이 새로운 복회자 그룹을 형성하게 되었다. 마틴 루터와 장 칼뱅은 성경의 핵심으로 만인제사장론을 주장했지만,

루터의 교회론과 만인제사장론에는 하나님의 백성인 평신도의 공동적인 선교와 섬김이 약화되어 있었다. 칼뱅은 루터보다 목회자의 중요성을 더 강조했다. 결국 만인제사장론은 실질적인 존재로 영향을 미치기보다는 장식품으로 남아 있어야 했다.69) 이로써 목회자는 이전의 사제들과 마찬가지로 교회의 지배적인 지위를 갖게 되었다.

17세기의 평신도 회복운동은 경건주의에서 크게 영향을 입어 일어나게 되었다. 경건주의 지도자들 가운데 야콥 스페너는 스트라스부르크의 루터교 목회자로서 교회의 평신도들을 대상으로 그룹을 만들어 성경공부와 기도에 대해서 지도했다. 많은 사람들이 이 경건주의 운동에 가담했다. 특히 프랑케는 평신도들에게 그들의 은사를 일깨워 주고 선교 사역에 대한 소명을 심어 주었다. 그의 경건주의 사역은 할레에서 꽃을 피웠는데, 여기서 그는 선교사역에 중점을 두었다.

18세기에 들어와서 친첸도르프를 중심으로 한 모라비안들이 평신도 자비량 선교사역에 꽃을 피웠다. 백작이었던 친첸도르프는 프랑케로부터 커다란 영적 감화를 받았다. 그는 할레 대학에서 '겨자씨 선교회'를 조직하여 복음을 온 세상에 전파함으로 세계의 모든 인류를 사랑할 것을 서약했다. 그가 1722년 자기의 영지로 피난 온 기독교 피난자들을 맞아들인 것이 모라비안 선교운동의 계기가 되었다. 그는 그린랜드 원주민과 서인도제도에서 온 한 명의 흑인으로부터 간절한 선교사의 파송을 요청받았다. 그후 1년이 못 되어

1732년에 두 명의 모라비안 선교사들을 버진 제도로 파송했고, 1760년까지 226명을 7개국에 파송했다. 또한 그는 직접 카리브해와 미국 등 선교 현지를 방문하여 사역을 돕는 등 33년간을 해외에서 보냈다. 그의 최대의 공헌은, 많은 평신도 자비량 선교사들로 하여금 복음을 증거하는 일에 헌신하도록 도전을 주었다는 것이다.70)

(3) 근세

19세기에는 18세기에 일어난 '영적 대각성 운동'의 영향으로 평신도운동이 선교사역과 지역교회에서 그 어느 때보다 활발하게 일어났다. 19세기 말경에 일어난 학생신앙운동(SVM)은 괄목할 만한 평신도 선교운동이었다. 이 운동은 존 윌더와 당시 YMCA 코넬 지부장이었던 존 모트 등의 노력으로 시작되었다. 평신도인 무디(1837-1899년)는 이 학생신앙운동의 설립에 막대한 역할을 감당한 지도자였다. 1886년 여름 매사추세츠 주에 있는 헬몬 산 연합집회에서 무디는 설교를 통해 학생들을 감동시켰다. 여기서 100명의 학생들이 선교에 헌신할 것을 결단했다. 1880년대와 1890년대의 '학생신앙운동'은 일생을 선교에 바치기로 결단한 10만 명의 선교사 지원자를 배출했다. 그중 2만 명이 실제로 해외로 파송되었다. 이들의 수는, 19세기 말과 20세기 초에 전세계에 파송된 개신교 선교사의 절반 가량이라고 추정되고 있다.71)

20세기에 들어서 평신도의 중요성이 각 교파마다 독특한 형태로 나타나게 되었다. 로마 가톨릭에서도 제2차 바티칸 종교회의(1962-

1965년)에서 평신도에 대한 여러 가지 중요한 결정이 내려졌다. 여기서는 평신도 신학자인 콩가르를 따르는 신학자들이 많은 공헌을 했다. 제1차 바티칸 종교회의가 주교들을 위한 회의였다면, 제2차 바티칸 종교회의는 평신도를 위한 회의라고 평가할 수 있다. 평신도에게 성경 읽기를 허용한 것, 예배 시에 성경을 봉독하게 한 점 그리고 평신도가 세상에서 사도적 역할을 가진다는 점을 분명히 했다.72)

세계교회협의회에서도 제1회 암스테르담 대회(1948년) 이후 모든 대회마다 평신도의 사역에 대해서 강조해 왔다.73) 1948년에는 한 분과위원회의 프로그램에서 평신도 문제가 특별 주제로 주어졌다. 1968년 웁살라 대회에서는 "남녀 평신도들은 그들의 선교적 헌신을 교회 안의 봉사 차원뿐만 아니라 그들의 일상생활과 공공봉사에서도 나타내야 한다"고 주장했다.74)

복음주의 진영의 세계 교회에서도 평신도의 중요성과 필요성을 깊이 인식하고 있었다. 1966년에 발표된 휘튼 선언에서 "거대한 평신도 집단에 대한 훈련과 활용이 너무 부족하다"는 문제를 제기했다.75) 1974년 7월 스위스 로잔에서 열린 제1차 로잔대회에서 메디슨 포드는 평신도의 활발한 참여에 대하여 전세계 교회에 호소했다. "평신도들도 이제는 중요한 일에 참여하기를 바랍니다. ……우리가 가장 바라는 것은 바로 생명을 변화시키는 사역에 함께하는 일입니다."76)

1989년 7월 필리핀 마닐라에서 개최되었던 제2차 세계복음화 국제대회, 즉 제2차 로잔대회에서 발표된 '마닐라 선언'에서는 평신도에 대해서 다음과 같이 쓰고 있다.

> "하나님께서 모든 교회의 평신도들에게 전세계 복음화의 사명을 맡기신 것을 우리는 확신합니다. 따라서 안수받은 자와 마찬가지로 평신도 모두가 이 복음화 사역을 위하여 동원되어야 하고, 훈련되어야 합니다. ……우리는 평신도, 특히 여성과 젊은이들의 사역을 돕지 못한 것을 회개합니다. 앞으로 우리는 모든 평신도들이 그리스도의 증인으로서 바른 위치를 가지도록 격려하고 도와서 주님의 대(大)사명을 수행하는 데 최선을 다할 것을 결의합니다."[77]

이처럼 교회 전체가 평신도를 재발견하기 시작한 것은 매우 고무적인 일이다. 하나님의 백성은 모두 선택받았고, 모두가 하나님의 성령의 은총과 인도하심을 받고 있다. 따라서 평신도나 목회자는 하나님의 교회의 각기 다른 기능을 잘 감당해야 할 것이다. 목회자들은 평신도들을 양육하고, 준비시키고, 도와주며, 계속 지탱해 나가도록 하는 데 책임을 져야 한다. 평신도들은 믿음의 전투를 하는 정치적·사회적·경제적·문화적 영역에서 직분을 감당해야 한다.[78] 특히 삶의 현장에서 신자의 모범을 보이고, 복음을 전파하며, 그리스도의 사랑으로 봉사함으로써 전인 구원을 이루시는 하나님의 사역에 동역하는 역할을 감당해야 하는 것이다.

이장식 박사는 평신도가 목회자와의 관계에서 세 가지 입장을 취해야 한다고 말한다. 첫째로, 평신도는 목회자의 목회와 지도를 충실하게 받고 배워야 한다. 둘째로, 평신도는 목회자의 목회와 사역을 올바르게 비판할 수 있어야 한다. 셋째로, 평신도는 목회자의 동역자가 되어야 한다. 이 세 가지의 평신도의 입장이 삼위일체적으로 하나같이 되어서 작용해야 한다.[79]

라. 한국 교회의 뿌리인 평신도
(1) 김청송

김청송은 한국인을 위한 최초의 개신교 교회를 세운 평신도였다. 김청송은 간도지방 즙안현 출신으로 그의 직업은 한약 행상인이었다.[80] 그는 만주 목단에서 스코틀랜드 선교사 존 로스를 도와 누가복음을 한국어로 인쇄하는 가운데 기독교의 진리를 깨닫고 신자가 되었다.[81] 김청송은 1882년 성경 출판 사역을 중단하고 고향으로 돌아와 복음 전도에 헌신하게 되었다. 그리하여 김청송은 평신도로서 1882년에 간도지방 즙안현에 한국인을 위한 최초의 개신교 교회를 세웠다.[82]

1884년 존 로스와 제임스 웹스터는 김청송이 사역하는 간도지방을 방문하게 되었다. 제임스 웹스터는 1885년의 보고에서 "간도에서 수년 전부터 시작된 복음 전도를 통해 수백 명의 한국인이 예수를 믿고 구원의 감격을 누리게 된 것을 목격하였다"고 기록했다.[83] 그들은 4개의 마을을 심방하여 75명에게 세례를 주었고, 많은 사람들이 믿음을 갖게 되었다.[84] 그 보고서 일부를 보면 다음과 같다.

"그렇게 많은 개종자들이 그리스도에 대한 그들의 신앙을 고백하고 동시다발적으로 나오게 된 것은 선교 역사에 있어서 매우 놀라운 일이며, 독특한 일입니다. 우리가 이 계곡의 마을들에서 이루어진 일을 목격한 것은 우리를 겸손하게 합니다. 이 마을에서 저 마을로 방문할 때마다, 어두운 이방세계에 거하던 수많은 사람들이 매일같이 모여, 하나님께서 그 아들을 세상에 보내 화해의 역사를 이루어 주시고 죄로부터 구속하신 사실을 깨닫고 증거했습니다. 뿐만 아니라 그들은 외부 선교사의 지원 없이 교회당을 세우려는 계획을 가지고 있었습니다."[85]

이와 같이 김청송은 평신도로서 외국 선교사가 들어갈 수 없는 그곳에 외부 선교사의 도움 없이 신앙의 공동체를 형성했던 것이다.

(2) 서상륜

서상륜은 1883년 황해도 솔내에, 한국 내(內)의 최초의 개신교 교회를 창설했다. 서상륜은 1878년 만주에서 홍삼 장사를 하였으나 장사에 실패하고, 장티푸스에 걸려 생명이 위독한 상태였다. 이때 그는 존 로스 목사의 도움으로 완쾌되었는데, 이를 계기로 신자가 되어 1879년 세례를 받았다.[86]

서상륜은 누가복음 번역을 도와주었고, 후에는 권서인(勸書人)으로 활동했다. 그는 고향인 의주에 가서 사역을 하려고 하였으나 체포되어 감옥에 들어갔다가 간신히 풀려났다. 그는 삼촌이 살고 있는 황해도 장연의 솔내에 가서 가족들과 함께 정착하여 복음을 전했다. 그의 사역을 통해 1883년 교회가 설립될 수 있었다. 이 교회는 그 지방 사람들의 재정적 뒷받침만으로 설립·운영되었는데, 불과 몇 해 안 되어 이 교회는 그 마을의 58세대 중에서 50세대의 어른들이 교인이 될 정도로 발전했다.[87] 1884년 봄, 서상륜은 로스 목사가 선편으로 부친 6천 권의 성서를 인수받아 만주에서 온 이성하와 함께 쉬지 않고 복음을 전했다. 서상륜은 서울에서도 복음을 전했다. 서울에서 최초의 교회를 세웠을 때 교인 수가 14명이었는데, 그중에서 13명은 벌써 서상륜을 통해서 신도가 된 사람들이었다. 서상륜은 한국 내 최초의 교회를 설립한 위대한 평신도 전도자였다.

3) 신학적 고찰

가. 평신도 신학자들의 주장과 평가

(1) 마틴 루터(1483-1546년)

일반적으로 초대교회 이후에 나타난 평신도신학의 신학적 근거를 루터의 만인제사장론에서 찾는다.[88] 루터의 평신도신학은 그의 주요사상인 의인 사상, 성서 이해, 교회 이해 그리고 만인제사장론에 나타나 있다. 그의 신학사상 중 가장 중요하다고 루터 자신이 말한 의인 사상은 공적주의에 묶여 성직자의 눈치를 살피던 평신도들에게 자유를 준 것이었다. 성서 이해에 있어서는 자국어 성서 번역을 통해 교회의 특수계급만이 볼 수 있었던 성경을 평신도들도 읽을 수 있게 했다. 그는 성서 해석의 권한이 평신도에게도 있음을 주장했다. 교회에 대한 이해에 있어서는 계급적·제도적 교회관을 반대하고 하나님의 백성으로서의 교회와 공동체로서의 교회를 강조함으로써 평신도의 잃었던 지위를 회복하게 했다.

무엇보다 평신도의 위치 회복에 결정적인 역할을 한 것은 만인제사장론이다. 만인제사장론에서 그는 모든 그리스도인들은 곧 성직자든 평신도든 모두 다 하나님의 동등한 자녀요 하나님의 백성임을 강조했다. 성직자와 평신도의 차이는 단지 직무의 차이일 뿐이지 신분이나 계급의 차별이 아님을 강조했다. 그러나 이러한 만인제사장론이 목회자를 무시하거나 거부한 것은 아니었다. 루터는 교회의 질서를 위해서 목회자를 세워야 함을 주장했다. 이와 같이 루터의 신학 전반에는, 중요 구성원인 평신도에 대한 성서적 이해와 초대교회 이후 왜곡되었던 평신도의 위치와 역할을 회복하는 것이 분명히 나타나 있다.[89]

다만 루터는 '선교하는 하나님의 백성'으로서의 평신도의 사명을 놓치고 있다. 윌리엄 캐리는 그의 논문에서 "루터는 예수님의 선교 지상명령이 사도들의 생애와 더불어 끝났으며, 절대적 의무사항이 아니라고 주장했다"고 말했다.[90] 이로써 거의 300년 동안 해외 선교를 감당하지 못하는 문제가 발생했다.

(2) 콩가르

로마 가톨릭에서도 교황 피오 11세, 마리탱, 그리고 콩가르 같은 지도자들에 의하여 평신도의 신학적 위치가 새롭게 논의되었다. 이러한 평신도신학은 1963년의 바티칸 공의회를 거쳐서 교회의 공식적인 고백과 정책으로 크게 발전했다.[91] 가톨릭에서 평신도신학을 확립한 대표적인 인물은 콩가르이다. 그의 대표적인 저서는 《교회 안의 평신도》이다. 그는 "누가 평신도인가?"라는 질문에 다음과 같이 정리했다.

"하나님의 백성인 평신도들은 성직자와 수도사와 마찬가지로 하늘의 것들을 향하여 질서 속에 놓여 있습니다. 모든 평신도들은 '빛 가운데 주어질 상속의 분깃'을 받기에 적절하게 만들어진 자들입니다."[92]

이것은 로마 가톨릭 안에서는 혁명적인 서술이었다. 왜냐하면 이는 '교회는 곧 성직'이라고 규정하며 성례전적인 몸으로서의 성직자의 권리라고 강조해 온 교회관에 정면으로 도전하는 새로운 교회론이었기 때문이다.

교회 안에서 자리를 되찾은 평신도의 신학적 위치는 진정 무엇일까? 이에 대해 콩가르는 '인류를 향한 하나님의 계획'이라고 답했다.[93] 다시 말해서 평신도의 위치는 인류와 세계를 향하신 하나님의 계획 안에서 그 자리를 찾을 수 있다는 의미이다. 물론 세계를 향하신 하나님의 계획은 예수 그리스도의 구원의 완성에서 실제화되었으며, 거기서 새로운 '중간적 공간'이라는 것이 조성된다는 것이다. 여기서 '중간적 공간'이란 예수 그리스도의 승천과 재림 사이에 조성되는 교회적 시간이다. 이 시간 동안 평신도는 교회의 중심 구성원으로서 하나님과 인류를 화해시키는 위치를 가진다는 것이다.94)

콩가르의 평신도신학은 오랜 세월 성직자의 독점이었던 교회에 대하여 평신도의 지위를 끌어올림으로써 평신도의 교회적 위치를 회복하는 데 공헌했다. 또한 그의 사상적 기초에는 그리스도의 3가지 메시아적 직무에 관한 교리가 들어 있다. 그리스도의 대변자로서의 교회는 그리스도와 같은 직무를 가지고 있는 것이다. 따라서 평신도는 교회 안에서의 예언자적 직능(교육), 왕권적 직능(위원직과 재산 관리), 제사장적 직능(순교, 성례전에 참여)을 통하여 그리스도의 사역에 참여한다. 이것은 그 누구도 평신도신학을 논의하지 않던 당시의 가톨릭 안에 던져진 제언이라는 이유에서 혁명적이고 도전적이었다.95)

이에 대하여 핸드릭 크레머는 "콩가르에 있어서 교회는 그리스도에 의하여 주어진 '교권적-계급적 구조'이며, 동시에 교회는 신도들의 교회이기 이전에 성직자들의 교회라는 사실이다"라고 비판한다.96) 즉 콩가르가 평신도신학을 다양하게 서술하고 있지만, 결국 그는 평신도신학을 '성직자의 교회'의 한 부록으로 전락시키고 말았다는 것이다.97) 다시 말하면, 통전적인 교회론의 차원에서 평

신도신학을 수립하는 일에 실패했다는 것이다.[98]

(3) 헨드릭 크레머

헨드릭 크레머의 평신도신학은 '세계를 향하신 하나님의 관심'에서 출발한다.[99] 예수 그리스도 안에서 보여주신 하나님의 궁극적 관심은 이 세계와 인류를 향하신 것으로 전 인류는 하나님의 관심 안에 놓여 있다는 것이다. 크레머는 방법론적으로 로마 가톨릭처럼 성직자와 평신도 사이의 종속적 관계에서 출발하지 않으며, 자유교회처럼 평신도신학을 평신도의 종교[100]라는 이름으로 제시하는 반(反)성직에서 출발하지도 않는다. 오히려 크레머에 있어서 평신도신학은 세계를 향하신 하나님의 구원과 약속이라는 구조에서 그 근거를 찾고 있다. 이는 처음부터 평신도신학을 '대변적'이고도 '선교적'인 동기에서 풀어가는 해석이다.[101]

이러한 크레머의 평신도신학은 세계를 향하신 하나님의 관심 안에서 새로운 정체성과 비전을 가지는 교회, 즉 신앙공동체에서 찾는다. 크레머는 평신도가 기존 교회의 한 부록으로서가 아니라 전 교회의 유기적인 한 부분으로 이해되어야 평신도신학이 가능하다고 전제한다. 이는 콩가르가 설명했던 '종속적 유기성'이 아니라 몸에 참여된 유기성으로서의 평신도를 의미했기에 둘 사이에는 질적인 차이가 있다.

또한 교회의 사역은 전통적으로 예언적 · 제사장적 · 왕권적 사역으로 구분되었는데, 크레머는 여기에 '고난받는 종'이라는 새로운 사역을 추가했다.102) 그에게 있어서 평신도신학은 교회의 전체적인 일원으로 세계를 대변하며, 그 속에서 하나님의 구원을 증거하는, 선교적인 '고난받는 종'으로 이해하게 된다.

결국 하나님의 궁극적인 관심은 전 인류의 구원이며, 아울러 하나님의 관심 안에 있는 세계는 하나님의 활동무대이다.103) 평신도신학은 교회 안에서의 참여의 증진만이 아니라 세계 안에서의 증언의 자리와 그 속에서 고난받는 종의 모습을 드러내야 한다. 여기서 평신도신학은 대변적이며 선교적인 의미를 갖게 된다. 그러기에 크레머의 평신도신학은 교회적인 차원과 선교적인 차원을 모두 포괄하는, 양 차원의 것이다.104)

크레머는 평신도를 세상에서 '고난받는 종'으로 규정함으로써 분명한 위치를 부여했다. 평신도는 고난받는 종으로서 세상에서 선교와 봉사를 감당해야 한다고 주장한다. 이것은 평신도의 위치와 역할을 세상에서의 선교와 봉사의 차원으로까지 파악했다는 점에서 큰 공헌이라 할 수 있다. 그러나 그는 평신도의 '세상에서의 봉사'를 다분히 강조하고 있다. 또한 구원의 개념을 인간 구원을 넘어 사회 구원까지 넓히고 있으나, 인간 구원의 측면을 등한시하고 있다는 인상도 드러낸다. 결국 선교하는 하나님의 백성으로서의 균형 잡힌 평신도를 드러내지 못했다는 것이 그의 한계이다.

나. 통전적 평신도론(通全的 平信徒論)[105]

위에서 언급한 바와 같이 루터는 만인제사장론을 통하여 교회 내에서의 평신도의 위치를 고양했다. 그러나 선교하는 백성으로서의 평신도의 역할을 등한시한 점이 있다. 이것이 개신교가 300여 년 동안 세계 선교를 감당하지 못한 주된 이유라고 말하기도 한다. 콩가르는 그리스도의 대변적 사역 – 예언적 직능 · 제사장적 직능 · 왕권적 직능 – 을 주장함으로 교회 내에서의 평신도의 위치를 새롭게 조명했다. 그러나 가톨릭의 계급적 · 종속적 교회론을 벗어나지 못하여 평신도를 하나님의 백성과 선교하는 백성으로서의 위치를 세우지는 못했다. 크레머는 하나님의 백성으로서의 역할뿐 아니라 선교하는 백성으로서의 평신도의 위치와 역할을 제시함으로 평신도신학의 새로운 장을 열었다. 그러나 크레머의 '고난받는 종'의 평신도신학은 인간 구원보다 사회 구원에 치중함으로 통전성(通全性)을 이루는 데 그 한계를 나타냈다.

평신도는 그리스도의 대변적 직능 – 예언적 · 제사장적 · 왕권적 직능 – 을 가질 뿐 아니라 선교하는 백성이다. 선교하는 백성으로서 전인 구원(全人救援)의 선교를 섬겨야 할 선교의 주체들이다. '선교'는 '영혼 구원이나 육체의 구원, 인간 구원이나 사회의 구원으로 양분하여 어느 한쪽에 극단적으로 치우치지 않고, 복음 전파를 통한 영혼 구원과 함께 그리스도의 이름으로 하는 다양한 봉사를 통하여 전인 구원(全人救援)에 이르며, 더 나아가 세상의 구원에 이르게 하는 것'이다.[106] 이를 '통전적 선교'[107]라고 할 수 있다. 여기에 '온 교회'가 '온전한 복음'을 '전세계의 모든 사람'에게 전하는 선교의 필요성이 역설된다.[108] 영혼 구원과 육체의 구원 두 가지를 포함하면서 전인 구원을 위한 선교사역을 수행함에 있어서 세상의 전문지식과 복음을 동시에 가졌고 또한 전문적인 기술이나 직업을 갖고 복음을 전할 수 있는 평신도를 동원하는 일보다 더 이상적인 방안은 없을 것이다.

이계준 박사는 이교지역(異敎地域)의 선교에 있어서는 '총체적 선교'의 입장을 취하는 것이 바람직하다고 말한다. 그의 '총체적 선교'라는 개념은 개인 구원과 사회 구원을 나눌 수 없는 불가분리적 실체로 파악한 것으로, 상황에 따라 양자의 적용 순위가 결정되는 것이라고 말한다.[109]

평신도는 세상적인 문제들에 대해서는 전문가들이다. 그들의 전문지식 · 달란트 · 은사들이 모두 동원될 때 선교가 효과적으로 이루어질 수 있다. 호켄다이크는 평신도의 선교적 사명을 다음과 같이 표현했다.

"평신도는 하나님의 선교의 대표자입니다. 평신도는 선교의 전위대요 돌격대입니다. 나는 성직자는 임명받은 직무 때문에 선교에 적당치 않다는 주장을 하고 싶습니다. 성직자의 할 일은 따로 있습니다. 그는 평신도가 섬기는 일을 하도록 준비시켜야만 합니다"(엡 4:12).[110]

이처럼 '선교하는 백성'으로서 평신도는 분명하고도 중요한 위치를 갖고 있는 것이다.

앞에서 평신도는 어원적으로 세상에서 하나님의 선택을 받은 백성임을 발견했다. 또한 하나님께서 선교하는 백성으로 삼으시고자 선택하신 것도 발견했다. 그런데 교회사를 통해 볼 때, 평신도는 교회에서 이러한 위치를 잃고 주체가 아닌 객체에 머무르곤 했다. 하지만 각 시대마다 일어난 평신도운동은 모두 '선택된 하나님의 백성' 과 '선교하는 하나님의 백성' 의 위치를 새롭게 하며 이를 힘써 행하였음을 알 수 있다.

2. 평신도의 역할

평신도의 역할(사역)이란, 넓은 의미로 볼 때 하나님의 복음을 증거하는 것과 그리스도의 이름으로 봉사하는 것이다. 평신도의 역할은 교회 내에서의 역할과 세상에서의 역할로 나눌 수 있다. 교회 안에서의 평신도의 역할은 하나님의 백성으로서 하나님의 부르심과 구원에 대한 감사와 하나님께 대한 사랑을 표현하는 것이다. 이러한 평신도의 역할은 예수 그리스도의 사역으로부터 그 신학적 구조를 찾게 된다. 왜냐하면 교회는 그리스도의 후속적 공동체요, 평신도는 그리스도의 사역을 이어받은 하나님의 백성이기 때문이다. 그리스도의 사역은 제사장이요, 선지자요, 왕으로서의 사역이었다. 이와 같이 하나님의 백성으로 선택된 평신도도 제사적 직능, 예언자적 직능, 왕권적 직능을 가진다고 볼 수 있다. 여기에 크레머는 '고난받는 종'의 직을 더하여 네 가지 직을 가졌다고 해석했다. 이는 하나님과 세상을 위해 봉사하고 섬기는, 목회적이고도 선교적인 사역을 의미한다.

1) 교회에서의 평신도의 역할

가. 제사적 직능

제사장은 하나님께 나아가 하나님이 기쁘게 받으실 신령한 제사를 드리는 자이다. 이 말은 기도와 예배에 있어서 또 하나님과의 관계에 있어서, 제사장은 중간에 그 누구의 중재도 없이 직접 하나님께 나아갈 수 있음을 말해 준다. 동시에 하나님을 알지 못하는 사람들을 가슴에 품고 하나님께 나아가 그들의 구원을 위하여 중보기도를 드리는 것을 의미한다. 교회 곧 하나님의 백성들의 공동체가 갖는 중요한 행사는 하나님을 예배하는 일이다. 예배에 참여하는 평신도의 제사적 직능은 크게 세 가지로 나누어 볼 수 있다.

첫째는, 각자의 은사를 따라 하나님을 예배하는 것이다. 예배는 하나님의 백성 전원이 참여하여 드리는 것으로 마치 오케스트라의 연주와 같은 것이다. 목회자는 오케스트라의 지휘자와 같으며, 평신도는 각자의 악기로, 아름다운 소리와 화음으로 하나님을 찬양하는 것이다. 그렇다면 예배를 지휘하는 목회자와 함께 각자의 악기로 하나님을 찬양하는 평신도도 똑같이 중요하다고 할 수 있다. 왜냐하면 평신도가 예배를 통하여 예배의 의미와 가치 그리고 아름다움과 신비로움을 드러내며 하나님을 찬양하는 연주를 하기 때문이다.111)

하나님을 예배하는 행위는 그리스도의 삶 속에 우리가 참여하는 응답적 차원의 것이다. 레티 러셀은 이 '참여'를 네 가지로 설명하고 있다. 그것은 ① 사도들의 가르침을 통하여 그리스도의 교훈을 듣는 일, ② 소유한 것을 함께 나누어 쓰는 교제에 참여하는 일, ③ 부활하신 주님과 함께 식사를 나누는 일의 연장으로 이웃과 함께 떡을 떼는 일, ④ 그리스도의 임재를 감격하여 하나님께 드리는 찬양과 기도에 참여하는 일이다.112) 이러한 참여가 아름답게 이루어지려면 일체의 계급의식이나 지위의식 및 서열의식이 없어야 하며, 모든 사람은 하나님께서 선택하신 존귀한 하나님의 백성임을 인식해야 한다. 또한 참여의 기본은 섬김을 받고 무엇을 얻는 것이 아니라 서로 섬기고, 주고, 봉사하는 것이다. 우리가 진실된 봉사자가 되고 선한 청지기가 되어 예배에 참여하기 위해서는 평신도 각자가 각각 하나님께로부터 받은 은사를 십분 발휘해야 한다.

뿐만 아니라 그리스도인들이 드릴 영적 예배는 몸의 모든 지체와 삶 전체를 하나님께서 기쁘게 받으실 거룩한 산 제사로 드리는 것이다. 이를 위해서는 이 세대를 본받지 말고 오직 마음을 새롭게 함으로 변화를 받아 하나님의 선하시고 기뻐하시고 온전하신 뜻이 무엇인지 분별하기를 힘써야 한다(롬 12:1-2).

둘째는, 선교적인 결단과 행위이다. 평신도는 예배를 통하여 하나님의 구원을 감사하고 그리스도의 삶에 참여하는 기쁨을 경험할 뿐 아니라, 복음 전파의 사명을 감당하여 세계를 하나님과 화해시키는 선교적 행위를 해야 한다.113) 즉 복음 전파를 통해 사람들이 하나님께서 이룩하신 구원과 지금도 살아 계셔서 우리의 삶 속에서 이루어 가시는 구원을 맛보게 해야 한다. 더 나아가 해외에 파송된 선교사들을 위하여 중보기도를 감당하고, 편지로 지원하며, 하나님께서 길을 열어 주시는 대로 본인이 직접 선교사로 나아가 선교사역을 섬겨야 할 것이다.

셋째는, 중보기도의 사역을 감당하는 것이다. 제사장들이 섬기는 중요한 사명 중 하나는 거룩하신 하나님과 백성들 가운데 서서 백성들을 가슴에 품고 하나님께 나아가 중보기도를 드리는 것이다. 중보기도는 하나님의 생명 구원 사역에 있어서 대단히 중요한 사명이다.

나. 예언적 직능

평신도가 예언적 직능에 참여하는 것은 교회의 설교와 교육적 사명을 감당하는 것을 의미한다. 그러나 이는 목회자가 수행해야 할 특수한, 그리고 전문적인 영역으로서의 설교와 교육과는 구분된다고 할 수 있다. 그러므로 평신도가 제도교회 내에서 예언적 직능에 참여하는 것은 어느 정도 한계가 있다고 할 수 있다.114) 그러나 모든 평신도는 하나님의 말씀과 성령을 받았으므로 다른 사람을 가르칠 수 있으며 또 가르쳐야 한다. 곧 여러 모양으로 말씀의 전령이 될 수 있어야 한다. 성령의 다양한 은사를 고려하면 모든 사람이 다 모든 일을 할 수 있는 것은 아니지만, 평신도는 누구나 말씀의 증거자로 부름을 받았다.[115]

오늘날 한국의 지역교회에서 평신도들이 실제적으로 하고 있는 것은, 교회 안에서의 여러 가지 교육, 즉 유년부 주일학교와 중·고등부, 대학부, 그리고 청년부 등의 교육 부문이다. 교회의 교육은 각 교회의 성장과 선교에 직접적인 영향을 미친다. 이러한 교회 교육은 성경에 대한 지식과 얼마간의 신학적 지식뿐 아니라 세상의 과학적 지식을 갖추고 있는 평신도들이 더 잘할 수 있다. 또한 개인적으로 전도하고, 1대1로 성경을 가르치며, 중생을 경험한 자들을 예수님의 제자로 양육하는 일도 할 수 있다.

이제 평신도는 교회 교육 부문에서의 사역뿐 아니라 더욱 열심히 성경을 공부하고 기도함으로 영성을 계발하고 필요한 신학적 지식도 습득하여 때로는 주일 설교까지도 맡을 수 있는 정도까지 성장해야 한다. 평신도가 예언적 역할을 확대해 나갈 수 있도록 목회자와 평신도 모두 서로 노력해야 할 것이다.

다. 왕권적 직능

교회는 그리스도의 몸이지만 하나님의 백성들 곧 사람들의 모임이기 때문에 현실적으로 기관과 조직이 필요하다. 그리고 여기에는 행정적 사무와 교회 정치가 따른다. 이러한 일에 관해서 평신도는 넓은 사회적 지식과 경험을 교회 안에서 적절하게 사용할 수 있을 것이다.

교회의 행정 사무를 목회자가 모두 감당하거나 아니면 사랑과 은혜의 불문율의 법칙에 맡기는 것은 목회에 지장을 초래하고 행정이 비능률적으로 될 수 있다. 오늘날 교회 예산의 책정과 집행 그리고 여러 가지 행정 사무가 조직화되고 평신도의 참여가 늘어나고 있는 것은 바람직한 일이다. 이러한 행정 사무나 재정의 관리 등을 평신도가 맡음으로 평신도가 교회의 주인이 되어 교회를 섬기는 보람을 맛볼 수 있다. 또한 전임 목회자는 더욱 목양의 일에 전념함으로써 교회가 은혜 가운데 성장할 수 있을 것이다. 다만 이를 위해서는 평신도가 세상의 지식이나 경험보다 신앙과 영성을 앞세우고 다른 사람들에게 좋은 영향력을 끼칠 수 있도록 영적인 성숙이 이루어져야 할 것이다. 어찌 되었든 교회의 유지와 살림살이는 평신도의 사역에 속한다.[116]

또한 교회 정치는 교회나 노회 혹은 총회의 사업, 즉 교회의 사역과 선교의 성공적인 수행이 목적이 되어야 한다. 그리고 교회 정치의 윤리는 권모술수의 세상적인 정치윤리나 혈연·지연 등의 인간적인 관계성을 중심으로 행해지는 인본적인 윤리가 아니라, 반드시 '사랑과 공의, 은혜와 진리'라는 하나님의 윤리여야 한다. 따라서 평신도는 목회자의 동역자로서 잘못된 것은 조언하고 기도해 주는 동시에, 잘된 것은 온 마음을 합하여 적극적으로 순종하며 동역해야 한다. 역사적으로 교회 정치에 세속적이고 인간적인 요소들이 개입됨으로써 싸움과 분열이라는 고통과 수치를 드러낸 경우가 있었다. 이를 가슴 아프게 생각하고 언제나 하나님 앞에서 사심(私心)이 없이, 오직 '하나님의 뜻을 이루어 드리고자' 하는 분명한 목적 가운데 행해야 할 것이다. 이처럼 평신도에게는 하나님의 윤리에 기초하여 교회 정치를 감당해야 할 분명한 사명이 있다.

하워드 그라임스는 다음과 같은 평신도의 왕권적 직능이 있을 수 있다고 말한다.[117] ① 교회의 생활과 방향을 결정하고 또 그 조직을 운영해 가는 교회 행정에 참여하는 일이다. 교회 행정의 참여는 계급주의나 특권적인 위치가 아니라 오히려 섬김과 봉사의 자리이다. 그러므로 항상 많은 기도 가운데 하나님의 뜻을 찾고, '어찌하면 하나님을 기쁘시게 할꼬?' 하는 자세로 섬겨야 한다. ② 목회자의 동역자로서 다른 신자들을 돌보는 것이다. 평신도의 목회적 심방, 병자 방문, 새신자 방문, 가정예배와 주일예배를 준비하는 일, 주일학교를 운영하는 일, 음식을 준비하는 일 등은 목회자의 사역을 보완하며, 공동체의 성장을 위한 소중한 직능이다. 그 외에도 평신도는 해외에 파송된 선교사들이 일시 귀국하였을 때 적절하게 섬기고 돌보는 일 등을 할 수 있을 것이다.

2) 세상에서의 평신도의 역할

하나님의 백성들의 공동체인 교회는 그가 지닌 신앙적·선교적 가능성을 가지고 다시 세상을 위해 흩어져야 한다. 왜냐하면 교회의 본질인 에클레시아에는 세상으로부터 구분되어 모이는 교회 혹은 선택의 차원도 있지만, 동시에 세상으로 흩어지는 교회 혹은 파송의 차원도 포함하고 있기 때문이다. 교회는 하나님의 부르심에 응답한 사람들의 모임과 함께 하나님의 파송에 응답한 사람들의 흩어짐 속에서 그 생명력이 유지된다.

이것을 레인스와 웬츠는 '모이는 구조'와 '흩어지는 구조'라고 부른다. 모이는 구조에서의 평신도의 역할은 예배, 연구, 봉사로 이해되었다. 그러나 이 모이는 구조에서의 사역은 흩어짐 속에서 구현되어야 한다. 이 흩어짐은 '선교하는 백성'의 의미를 가지며, 세상 속에서 예수 그리스도의 복음을 말과 삶으로 증거하기 위한 흩어짐이다. 이 흩어짐에서 교회는 하나님의 나라를 세계에 선포한다. 이로써 하나님의 나라가 이 땅에 확장되고, 복음의 세계화가 이루어진다. 하나님께서 영광을 받으시고, 그분의 이름이 거룩히 여김을 받으시며, 그분의 다스림이 온 땅에 확장된다.

이 흩어짐은 첫째로, 평신도가 선교의 주역이 됨을 의미한다. 평신도의 흩어짐은 세계 속에서 일하고 계시는 하나님의 선교에 동참하는 것이다. 여기서 선교의 주체는 하나님이 되시고, 선교의 활동

장소는 하나님께서 일하시는 세상이 되며, 평신도는 하나님의 복음의 증거자 곧 선교의 주역으로서 부름을 받는 것이다. 이에 대해 호켄다이크는 "평신도의 흩어짐은 하나님의 선교신학에 의하여 그 의미를 찾아야 한다"고 서술한다.118)

둘째로, 흩어짐의 신학적 의미는 크레머가 말하는 네 가지 직종의 네 번째 사역, 곧 '고난받는 종'의 역할에서 찾을 수 있다. 평신도의 흩어짐은 '세상 속에서의 고난받는 종'119)의 모습을 의미한다. 그러나 '고난받는 종'은 사회적인 문제에만 관심을 갖는 것이 아니라 세상 속에서 복음을 전파하고 전인(全人) 구원을 위하여 그리스도의 사랑으로 봉사하는, 고난받는 종의 모습이어야 한다.

가. 복음의 전파

오늘날 교회의 구조를 살펴보면, 대부분 선교 지향적이라기보다는 체제 유지적인 경향에 머물러 있지 않나 하는 생각이 든다. 또한 사회는 급속도로 변화되는 데 반해 교회는 이에 적절하게 대처하지 못함으로 교회와 세상이 분리되어 가는 경향이 있다. 이러한 현실을 극복할 수 있는 교회가 되기 위해서는 부단히 갱신되고 변혁되어야 한다. 이를 위해 주장하는 것이 선교와 제자 양육과 봉사를 목적으로 한 작은 공동체들의 창조라고 할 수 있다.120)

은준관 박사는 평신도의 선교구조를 "가족형 구조"라고 부른다.121) 이것은 오늘날처럼 모든 것이 집단화되고 비인격화되는 사회적 소외 속에서 신앙적 연계와 삶의 공동체적 그룹을 만든다는 데 그 중요한 의미가 있다. 가족형 공동체는 평신도의 영적 성장과 신앙적 훈련을 제공하는 선교공동체이어야 한다. 윌리엄스 콜린은 "평신도의 복음 전파는 '영속적 봉사 선교구조'를 통하여 구현된다"고 한다.[122] 그는 교회가 세상을 향한 선교를 위하여 '영속적 봉사구조'를 체계화해야 한다고 말한다. 이 구조를 통해 평신도는 복음을 받지 못한 자들에게 복음을 전하며, 도움을 필요로 하는 사람들을 섬기는 일에 참여한다. 더 나아가 평신도는 "과제 수행구조"를 통하여 실제적으로 과제를 수행할 수 있다.[123] 과제 수행이란 '수재', '화재', '불의의 사고' 등과 같이 수시로 일어나는 사회문제와 사건들을 해결하는 것으로 이해할 수 있다. 여기에는 신앙과 봉사로 헌신하는 증거 그룹과, 전문적인 자료와 방법을 제시하는 전문가 그룹이 필요할 것이다. 뿐만 아니라 과제 수행 그룹은 계속적인 영성 및 전문성 훈련과 문제에 대응할 만한 준비를 수시로 갖추고 있어야 할 것이다.

나. 직업을 통한 사회 봉사

평신도는 세계를 변화시키기 위하여 그리스도의 복음을 들고 세계 속에 봉사자로서 나아간다. 특히 평신도는 직업을 통해 하나님의 나라와 의를 실현하고 사회에 봉사할 수 있다. 이것은 목회자가 가질 수 없는, 평신도만이 위임받은 부르심의 자리이다.[124] 루터는 "직업이란 인간을 위한 하나님의 사랑과 지혜를 계시하고 전달해 주는 것"이라고 말한다. 이것에는 부모 됨, 법률가, 의사, 교사, 사회 사업가, 기술자, 사업가 등 모두를 포함한다. 어떤 직업을 받았든지 그것은 하나님과 이웃을 섬기기 위한 자리이다. 예를 들면, '기독인 작가', '기독인 감독', '기독인 예술가', '기독인 의사' 라는 말은 글을 통하여, 예술을 통하여, 의술을 통하여 하나님의 나라를 이 땅에 건설하고, 하나님의 뜻을 실현하며, 이웃을 섬기는 것을 의미한다.

이러한 직업을 통한 사회 봉사는 평신도의 사도직이라고 할 수 있다. 평신도는 직업의 전문성을 통하여 하나님의 영광을 드러내며, 이웃과 세계를 변화시키는 세상의 빛과 소금으로 부름을 받았다. 직장은 평신도가 예수 그리스도의 복음을 말과 삶으로 증거할 수 있는 좋은 목장이다. 그러므로 직업을 통해 섬기는 일들이 기독교의 이상과 윤리와 가치관에 부합하도록 해야 한다. 또한 끊임없이 도전하는 세속주의·물질주의와 싸워야 한다. 뿐만 아니라 자기 직장에서 하나님의 공의가 실현되도록 하며, 부정·부패·불의가 행해지지 못하도록 경계하고 노력해야 한다.125)

다. 사회 구원의 참여

직업을 통한 세계 속의 참여는 개인 구원에서 시작하여 반드시 사회 구원으로 이어지게 된다. 한동안 교회와 신학이 개인 구원과 사회 구원을 전혀 다른 부분으로 나누어 양자택일의 논법으로 나아갔던 현실에서 위의 전제는 의미가 있다. 여기서는 사회구조를 크게 정치세계와 경제세계로 나누어서 이 구조의 구원을 어떻게 이룰 것인가의 문제를 간단하게 생각해 보고자 한다.

첫째, 평신도가 어떻게 정치세계의 구원에 참여할 수 있는가? 정치적 영역에 대한 평신도의 참여를 인정하는 신학적 근거로는, 국가와 모든 사회는 하나님의 통치 아래 놓여 있다는 것이다.[126] 알덴 켈리는 정치 참여의 정도에 대해서 다음과 같이 세 가지로 이야기하고 있다.[127] ① 소극적으로는 "교육 과정을 통한 정치적 영향력을 행사하거나 대중의 여론 조성을 통해 권력자를 설득하는 일"이다. ② 예언자적인 안목을 갖고 위정자들의 하는 일에 시시비비를 말해 주는 것이다. ③ 보다 적극적으로는 "비판적 개입"을 하는 것이다. 비판적 개입이란 정치 참여를 허용하되, 그 어떤 정치 활동도 절대화될 수 없다는 비판정신 속에서 정치 참여가 이루어져야 한다는 것이다. 즉 평신도의 정당 참여가 허용되면서도 그 궁극적인 목적은 어느 한 정당의 이익이 아니라 전체 사회와 국가의 발전을 위한 것이어야 한다는 것이다.[128] 더 나아가 하나님의 나라와 그의 의가 실현되고, 사람들이 사람답게 살 수 있는 사회를 만들기 위한 것이어야 한다. 궁극적으로는 하나님의 이름이 거룩히 여김을 받으시도록 하는 것이어야 한다.

둘째, 경제세계 속에 평신도가 참여하는 것은 정치 참여보다 훨씬 복잡한 구조와 과정을 갖는다. 크게 두 가지로 생각하면 ① 경제구조에서 보다 좋은 경영과 보다 높은 윤리의식을 갖도록 돕는 일과, ② 경제정책 결정 시 사회적 차원도 고려하게 한다는 것이다.

이익을 중요시하지만 동시에 분배의 측면도 중요시하며, 경제에 있어서도 정의와 사랑이 실현되도록 노력하는 것이다.

    정치와 경제의 문제는 인간 개인의 문제와 함께 구조적인 문제도 연계되어 있다. 그러므로 평신도는 사회 구원의 참여에 있어서 이상과 같은 개인의 참여뿐 아니라 구조악의 문제를 해결하는 데도 노력해야 할 것이다. 인간들의 변화와 구조악의 해결, 개인의 구원과 사회의 구원은 불가분의 관계에 있다. 그리고 이러한 인간들의 변화와 구조악의 해결에 있어서 평신도의 역할이 매우 중요하다. 평신도는 사회 각 분야의 구성원들이 하나님을 경외하는 사람들로 변화되도록 도우며, 동시에 구조악이 제거되도록 노력해야 한다. 그것은 구체적으로 선교하는, 하나님의 백성으로서의 그리스도적 삶을 통해서, 복음의 증거를 통해서 그리고 그리스도의 이름으로 행하는 봉사를 통해서 실현될 수 있을 것이다.

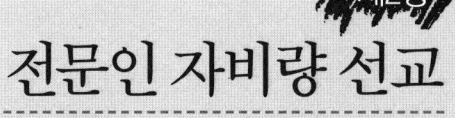

제2장
전문인 자비량 선교

평신도 전문인 자비량 선교

이 장에서는 전문인 선교와 자비량 선교가 무엇인가를 정의한다. 이어서 성경에 나타난 전문인 자비량 선교의 모형과 교회사에 나타난 전문인 자비량 선교의 모형을 찾아보고자 한다. 또한 한국 교회에서의 모형을 살펴보고자 한다.

☀ 데살로니가후서 3장 7-9절

어떻게 우리를 본받아야 할지를 너희가 스스로 아나니 우리가 너희 가운데서 무질서하게 행하지 아니하며 누구에게서든지 음식을 값없이 먹지 않고 오직 수고하고 애써 주야로 일함은 너희 아무에게도 폐를 끼치지 아니하려 함이니 우리에게 권리가 없는 것이 아니요 오직 스스로 너희에게 본을 보여 우리를 본받게 하려 함이니라.

1. 전문인 선교란 무엇인가?

넓은 의미에서 '전문인 선교'란 일반 직업을 가진 사람이 선교의 소명을 받고 타문화권에서 선교하는 형태라고 말할 수 있다. 최근 한국의 선교계에서는 선교 현장에서 다양한 직업을 갖고 선교하는 전문인 선교에 대한 관심이 상당히 높아지고 있다. 이것은 서론에서 언급한 것과 같이 금세기에 들어서면서 더욱 어려워진 선교 현장의 상황들과도 관련이 있다.

전문인 선교라는 개념은 원래 '텐트 메이커'(tent-maker)의 개념에서 왔다. '텐트 메이커'라는 용어는 사도 바울이 장막을 만드는 직업을 가지고 사역했다는 데서 유래했다. '텐트 메이커 선교사'는 일반 직업을 가지고 타문화권 선교 현장에서 사역하는 사역자를 말한다. 우리나라 선교계에서는 '텐트 메이커 선교사'를 '평신도 선교사', '직업 선교사' 혹은 '전문인 선교사', '자비량 선교사' 등으로 번역하여 사용해 왔다. 최근에 와서는 대체로 '전문인 선교사'로 용어를 통일해 가는 것이 대세라고 볼 수 있다.

하나님께서 우주와 만물과 인간을 창조하시고 인간에게 주신 최초의 명령이 무엇인가? 그것은 "생육하고 번성하여 땅에 충만하라, 땅을 정복하라, 바다의 물고기와 하늘의 새와 땅에 움직이는 모든 생물을 다스리라"는 것이었다(창 1:28). 이것을 일반적으로 '문화명령'이라고 말한다.

인간의 타락 후에 하나님은 구원자를 약속하셨고, 그 약속대로 예수 그리스도를 구원자로 이 땅에 보내 주셨다. 예수 그리스도께서는 십자가에 죽으시고 부활하신 후 승천하실 때 유언적 명령으로 대위임명령을 주셨다. "그러므로 너희는 가서 모든 민족을 제자로 삼아 아버지와 아들과 성령의 이름으로 세례를 주고 내가 너희에게 분부한 모든 것을 가르쳐 지키게 하라"(마 28:19-20). 이것은 선교명령이다.

모든 신자들은 문화명령과 동시에 선교명령을 받고 있다. 전문인 선교는 그동안 전통적인 교회 사역에서 이중구조로 진행되어 온 문화명령과 선교명령을 동시에 수행한다는 면에서, 그 어느 형태보다 더 성경적 가르침에 부합하는 것이다. 이와 같이 '문화명령'과 '선교명령'을 하나로 통합하여 수행하는 전문인 선교를 정상적으로 수행하기 위해서는 직업적(혹은 직능적) 전문성이 있어야 한다. 또한 전문인 선교가 지향하는 것은 인간과 세상의 구원 혹은 교회개척이므로 사역적 전문성도 반드시 확보해야 한다.

한국 선교계에서 평신도 전문인 선교의 개념이 논의되기 시작한 것은 1990년대 초반부터라고 할 수 있다. 그런데 1990년대 초반에 UBF에서 파송한 평신도 전문인 선교사의 숫자는 이미 829명이나 되었다. 그러나 당시에는 한국 교회의 선교사 파송 형태가 목회자 중심으로 이루어졌기 때문에 UBF의 평신도 전문인 자비량 선교는 주목을 받지 못했다. 또한 전반적으로 평신도들을 통한 전문인 선교에 관심이 적었다. 당시는 대부분의 선교 지도자들까지도 평신도 전문인 선교사들을 선교사로 인정하지 않는 분위기였다.

1990년대 이후에 한국 교회에서 평신도 전문인 선교에 관한 논의가 조금씩 일어나기 시작했으나, 대부분 목회자들이 들어갈 수 없는 지역에 비자를 받고 들어가기 위한 위장 전략 정도로 이해했다. 그래서 평신도 전문인들을 선교사로 발굴하고, 양육하고, 파송하는 본래적 의미의 평신도 전문인 선교를 연구했다기보다는 목회자들이 비자를 얻는 수단 정도로 연구되었던 것이다.

그러나 평신도 전문인 선교를 선교 제한지역이나 창의적 접근지역에 비자를 받고 들어가기 위한 위장 전략 정도로 이해해서는 안 된다. 물론 전문인 선교사들이 목회자들이 들어갈 수 없는 선교 제한지역이나 창의적 접근지역에 쉽게 들어갈 수 있는 유리한 점이 있다. 그러나 평신도 전문인 선교는 선교의 방법론 그 이상의 의미를 갖고 있다. 이미 교회 개척이 이루어진 지역이나 창의적 접근 지역 이외의 모든 지역에서 전문인 선교사들을 필요로 하고 있다. 또한 이들의 역할도 교회 개척에서부터 각자가 가진 전문성을 통하여 지역사회의 개발과 각 영역에서 기독교 문화의 변혁 등 다양해지고 있다.

평신도 전문인 선교사들은 기독교 문화 개혁의 주체자들이다. 이를 통해 교회 개척 사역이 사역적 단순성과 획일성을 벗어나 전인 구원과 하나님의 전인격적이고 우주적인 교회의 부요함을 위한 만인제사장적 사역을 이루고 있다. 전문인 선교를 감당하는 선교사들은 자기의 전문직을 통하여 각 분야에서 복음 전파와 함께 전문적인 일을 통한 봉사와 사역을 감당하기도 하지만, 보다 관심을 기울여야 할 것은 그 분야에 대한 그들의 가치관과 세계관 혹은 문화관을 성경적으로 계몽 혹은 변화시켜 주는 사역을 병행하는 것이다.

전문인 선교라는 용어가 전통적인 목회자 선교와 대립되는 개념으로 사용되는 것도 주의해야 할 필요가 있다. 전문인 선교는 목회자이든 평신도이든 간에 일반 직업을 갖고 선교지에 들어가서 사역하는 모든 사역자를 지칭하기 때문이다. 다만 전문인 선교사들의 거의 대부분이 평신도들이기 때문에 전문인 선교사라고 할 때 평신도 선교사들을 지칭하는 것으로 이해되고 있고, 또 그렇게 사용하고 있는 것이다. 엄격한 의미에서는 평신도 전문인 선교사와 그냥 전문인 선교사는 구분되는 것이다.

또한 자기 직업을 갖고 선교하는 전문인 선교사라고 해서 이들을 파트타임 사역자로 생각해서는 안 된다. 선교는 총체적인 삶을 통해서 하는 것이기 때문이다. 목회자는 목회의 전문가요, 신학의 전문가이다. 이런 점에서는 목회자도 전문인이다. 일반적인 직업을 가지고 생활하면서 선교하는 전문인 선교사들은 직업적 전문가들이다. 다만 직업적 전문성을 가지고 사역하는 전문인 선교사들을 목회 전문인들인 목회자들과 구별하기 위해서 목회자 선교사들은 그냥 '목회자 선교사' 라고 부르고 일반적인 직업을 가지고 선교하는 선교사들에 한하여 '전문인 선교사' 라는 용어를 사용하는 것이 바람직하다고 본다. 이런 점에서 '전문인 선교' 를 영어로 표기할 때에는 '전문인' 을 '프로페셔널'(professional)이라는 용어보다는 '텐트 메이커'(tent-maker)라는 용어를 사용하는 것이 바람직할 것이다.

2. 자비량 선교란 무엇인가?

'자비량 선교'(自費糧宣敎)란 자기 스스로 돈을 벌어 생활하면서 선교하는 형태를 말한다. 성경에서 '자비량' 이라는 단어는 고린도전서 9장 7절에서 찾아볼 수 있다. 이 구절의 개역한글판은 이렇게 말한다. "누가 자비량하고 병정을 다니겠느냐 누가 포도를 심고 그 실과를 먹지 않겠느냐 누가 양떼를 기르고 그 양떼의 젖을 먹지 않겠느냐." 이 구절의 앞부분을 개역개정 4판에서는 "누가 자기 비용으로 군 복무를 하겠느냐"로 번역했다. 본문에서의 '자비량' 이란 직역하면 '스스로 지원하는 것'(self-supporting)이다. 즉 '일꾼이 스스로 경비를 댄다' 는 뜻이다. 고린도전서 9장 7절의 '자비량' 을 영어성경인 NIV, NAS 성경은 'at his own expense' 로, KJV 성경은

'at his own charge'로 번역하고 있다. 헬라어 'ιδίοις οφωνίοις'는 KJV 성경이 가깝다. 바울이 본문에서 강조하고 있는 것은 '복음을 전하는 일꾼이 생활비를 지원받는 것이 잘못된 것이 아니다' 는 것이다. 그러나 그는 스스로 자비량하면서 선교할 것을 결단했고, 이를 실천했다. 이것은 신앙적 결단이었다. 여기에는 분명한 신앙철학과 이유가 있었다. 이에 대해서는 뒤에서 자세히 살펴보도록 하겠다.

데살로니가후서 3장 7-9절을 보자. 바울은 자신의 자비량 선교 방침에 대하여 이렇게 간증하고 있다. "어떻게 우리를 본받아야 할지를 너희가 스스로 아나니 우리가 너희 가운데서 무질서하게 행하지 아니하며 누구에게서든지 양식을 값없이 먹지 않고 오직 수고하고 애써 주야로 일함은 너희 아무에게도 폐를 끼치지 아니하려 함이니 우리에게 권리가 없는 것이 아니요 오직 스스로 너희에게 본을 보여 우리를 본받게 하려 함이니라."

사도행전 20장 33-35절에서도 이렇게 간증한다. "내가 아무의 은이나 금이나 의복을 탐하지 아니하였고 여러분들이 아는 바와 같이 이 손으로 나와 내 동행들이 쓰는 것을 충당하여 범사에 여러분에게 모본을 보여준 바와 같이 수고하여 약한 사람들을 돕고 또 주 예수께서 친히 말씀하신 바 주는 것이 받는 것보다 복이 있다 하심을 기억하여야 할지니라."

"그 후에 바울이 아덴을 떠나 고린도에 이르러 아굴라라 하는 본도에서

난 유대인 하나를 만나니 글라우디오가 모든 유대인을 명하여 로마에서 떠나라 한 고로 그가 그 아내 브리스길라와 함께 이달리야로부터 새로 온지라 바울이 그들에게 가매 생업이 같으므로 함께 살며 일을 하니 그 생업은 천막을 만드는 것이더라 안식일마다 바울이 회당에서 강론하고 유대인과 헬라인을 권면하니라 실라와 디모데가 마게도냐로부터 내려오매 바울이 하나님의 말씀에 붙잡혀 유대인들에게 예수는 그리스도라 밝히 증거하니"(행 18:1-5).

바울의 직업은 '천막을 만드는 것'이었다. 즉 바울은 천막 만드는 일, 곧 텐트 메이킹(tent-making)을 했다. 다시 말하면, 그는 천막 만드는 전문직을 통하여 자비량했다. 앞에서도 언급한 대로 '전문인 선교'라는 말은 텐트 메이커에서 나왔는데, 사실 텐트 메이커는 전문직을 갖고 자비량하며 선교하는 전문인 자비량 선교사를 지칭하는 것이다.

전문인 선교사라 할지라도 생활비를 전적으로 지원받는 경우가 있다. 이런 경우에는 전문인 선교사이기는 하지만 자비량 선교사는 아닌 것이다. 그러므로 자비량하지 않는 전문인 선교사들은 단순히 '전문인 선교사'로 부르고, 자비량하는 전문인 선교사들을 가리켜 '전문인 자비량 선교사'로 불러야 할 것이다. 그래서 목회자 선교사와 전문인 선교사를 구분할 뿐 아니라 '전문인 선교사'(tent-maker)와 '전문인 사비량 선교사'(self-supporting tent-maker)를 구분할 필요가 있다. 그러나 일반적으로 텐트 메이커라 할 때는 전문인 자비량 선교사를 가리킨다.

최근까지 선교의 개념에 약간의 혼란이 있었다고 본다. 복음주의 입장에서는 영혼 구원과 교회의 개척 및 성장 등에 주력했고, 사회 구원을 중시하는 입장에서는 정치와 경제적 정의, 환경 보전 등에 관심이 컸다. 그런가 하면 오순절 계통에서는 성령의 능력을 강조했다. 그러나 이런 입장들은 어느 쪽도 완전하다고 할 수 없을 것이다. 그러므로 복음주의 선교신학이나 에큐메니컬 선교신학이라는 손쉬운 구분을 극복하고, 복음주의적 요소와 함께 에큐메니컬 요소와 오순절적인 요소도 포괄하는 선교를 지향해야 할 것이다. 이런 점에서 각자 자기의 전문 분야에서 전문성을 갖고 일하면서 선교하는 전문인 선교, 혹은 전문인 자비량 선교는 보다 통합적이고 총체적인 선교를 수행할 수 있다.

3. 전문인 자비량 선교의 성경의 모형

성경에서 왕정시대 이전까지 전문인 자비량 선교의 예는 많이 찾아볼 수 있다. 아브라함으로부터 시작하여 이삭과 야곱은 문화권이 다른 가나안 지방에서 거하며 하나님의 방백으로, 하나님의 종으로 인정받았다. 또한 요셉은 애굽에 내려가서 하나님의 이름을 전파하였으며, 모세도 이스라엘의 출애굽 역사를 위해 파송받았다. 여기서는 처음 부르심을 받은 아브라함에 대해서 살펴보고자 한다.

그리고 포로시대의 모형으로 다니엘과, 사도행전 시대의 모형으로 바울에 대해서 살펴보고자 한다.

1) 아브라함

창세기 12장 1-3절은 다음과 같이 기록하고 있다. "여호와께서 아브람에게 이르시되 너는 너의 고향과 친척과 아버지의 집을 떠나 내가 네게 보여줄 땅으로 가라 내가 너로 큰 민족을 이루고 네게 복을 주어 네 이름을 창대하게 하리니 너는 복이 될지라 너를 축복하는 자에게는 내가 복을 내리고 너를 저주하는 자에게는 내가 저주하리니 땅의 모든 족속이 너로 말미암아 복을 얻을 것이니라 하신지라."

하나님은 우주 만물과 인간을 창조하셨다. 노아 시대의 홍수 심판이 있은 후에도 인간의 죄악이 여전히 세상에 관영하였을 때, 창조주 하나님께서는 새로운 구원의 역사를 이루시기 위해 많은 사람들 중에서 목축을 하는 75세의 아브라함을 선택하셨다.[129] 그는 우상을 섬기는 집안 출신(수 24:2)이요, 유리하는 아람 사람(신 26:5)이었다. 하나님은 그를 택하시고 고향과 친척과 아버지의 집을 떠나 하나님께서 지시하시는 땅으로 가라고 명령하셨다. 이는 메소포타미아의 갈대아 우르에서 가나안 땅으로의 이전이었다. 당시 가나안은 바로 세상의 한복판이었다. 인간의 문물이 발달하기 시작한 그 시대에 사람들이 가장 빈번하게 왕래하며 교류하는 교차점이 바로 가나안이었다.

여기서 하나님의 뜻은 아브라함 한 사람만을 구원하실 뿐 아니라 그를 통하여 열방의 많은 사람들을 구원하시려는 것이다.[130] 더 나아가 그의 후손 가운데서 인류의 메시아를 보내고자 하신 것이다. 그에게 주어지는 축복은, 창대한 후손들이 하나님의 구원을 증거함으로 모든 족속이 복을 받는 것이다. 이렇게 볼 때 하나님의 부르심의 목적은 처음부터 하나님의 선교적 관심에 있었음을 알 수 있다.[131] 뿐만 아니라 아브라함의 부름은 세계 선교 역사에 전문인 자비량 선교사를 쓰신다는 것을 보여준다. 요하네스 블로는 "이 본문이 '평신도를 타문화권 선교에 부른다'는 근거가 된다"고 말했다.[132] 하나님은 아브라함을 전문인 자비량 선교사로 쓰시기 위해 부르셨다고 말할 수 있다. 믿음의 조상 아브라함이 전문인 자비량 선교사였다는 것은 하나님의 구속 역사에서 시사하는 바가 매우 크다고 할 수 있다.

아브라함은 목축업을 하는 전문인으로서 목축을 하면서 큰 부를 축적했다. 아브라함은 애굽 왕 바로에게서 많은 양과 소와 노비와 나귀와 약대를 얻었다(창 12:16). 또한 아비멜렉으로부터 양과 소와 노비를 받았다(창 20:14). 이 두 사건에서 우리는 선택받은 아브라함의 실수를 오히려 선으로 바꾸어주시는 하나님의 선하시고 인자하신 손길을 볼 수 있다. 이후에 그는 318명의 사병을 거느릴 정도가 되었고, 한 무리의 족장, 곧 소왕국의 왕이 되었다(창 14:14).

아브라함은 선교지 가나안에 거하면서 하나님의 영광을 드러냈다. 먼저 할례를 행함으로 그들이 하나님의 거룩한 족속임을 상기시켰다. 또한 그는 소돔과 고모라 성을 영적·육적으로 도운 선지자였다. 아브라함은 소돔과 고모라 성이 4개국 연합군에 패하였을 때 연합군을 물리치고 그들을 구원해 주었다. 후에 하나님은 아브라함을 크게 인정하여 "내가 하려는 것을 아브라함에게 숨기겠느냐" 하시며 소돔과 고모라 성의 심판을 말씀하셨다. 하나님께서 아브라함을 소돔과 고모라 성의 선교사로 세우신 것을 알 수 있다. 아브라함은 소돔과 고모라 성의 심판 문제를 가지고 하나님께 중보기도를 드림으로 하나님과 악한 백성 사이에서 자기의 사명을 감당하는 선교사의 모습을 나타낸다. 의인 열 명이 없어서 소돔과 고모라는 멸망을 당했지만, 아브라함의 중보기도를 들으시고 하나님은 소돔과 고모라를 불과 유황으로 심판하시는 가운데서도 롯과 그의 딸들을 구원하여 주셨다. 결국 아브라함은 이방 땅 가나안에서 '하나님의 방백'으로 인정받게 되었다(창 23:5).

2) 다니엘

범죄한 이스라엘은 하나님의 진노를 받아 흩어짐을 당했다. 앗수르와 바벨론에 의해 이스라엘과 유다는 멸망하였고, 많은 사람들이 바벨론에 포로로 잡혀갔다. 그후 그리스와 로마의 통치를 받았나. 하나님께서는 이러한 흩어짐의 역사를 통하여 하나님의 신교직 목적을 이루어가셨다. 유대인들이 흩어짐으로 이스라엘의 신앙이 성전 중심의 구약적 의식을 탈피하여 보편적 타당성을 인정받을 수 있는 개인 중심의 신앙으로 발전했다.133) 또한 하나님은 복음 전파의 전초작업으로 본국 거주민보다 흩어진 유대인의 수를 더 많게 하셨다. 하나님은 이스라엘 백성들을 구속 역사의 중심에 두어 하나님께서 그들에게 베푸신 은혜의 빛을 만민에게 비추게 하셨다. 흩어진 유대인 중에서 평신도로서 하나님의 영광을 나타낸 대표적인 사람이 다니엘이다.

다니엘은 주전 605년경 어린 나이에 바벨론의 포로로 잡혀갔다. 그는 포로로 끌려갔지만 신앙의 순결을 생명처럼 여겼으며, 절대적인 신앙과 하나님께 대한 충성심을 잃지 않고 살았다. 하나님이 이런 그에게 지혜와 총명을 주심으로 다니엘은 관리로 발탁이 되었고, 바벨론의 느부갓네살 · 메대의 다리오 · 바사의 고레스 왕의 통치 아래서도 조금도 타협 없이 신실하게 봉사했다. 그는 하나님을 경외하는 평신도로서 그의 삶에서 신앙인의 모범을 보여주었다. 다니엘이 총리직을 감당하고 있을 때 대적들이 다니엘을 고소할 틈을 얻고자 하였으나 능히 아무 틈, 아무 허물도 얻지 못했다. 이는 그가 하나님께 충성되어 아무 그릇됨도 없었기 때문이었다(단 6:3-4).

다니엘은 이방 땅에서도 선교 사명을 감당했다. '경쟁자들의 모함으로 인해 잘못된 법령이 공포되었고, 하나님께 기도를 드리면 죽게 된다' 는 것을 알고서도 다니엘은 전에 행하던 대로 하루 세 번씩 무릎을 꿇고 기도하며 하나님께 감사를 드렸다. 이로 인해 그는 사자 굴에 던져지게 되었다. 하지만 전능하신 하나님께서 그와 함께하심으로 전화위복이 되어 하나님의 이름이 온 나라에 전파되었다.

다리오 왕이 내린 조서에는 다음과 같이 쓰여 있었다. "이에 다리오 왕이 온 땅에 있는 모든 백성과 나라들과 언어가 다른 모든 사람들에게 조서를 내려 이르되 원하건대 너희에게 큰 평강이 있을지어다 내가 이제 조서를 내리노라 내 나라 관할 아래 있는 사람들은 다 다니엘의 하나님 앞에서 떨며 두려워할지니 그는 살아 계시는 하나님이시요 영원히 변하지 않으실 이시며 그의 나라는 멸망하지 아니할 것이요 그의 권세는 무궁할 것이며 그는 구원도 하시며, 건져내기도 하시며, 하늘에서든지 땅에서든지 이적과 기사를 행하시는 이로서 다니엘을 구원하여 사자의 입에서 벗어나게 하셨음이라 하였더라"(단 6:25-28). 또한 다니엘은 바벨론과 메대와 바사 왕국에서 꿈과 기사를 해석하여 하나님의 뜻을 분명히 드러내는 선교사였다.

3) 바울

바울은 성경 역사상 가장 위대한 전문인 자비량 선교사로서 전문인 자비량 선교사의 모델이라고 말할 수 있다. 바울은 유대인으로 길리기아 다소에서 났고, 예루살렘 성에서 자라 가말리엘 문하에서 수학했다. 바울은 기독교로 개종하기 전에 원래 힐렐파 바리새인으로서 이방인들에게 개방적이었다. 따라서 바울은 이방인을 개종시키는 일을 했을 것으로 추측할 수 있다.134) 이런 그가 기독교로 개종하여 이방인 선교사역에 부름을 받은 것이다.

바울의 직업에 대해서는 사도행전 18장 3절에 유일하게 언급되고 있다. "생업이 같으므로 함께 살며 일을 하니 그 생업은 천막을 만드는 것이더라." 바울은 천막을 만드는 직업을 갖고 있었다. 그의 선교여행과 행적을 시기별로 살펴보면 다음과 같다.135)

제1차 선교여행136) 지역은 소아시아 즉 터키 반도의 남단지역인 구브로 섬, 버가, 비시디아 안디옥, 이고니온, 루스드라 그리고 더베였다. 제1차 선교여행 때에는 바나바와 함께 선교 역사를 감당했다. 이때를 회상하며 사도 바울은 "어찌 나와 바나바만 일하지 아니할 권리가 없겠느냐"고 기록했다(고전 9:6). 이 표현을 볼 때 바울은 천막을 만드는 일을 하면서 선교하였음을 알 수 있다.

제2차 선교여행137) 지역은 넓은 유럽 지역 곧 빌립보, 데살로니가, 베뢰아, 아덴 그리고 고린도 등이었다. 그는 이 모든 지역에 교회를 개척했다. 바울이 데살로니가 교회에 보내는 편지를 통해서 그가 자비량 선교를 했음을 알 수 있다. "형제들아 우리의 수고와 애쓴 것을 너희가 기억하리니 너희 아무에게도 폐를 끼치지 아니하려고 밤낮으로 일하면서 너희에게 하나님의 복음을 전하였노라"(살전 2:9). "어떻게 우리를 본받아야 할지를 너희가 스스로 아나니 우리가 너희 가운데서 무질서하게 행하지 아니하며 누구에게서든지 음식을 값없이 먹지 않고 오직 수고하고 애써 주야로 일함은 너희 아무에게도 폐를 끼치지 아니하려 함이니 우리에게 권리가 없는 것이 아니요 오직 스스로 너희에게 본을 보여 우리를 본받게 하려 함이니라"(살후 3:7-9). 특히 고린도 지역에서는 같은 업종에 종사하고 있는 아굴라와 브리스길라를 만나 그들과 같이 일하면서 그들을 그리스도에게로 인도했다(행 18:3).

뿐만 아니라 고린도전서 9장에서 바울은 그의 자비량 선교에 대해서 변호하고 있다. 바울은 전적으로 선교비를 지원받는 선교사들의 정당성을 인정했고 또한 이를 가르쳤다. 하지만 그는 자발적으로 재정적인 지원을 받을 권리를 사용하지 않기로 작정하였다.138)

제3차 선교여행139) 지역은 아시아의 수도 에베소로, 3년간 머물면서 두란노 서원에서 선교 역사를 이루었다. 그후 바울은 예루살렘으로 가는 도중 밀레도에서 에베소 장로들을 불러 그의 고별 메시지를 전했다. 그중에서 자기가 행한 자비량 선교와 물질생활을 이렇게 증거했다. "내가 아무의 은이나 금이나 의복을 탐하지 아니하였고 여러분들이 아는 바와 같이 이 손으로 나와 내 동행들이 쓰는 것을 충당하여 범사에 여러분에게 모본을 보여준 바와 같이 수고하여 약한 사람들을 돕고 또 주 예수께서 친히 말씀하신 바 주는 것이 받는 것보다 복이 있다 하심을 기억하여야 할지니라"(행 20:33-35).

바울은 복음 전도자가 생활비를 지원받는 것이 잘못된 것이 아님을 알았지만, 자신은 자비량하면서 선교하고자 하는 결단을 했다. 바울은 필요한 경우에는 자신이 개척한 교회에서 후원금을 받기도 했다. 그러나 원칙적으로는 자비량하고자 결단했고, 자비량하면서 선교했다.

사도 바울은 왜 이런 결단을 하였는가? 바울이 전문인 자비량 선교의 길을 택한 이유는 무엇일까? 오늘날 창의적 접근지역에 들어가는 비자를 얻는 수단으로 전문인 선교를 이용하려는 경우가 많다. 이것이 잘못된 것은 아니라고 생각한다. 그러나 문제는 전문인 선교를 단지 비자를 얻기 위한 수단이나 방법론적으로만 접근하는 것은 전문인 선교의 본질에 대한 이해가 부족하기 때문이라는 것이다. 바울의 간증을 통해 볼 때, 바울이 전문인 자비량 선교의 길을 결단한 이유는 방법론적이기보다는 영적인 것이었다. 그 이유를 다음과 같이 정리할 수 있다.

첫째로, 직업을 통해서 사람들과의 접촉점을 만들고 깊은 신뢰의 관계를 맺음으로써 복음을 더욱 효과적으로 전할 수 있기 때문이었다. 전문인 자비량 선교사들에게는 더 많은 복음의 기회가 주어진다. 전문인 자비량 선교는 상황화를 가능케 한다. 둘째로, 전문인 자비량 선교사들은 삶의 현장에서 사람들과 만나기 때문에 예수님의 성육신의 진리를 더욱 실천할 수 있으며, 그들이 전하는 복음에 대한 더 높은 신뢰성을 확보할 수 있기 때문이다. 셋째로, 스스로 자립생활의 모범을 보임으로써 개척교회들이 재정적으로나 영적으로 자립할 수 있도록 하기 위함이었다. 넷째로, 복음 전파에 아무 장애가 없게 하려는 것이었다. 다섯째로, 그리스도인들이 국내에서나 국외에서나 일반 직업에 종사한다는 이유로 영적 사역에 깊이 참여할 수 없다는 변명이 타당하지 않다는 점을 보여주기 위해서였다.140) 여섯째로, 바울은 새신자들에게 그들의 근면한 노동으로 얻은 수익으로 곤경에 처해 있는 그리스도인이나 비그리스도인들을 도와야 한다는 점을 가르치기 위해 손수 일을 한 것이다.141) 일곱째로, 예수 그리스도께 빚을 졌다는 그의 강한 채무의식 때문이었다.142) 여덟째로, 무엇보다 가장 큰 이유는 자비량하면서 선교하는 것이 예수님의 주는 정신, 선교정신에 부합한다고 생각했기 때문이다(행 20:35). 다시 말하면, 그는 예수님을 배우고 본받고자 했기 때문이다. 그는 예수님의 고난과 희생정신을 본받고자 했다. 그러므로 스스로 자비량하며 선교할 것을 작정했다. 이상을 볼 때, 바울은 자신의 삶을 통해서 복음을 더 잘 전하기를 원했고, 자기 자신이 살아 있는 복음의 메시지가 되기를 원했음을 알 수 있다.

선교란 무엇인가? 어떤 점에서는 주는 것이다. 자기를 희생하는 것이다. 역사상 최초의 선교 행위가 무엇인가? 하나님께서 에덴 동산에서 하나님의 계명을 범하고 두려움에 떨고 있는 인간을 찾아오신 것이다. 하나님께서 범죄하고 동산 나무 뒤에 숨어 있던 아담을 찾아오신 것이 곧 선교의 시작이다.143) 이것은 바로 자기 비움, 자기 낮춤, 자기 희생, 곧 성육신의 예표이다.

역사상 가장 위대한 선교사는 우리 주 예수 그리스도이시다. 예수님은 죄로 인하여 멸망할 수밖에 없는 인간들을 구원하시기 위해 육신의 몸을 입고 이 땅에 선교사로 오신 거룩한 하나님이시다. 예수님은 인간의 몸을 입고 이 땅에 오시되 마구간 구유에 어린 아기로 오셨고, 일생을 머리 둘 곳 없이 사시면서 자신을 온전히 희생하셨다. 예수님의 정신은 말구유 정신이다. 또한 예수님은 온전한 희생과 믿음으로 선교하도록 제자들을 훈련하셨다. 그리고 마침내 십자가에 못 박혀 대속의 죽음을 죽으심으로 자신의 목숨까지도 내어주셨다.

선교에 있어서 믿음과 선교의 열정과 선교의 비전과 심정은 다른 조건들보다 중요하다. 전문인 선교는 결코 쉽지 않다. 왜냐하면 전문인 선교사는 직업과 복음사역 두 영역 모두에서 전문인이 되어야 하기 때문이다. 전문인 자비량 선교사들은 더 쉽지 않다. 그들은 기본적으로 자립을 위하여 낮 시간을 거의 대부분 직업 전선에서 일을 하며 보내야 한다. 그리고 복음사역을 위하여 현지 언어를 마스터해야 한다. 또한 현지인 전도 및 제자훈련 등의 선교사역을 섬겨야 한다. 가정을 돌보아야 한다. 자녀들을 양육해야 한다. 유학생인 경우에는 학문의 십자가를 져야 한다. 성경을 잘 가르칠 수 있는 성경 선생으로서 끊임없이 성경을 연구해야 한다. 선교하는 지역과 나라와 목양하는 사람들을 위해 쉬지 않고 기도해야 한다. 이와 같이 전문인 자비량 선교사들은 5중, 6중의 십자가를 지고 많은 수고를 감당한다. 이렇게 많은 십자가를 지고 주님을 좇는 삶을 살아야 하기 때문에, 굳건한 믿음과 투철한 소명의식 그리고 뜨거운 선교의 열정이 없이는 이를 감당할 수 없다. 전문인 자비량 선교는 곧 '믿음 선교'요, '예수 선교'이다.

어떤 유학생 선교사는 매일 밤 8시부터 12시까지 신문을 팔아 생활하면서 복음 전파와 학문을 감당하고 있다. 어떤 유학생 선교사는 매일 청소 아르바이트를 하여 자립하면서 선교와 학문을 성공적으로 감당하고 있다. 이처럼 이들은 선교의 정신과 믿음이 투철하고 헌신적이기 때문에 외적인 전도의 열매도 많이 맺고 있다.

김 선교사는 유고에서 사역할 때, 전쟁의 포염 속에서도 피난을 가지 않고 현지 제자들을 지킴으로 큰 신뢰와 존경을 받았다. 그런데 전쟁 후에는 더욱 물질 자립의 어려움이 있었다. 한때는 한국에서 여성용 액세서리를 가져다 판매를 하였는데 잘 안 되었다. 그래서 운동화 판매를 시작했는데 이것도 잘 안 되었다. 운동화 한 켤레를 팔려면 3-5개월 할부 판매를 해야 하니 수지가 맞지 않았던 것이다. 한때는 3인조 청년 강도들에게 폭행을 당하고 갖고 있던 돈을 다 털리는 일도 있었다. 강도들이 외국인을 미행하여 해치려 하기 때문에 집에 들어갈 때에는 여러 곳을 돌다가 주위를 살피고 잽싸게 들어와야 한다고 했다. 이제는 이웃 나라인 헝가리에서 민박집을 운영하면서 자비량하고 있다. 이곳에서 캠퍼스 제자 양성을 섬기면서 유고, 세르비아, 크로아티아 선교사들을 지원하고 있다.

인도의 이 선교사는 3번이나 체류 연장을 하여 6년간을 인도에서 모 중공업 주재원으로 개척 역사를 섬기다가 더 이상 체류 연장이 불가능하게 되었다. 이때 귀국하여 이사 대우를 받으며 살 것인가, 아니면 회사에 사표를 내고 인도에 남아 양들을 돌볼 것인가 하는 기로에서 마태복음 6장 33절 말씀에 의지하여 사표를 내고 인도에 남았다. 그후 회사를 설립하여 비자 문제를 해결하고 장기적으로 인도에 머물 수 있는 기반을 마련하는가 하였는데, 한국에 IMF가 터지면서 물질 자립에 심한 어려움을 겪게 되었다. 이런 가운데서도 믿음으로 개척 역사를 섬겼다. 이후에는 공장을 세워 운영함으로 성공적으로 자립하면서 현지 대학생 전도 및 제자 양성에 힘쓰고 있다.

어떤 선교사는 한국에서 로펌의 변호사로 근무하다가 사표를 내고 선교지에 나가 접시 닦기와 신문팔이를 하여 물질 자립을 시작했고[144], 어떤 선교사는 전기와 수도 사정이 열악한 곳에서 말라리아에 걸려가며, 섭씨 50도가 넘는 폭염 속에서 물질 자립을 위해서 보따리 장사를 하기도 한다. 아프리카 선교사들은 싫든 좋든 춤을 잘 추어야 한다. 또 어떤 지역에서는 영하 40도까지 내려가는 혹한 속에서 학교 강사로 50달러를 받아 최저생활을 하며 선교하고 있다. 어떤 선교사들은 학사·석사 학위를 가졌으나 세계 선교를 섬기기 위해서 선교지에 나와서 봉제공장에서 먼지를 뒤집어쓰며 미싱공(미싱사)으로 일을 했고, 어떤 선교사들은 닭의 목을 따는 도계공(도계사)으로 일을 했다. 낮에는 이렇게 일을 하고 밤에는 캠퍼스에 올라가 복음을 전했다. 그러다가 불법 침입자라는 누명을 쓰고 경찰서에 끌려가 옥살이를 하기도 했다. 이들이 이렇게 자립하며 선교하는 중에 현지에서 공부하여 후에는 공인회계사로, 혹은 대학 교수로 직종이 바뀌면서 계속 전문인 자비량 선교를 하고 있다.

본국에서의 안정된 삶을 버리고 선교지에 와서 물질 자립을 하기 위해 청소부가 되어 청소를 하고, 식당에서 종업원처럼 일을 하는 선교사들도 많다. 어떤 선교사는 물건을 싣고 도시마다 다니며 떠돌이 천막 노점을 하면서 그곳에서 잠을 자며 밤의 추위와 싸워야 했고, 물건을 훔쳐가려는 도둑들과 싸우느라 밤잠을 설치기도 했다.145) 어떤 선교사는 강도들에게 가게를 몽땅 털리는 어려움도 당했다. 그리고 길을 가다가 흉기를 들이대는 강도를 만나 가진 것을 다 내어주기도 했다.

크리스티 윌슨은 성경의 역사에서 하나님의 구속사에 쓰임받은 사람들은 대부분 자비량하며 선교한 인물이었다고 전제하면서 다음과 같이 언급하고 있다.

"아담은 에덴 동산을 가꾸고 다스리는 자요, 아벨은 양 치는 자요, 아브라함은 가축을 기르는 자요, 하갈은 집안일을 돌보는 자요, 이삭은 농사하는 자요, 리브가는 물을 긷는 자요, 야곱은 양떼를 돌보는 자요, 라헬도 양을 지키는 자요, 요셉은 총리대신이요, 미리암은 아이 보는 자요, 모세 역시 양을 돌보는 자요, 브살렐은 숙련공이요, 여호수아는 사령관이요, 라합은 여관 주인이요, 드보라는 나라를 구하는 자요, 기드온은 군사의 지도자요, 삼손은 당할 자 없는 장수요, 룻은 이삭 줍는 자요, 보아스는 농사하는 자요, 다윗은 통치자요, 아삽은 작곡가요, 솔로몬은 제왕이요, 시바의 여왕은 관리자요, 욥은 경건하고 신사적인 농장 주인이요, 아모스는 소작인이요, 바룩은 저술가요, 다니엘은 수상이요, 사드락과 메삭과 아벳느고는 지방장관이요, 에스더는 왕후요, 느헤미야는 방백이었다. 또한 신약의 요셉은 목수요, 마르다는 집안일을 보살피는 자요, 삭개오는 세리장이요, 니고데모와 아리마대 요셉은 공회의원이요, 바나바는 지주요, 고넬료는 백부장이요, 누가는 의원이요, 브리스길라와 아굴라와 바울은 천막 제조업자요, 루디아는 자주 장사요, 세나는 교법사요, 에라스도는 성의 재무였다."146)

이렇게 볼 때 전문인 선교사 혹은 전문인 자비량 선교사들은 하나님의 구속 역사의 주변인물들이 아니라, 오히려 구속 역사의 중심줄기에서 하나님께 쓰임받은 인물임을 알 수 있다.

4. 교회사에 나타난 전문인 자비량 선교의 모형

교회사에 나타난 전문인 자비량 선교의 모형으로 예수회, 모라비안 선교회 그리고 윌리엄 캐리를 살펴보고자 한다.

1) 예수회

예수회가 파송한 많은 선교사들 중에서 중국에 파송되었던 마테오 리치와 아담 샬을 대표적인 전문인 선교사로 꼽을 수 있다. 1573년 예수회는 발리냐노와 40명의 선교사들을 중국에 보냈으나 문이 굳게 닫혀 있어 들어가지 못했다. 그들은 "반석이여, 반석이여! 네가 언제야 깨지겠느냐?" 하며 비통해했다. 하지만 마테오 리치는 승복을 입고 광동성 마카오에 잠입해 들어갔다. 한 중국 관리가 수학에 관한 것으로 리치에게 상담을 해왔고, 예수회 회원에게 입국허가를 주었다. 그는 25년간 남경, 소주, 상해, 북경까지 선교 구역을 넓혀가며 복음을 전했다. 1585년에는 20명의 신자가 생겼고, 마테오 리치가 죽은 1610년에는 2,500명으로 성장했다.

1610년에 중국에 파송된 예수회 선교사 알레니는 마테오 리치가 성공할 수 있었던 요인을 3가지로 말했다. 첫째, 그는 중국 조정의 학자 및 유명인들과 교류했다. 1594년 마테오 리치는 이른바 엘리트 계급이라 불리는 관리가 되었다. 둘째, 그는 유학(儒學)을 열심히 연구하여 기독교의 교리가 유학과 상통한다고 주장했다. 예를 들면, 유학의 천주(天主)는 기독교의 하나님을 가리킨다고 증거했다. 셋째, 서양 학술을 소개하여 중국인의 보수적인 사상을 깨우쳐 주었다. 그는 시계, 프리즘, 수학의 도구, 세계 지도 등을 보여주며 중국인의 지적 호기심을 일으키고, 이들에게 자연과학을 가지고 복음 전파에 힘썼다. 또한 그는 중국어로 기독교, 수학, 천문학에 관한 책

을 20권이나 저술하여 중국인들로부터 칭송과 존경을 받았다.147)

이러한 선교전략을 계승하여 아담 샬은 1622년에 중국에 도착하여 명·청(明淸) 양대에 걸쳐 선교사업을 발전시켰을 뿐만 아니라 서양의 과학기술을 중국에 전래하였다. 그는 천문학 지식을 인정받아 관직에 올라 명나라를 위해 전쟁용 대포를 만들고, 청 시대에는 천문과 역법을 발전시켰다. 또한 중국어로 쓴 137편의 논문은 중국의 과학기술 발전에 크게 공헌했다.148) 그는 전도 활동에 유리한 여건을 제공받을 수 있다면 어느 왕조에게라도 봉사한다는 인식과 태도를 가지고 있었다.149)

2) 모라비안 선교회

18세기 유럽의 모든 교회가 자체 내의 문제에 얽매어 있을 때, 모라비안 선교회는 전세계에 복음을 전파하는 것을 교회의 사명으로 인식하고 실천한 최초의 개신교 선교회였다. 모라비안 선교회의 전신인 형제회는 1457년에 쿤발트 마을 리티츠 성에서 초대교회와 같은 복음적인 신앙공동체를 이루었다. 그들은 많은 박해와 핍박으로 인해 1722년부터 친첸도르프 백작의 영지인 베르셀스도르프(Berthelsdorf)에 들어와 자유로운 신앙공동체를 형성하게 되었다. 그들은 이 정착지를 '주님의 집'이란 뜻의 "헤른 후트"(Hern Hut)로 부르기 시작했다. 이후 이곳은 2세기에 걸쳐 세계선교본부센터 역할을 했다.150)

당시 개신교 교회는 세계 선교에 있어 잠자고 있었다. 그러나 모라비안 선교회는 1732년부터 6대륙 개척의 포문을 열기 시작했다. 그리고 1930년까지 세계 14개국에 3,000여 명의 선교사를 파송하였다. 모라비안의 뜨거운 선교 열정은 본국에 있는 신자와 선교사의 비율이 12:1 정도였던 것을 보면 쉽게 알 수 있다.[151] 또한 인구 600명 정도밖에 안 되는 헤른 후트에서 선교사역을 시작한 지 10년 만에 호주를 제외한 전 대륙을 개척했다.[152]

모라비안 선교회에서 파송된 첫 선교사는 1732년 서인도 제도로 파송된 레오나르드 더버라는 토기장이와 데이비드 니치만이라는 목수였다. 당시 토마스 섬이나 크르와 섬 같은 서인도 제도는 네덜란드령으로, 사탕수수나 코코아 농장을 위해 매년 10만 명 정도의 아프리카 노예를 수입해 왔다. 이들은 이 흑인 노예들을 선교 대상으로 삼았다. 대농장의 주인들은 흑인들이 그리스도인이 되면 일하는 데 방해가 되고 또 반역을 일으킬까봐 선교사들을 핍박하고 감옥에 가두기도 했다. 하지만 그들은 무역을 하여 생활비를 벌면서 희생적으로 선교사역을 감당했다. 그리하여 선교를 시작한 지 17년 만에 2,000명의 신자를 얻게 되었고, 1879년에는 41개 지부, 78명의 선교사와 36,698명의 신자를 갖게 되었다.[153]

대네, 귀트너는 재단사들로서 1754년에 남아메리카 수리남에 선교사로 파송되었다. 이후 사업과 제빵업과 시계 제조업을 하는 동역자들이 합류했다. 이들은 회사를 세우고 현지 주민들에게 일자리를 만들어 주었다. 동시에 그들에게 복음을 전했다. 그 회사의 이름은 크리스토프 케르시텐 앤드 컴퍼니이다.154) 선교사들의 실제적인 도움과 헌신을 통해서 855명의 인디언과 59명의 니그로 그리고 731명의 노예들이 세례를 받는 역사가 일어났다.155)

그린랜드에는 묘지 관리인인 크리스천 데이비드를 지도자로 삼아 3명의 선교사가 개척자로 나갔다. 그들이 그린랜드행 배를 타기 위해 코펜하겐에 갔을 때 사람들은 모두 비웃고 조롱했다. "무식한 평신도가 가서 무엇을 하겠는가? 그런 얼음 땅에서 어떻게 살 수 있겠는가? 에스키모인들에 의해 살해되거나 굶어 죽고 말 것이다." 그러나 그들은 에스키모인들과의 거래를 통해서 번 수입으로 생활을 했다. 그들이 얻은 첫 신자는 카이아나크라는 사람이었고, 그의 전도로 온 가족이 세례받는 역사가 일어났다. 이 소식을 듣고 북쪽 지방의 과격한 에스키모인들이 쳐들어와 그의 처남을 죽였다. 그러나 그는 생명의 위협 가운데서도 신앙을 지켰다.

한편 에스키모인들은 고기를 잡을 수 없는 연약자나 병자, 노인들을 버리는 악습이 있었는데, 선교사들의 복음 전파로 인해 이런 야만적인 행위가 사라졌다. 그린랜드로 온 선교사들 가운데는 항해 중에 배가 좌초되어 죽거나 추위와 굶주림으로 순교하는 사람들이 많았다. 1881년까지 19명의 순교자들이 나왔지만, 이들의 희생을 통해서 1,545명의 에스키모 영혼들이 구원을 받았다.156)

아프리카 최초의 선교는 1736년 모라비안 선교사 조지 슈미트에 의해서 시작되었다. 그는 헤른 후트 본부로부터 아프리카로 가라는 명령을 받은 지 7일 만에 네덜란드를 거쳐 아프리카 최남단 호텐토트 지방으로 갔다. 그의 믿음과 수고로 1742년 세례명이 윌렘인 사람이 아프리카 최초의 흑인 크리스천이 되었다. 당시 아프리카 식민주의자들은 자기의 돈벌이에 방해가 되었기 때문에 모라비안 선교사들이 선교 활동을 하면 사형에 처한다고 엄포를 놓았다. 또 1754년부터는 보어인들이 주기적으로 아프리카 토착민들을 학살했다. 이런 어려움 속에서도 선교사들은 위축되지 않고 복음을 전하여 1882년에는 동부와 서부 두 지역에만 25개의 학교와 250명의 학자, 14개 지부, 11,704명의 세례 교인을 얻게 되었다.[157]

호주 원주민들은 아내 도둑질, 공동으로 아내를 소유하는 군혼(群婚), 유아 살해 관습이 있는 아주 미개한 사람들이었다. 이 미개한 지역을 개척하기 위해 1805년 2명의 모라비안 선교사들이 호주에 도착했다. 그들은 미개한 호주인들도 하나님의 자녀로 영접하고 복음을 전했다. 그들은 라마훅에 학교를 세워 복음을 전했고, 옷 입는 것, 곡물 경작하는 것 등을 일일이 인격적으로 가르쳐 주었다. 병원도 세워 무료로 치료해 주었다. 이러한 영향으로 모든 학교에서 성경을 가르치고, 아침 저녁으로 예배를 드리는 것이 허용되었다.[158]

모라비안 선교에서 놀라운 사실은 이들 중 많은 선교사들이 파송을 받았다기보다 자송(自送)을 했다는 점이다. 그 일례로 어떤 선교사는 사탕수수 밭에 있는 노예들에게 전도하기 위하여 스스로 몸을 노예로 팔아 그곳에서 일하면서 선교사역을 즐거이 감당했던 무서운 열정이 있었다.159) 또한 오지에서 사역하다 순교한 자와 질병 때문에 순교한 자들이 허다했지만, 그 선교사들의 빈자리를 채울 후속 선교사들이 줄을 이었다. 그들의 불타는 선교 열정은 쉽게 꺼지지 않았다. 소렌손이라는 사람은 "라브라도르에 선교사로 나갈 수 있느냐"는 질문을 받자 "구두 한 켤레만 준비된다면 바로 출발할 수 있다"고 대답했다. 이들은 친첸도르프의 헌신적인 삶을 본받아 언제, 어느 때라도 목숨을 바쳐 선교 전선에 나갈 수 있었던 것이다.160)

윌리엄 댕커는 모라비안 선교운동을 이렇게 평가했다.

"모라비안 선교운동이 세운 가장 중요한 공헌은 그들이 강조한, 곧 '모든 그리스도인들이 선교사이며, 증거는 그들의 날마다의 직업을 통해서 증거되어야 한다'는 점에 있다."161)

3) 윌리엄 캐리

윌리엄 캐리는 교회와 대부분의 사람들이 세계 선교에 대해 무관심하던 18세기 영국에서 조직적으로 선교운동을 일으킨 '근대 선교의 아버지'로 불린다. "내 직업은 그리스도를 증거하는 것이다. 내가 구두를 만드는 것은 단순히 내 비용을 마련하기 위해서이다." 이 말은 자비량 선교사로 인도의 현지에 가서 자기의 생활과 선교의 일을 뒷받침한 그의 생활신조를 요약하고 있다.

윌리엄 캐리는 1761년 영국 노스햄프턴에서 직조공인 아버지 아래 태어나 공장에서 일을 하다가 16세에 구둣방의 도제로 들어가 28세까지 그 일을 했다. 1781년에 도로시와 결혼했으며, 쿡 선장의 항해기가 그의 선교 열정을 뜨겁게 자극했다. 1792년 봄 그가 87쪽짜리 책을 발간했는데, 그 제목은 《이방인들을 구원하기 위하여 기독교인들이 강구해야 할 수단들을 찾아봄》이었다. 그는 이 책에 천주교의 세계 선교, 경건주의 운동과 선교 활동, 그리고 존 웨슬리의 복음적 각성운동과 전도운동 등에 대한 선교정책적 연구를 담았다. 또한 종교개혁 지도자들이 예수 그리스도의 선교명령에 대하여 내린 해석이 잘못되어 있음을 지적한 성서신학적 통찰을 담았다.162) 그는 이 책에서 해외선교의 필요성을 아주 설득력 있게 말한 뒤, 먼 곳까지 선교사를 보낼 이유가 없다는 주장을 논리적으로 공박했다. 이 책을 펴낸 후 그는 노팅엄에서 개최된 침례교 연합회 모임에서 많은 목사들에게 이사야 54장 2-3절을 설교하면서 다음과 같은 유명한 말을 남겼다. "하나님께로부터 위대한 일을 기대하십시오. 하나님을 위해서 위대한 일을 시도하십시오."

이후에 그는 선교회를 조직하고서 이 선교회의 첫 선교사가 되었다. 그런데 그가 캘거타에 도착했을 때 본국으로부터 경제적 지원이 끊어졌다. 게다가 그는 현지의 동인도회사로부터 공식적인 반대를 받았다. 그러나 그는 자기 가족을 인도의 내륙으로 데리고 들어가서 남색 물감의 원료가 되는 인디고 재배 농장의 감독자로 일했다.

인도에 도착한 지 6년이 되는 1799년에 윌리엄 캐리는 학교 선생인 조슈아 마아쉬먼과 인쇄공 윌리엄 워드와 함께 일하게 되었다. 그리고 1년 뒤인 7년 만에 그는 첫 개종자를 얻었다. 그는 폭넓은 순회 선교 사역과 교회 개척에 전력했고, 나아가 현지인 지도자 교육을 위해 교육기관을 설립하여 필요한 인도인 동역자들을 훈련시켰다. 특히 이들은 신·구약성경을 6개의 서로 다른 언어로, 신약성경을 23개의 또 다른 언어로 그리고 성경의 일부를 10개의 방언으로 번역하여 출판했다.

그후 윌리엄 캐리는 1819년 교회 지도자들과 복음 전파자들을 양성하기 위해 세람포 대학을 세웠다. 또한 캘커타에 있는 포트윌리엄 칼리지에서 산스크리트어를 가르치는 교수로 일하면서 복음을 전했다. 그는 1833년 전문인 자비량 선교에 대하여 이렇게 썼다.

"우리는 선교사명을 수행함에 있어서 언제나 텐트 메이킹을 하나의 기본적인 원리로 생각합니다. 그러므로 실천 가능한 때에는, 선교사들이 자기의 노력으로 생활비와 선교비의 전부 혹은 일부를 담당해야 합니다."[163]

캐리는 1834년 인도에서 잠들었다.

윌리엄 캐리와 함께 1793년 4월에 인도 선교사로 함께 간 사람은 의사이며 평신도였던 존 토머스이다. 토머스는 의사로서 제국함대에 근무하여 인도에 간 적이 있었고, 그후 한동안 어느 선교회에도 속해 있지 않으면서도 의사요, 복음 전도자로서의 선교사역을 해 본 경험이 있었다. 캐리는 아들 펠릭스와 함께, 토머스는 아내와 딸을 데리고 템즈 강에서 인도로 가는 배에 올랐으나 포츠머스에서 여행이 중단되었다가 6월 13일 인도로 향하는 덴마크 배를 타고 마침내 11월 19일에 인도에 도착하여 사역했다.164)

5. 한국 교회사에 나타난 전문인 자비량 선교

한국 교회사에 나타난 전문인 자비량 선교사로 호러스 알렌과 말콤 펜윅을 살펴보고자 한다.

1) 호러스 알렌(Horace Allen, 1858-1932)

호러스 알렌은 1858년 4월 23일 오하이오 주의 델라웨어에서 태어났다. 그는 오하이오 웨슬리언 대학교에서 1881년 이학사 학위를 받고 졸업했다. 그후 1년간 콜럼버스에서 의학을 전공하고 신시내티에 있는 마이애미 의과대학을 졸업했다. 의사 자격증을 획득한 그는 1883년 5월 17일 패니와 서둘러 결혼식을 올렸다. 그리고 1883년 여름에 중국 선교사로 떠났다.165)

1년 후인 1884년 9월 22일에 서울에 들어온 그는 미국과 영국 공사관 및 그 외의 서양 공관의 부속 의사의 신분으로 짐을 풀었다. 알렌은 자기가 선교사라는 사실을 당분간 외부에 밝힐 생각을 하지 않았다.166) 하지만 알렌은 선교의 튼튼한 기반을 확보하는 역할을 했다. 알렌의 위치가 유리하게 전개된 직접적인 사건은 갑신정변, 곧 우정국 사건이었다. 이때 개화파의 칼에 맞았던 사대 세력과 보수파의 중추인 민영익이 알렌의 탁월한 의술에 의해서 생명의 위기를 모면하게 되었다. 그후 알렌은 고종과 민비의 총애를 받게 되었고, 마침내 왕실부 시의관으로 임명되었다. 알렌으로 말미암아 미국인에 대한 인상이 우호적이 되었고, 미국 선교사에 의한 선교의 전망이 밝게 되었다.167) 한편 알렌은 은밀한 가운데 가정예배를 드렸는데, 어학선생으로 들어온 '나이 많고 점잖은 선비' 노도사(魯道士)가 한국 개신교의 첫 세례교인이 되었다. 1886년 7월 18일의 일이었다.

알렌은 1885년 4월 14일 최초의 근대식 병원 광혜원을 설립하여 4월 26일 제중원으로 개칭하였다. 선교 역사 편에서 볼 때, 제중원은 선교사들의 한국 진출의 교두보 역할을 했다. 이 제중원에서 교수할 수 있는 전망이 보이자 언더우드도 1885년 4월 5일 한국에 도착했다.168) 그는 제중원의 학생들에게 물리와 화학을 가르치고 약제사 일도 도와줬다. 스크랜턴 의사는 5월 22일부터 제중원에서 일하기 시작했다. 헤론 부부도 6월 24일부터 제중원에 나가서 일을 돕기 시작했다. 뿐만 아니라 제중원에 여자부를 설치하자, 북장로교 선교부에서는 여자 의사 엘러스를 파견하여 1886년 7월 4일에 입국했다. 그녀는 일반 환자들을 치료할 뿐 아니라 민비의 어의가 되었다. 엘러스가 번커 선교사와 결혼하자, 릴리아스 호튼이 1888년 3월 27일에 입국하여 제중원 여자부와 궁중 왕비 어의의 일을 계승했다.169) 이처럼 알렌이 최초의 근대식 병원 제중원을 설립함으로써 근대 의학이 시작되었고, 선교사 입국이 금지된 시대에 선교사들이 한국에 진출할 수 있었던 것이다. 박영관 박사는 우리나라에서는 기독교회가 이렇게 하여 처음부터 우리 민족에게 새로운 각성을 주었다고 말한다.170)

알렌은 이후 1887년 8월 18일 주미 한국 공사관 공사 차석인 참찬관으로 임명되어 미국으로 떠났다가 1889년 6월 참찬관 직책을 마치고 한국으로 다시 돌아왔다.171) 그후 1890년 7월 9일에는 주한 미국 공사관의 참찬관으로 임명되었다. 알렌은 미국 공사로서 선교사들을 위해서 집을 마련하는 것, 전도자들의 구속 등을 해결하는 일을 도와줬다. 전차(電車) 문제172)로 원한을 품은 김영준과 이용익이, 1900년 가을 고종의 윤허를 얻어 12월 1일을 기해 국내에 있는 선교사와 신도들을 한꺼번에 살육할 밀령을 전국 각도에 밀송할 예정이었다. 언더우드를 통해서 이 소식을 안 알렌은 고종을 알현하고 외교 통로를 통해 선교사와 교인들의 보호를 요청했다. 이에 국왕의 준엄한 칙령이 각 도에 발송되어 위기를 모면하게 되었다.173) 현지 선교부는 현지 선교사들의 지방 이동이나 선교사업의 착수 및 전개 등 모든 문제에 대해서 미국 공사 알렌에게 미리 알려서 그 지

시와 동의 내지는 협력을 구했다.174)

이러한 알렌에 대해서 민경배 박사는 "조선의 기울어가는 20세기 초의 비운을 떠받쳐 자주 독립의 길을 가게 하려는 사명을 기도와 땀으로 버티어간 한말 최후의 미국인이었다"고 평가하고 있다.175)

2) 말콤 펜윅(Malcom C. Fenwick, 1865-1935)

펜윅은 1865년 캐나다 토론토의 북쪽 마캄에서 태어났다. 그는 18세에 집을 떠나 온타리오의 프라이즈 농장에서 일하면서 농업기술을 익혔다. 그뒤 토론토로 진출하여 실업가로 비교적 성공하게 되었다. 그때 그는 철물 도매상의 창고 관리인으로 있다가 해변 가한 도시에 있는 이 회사의 지점장으로까지 승진했다. 그는 선교에 대한 열정과 성경과 성령의 능력만을 믿었다. 그는 대학 교육이나 신학교육은 전혀 받지 못했지만,176) 토론토의 실업인 몇 사람이 조직한 한국연합선교회의 작은 지원을 받으며, 독립 전문인 선교사로 1889년 12월 서울에 도착했다.

이후 황해도의 솔내에 땅을 사서 농사를 지으며 선교를 하였고, 얼마 후에는 원산으로 옮겨 사역을 감당했다. 그러나 선교사업이 부진하여 1893년 잠시 미국으로 돌아갔다. 1896년 다시 돌아온 그는 한국 전통의 우월성까지 찬양하면서 한국인을 기용하는 아주 파격적인 선교에 임했다. 펜윅은 솔내에서 알았던 김씨를 선교 동역자로 얻고, 신명균이 공주에서 사역하도록 도왔다. 신명균은 자기 집을 하나 마련하라고 펜윅이 준 돈 50달러를 자기가 채용한 전도자 파송에 쓰고 있었다. 이렇게 해서 신명균은 얼마 후 10여 교회를 개척·설립했다.177) 이것은 네비우스 멘토링을 받은 결과로 볼 수 있다. 이 네비우스 멘토링의 결과로 교회 지체들이 아낌없이 헌금을 하여 어린 교회가 점점 지교회 사역자들을 지원하고, 예배당을 세우고, 유지할 수 있는 책임을 감당할 수 있었다. 더욱이 지교회들이 교회 재정의 5퍼센트를 선교비와 신학 교육비, 구제사업비로 내놓게 되었다. 선교적 멘토 존 네비우스는 한국 선교와 한국 교회에 지대한 공헌을 하게 되었다.178)

펜윅 자신이 두만강을 넘어 간도나 시베리아 지역을 여행하고 선교한 것은 1910년 4월의 일이었다. 또한 강경에서 성서연구회를 열어 50명의 전도인을 사방에 파송했는데, 그중 9명이 두만강 건너편으로 파송되었다. 이를 시작으로 간도, 만주, 시베리아, 몽고까지 선교하여 침례교의 찬란한 선교의 깃발을 휘날리게 되었다. 물론 이 과정에서 순교자도 많았다.179) 그가 이렇게 선교 역사를 섬길 수 있었던 것은 그가 한국에 대한 끝없는 사랑을 품었기 때문이요, 성경과 성령으로만 선교하였던 선교사였기 때문이다. 무엇보다 말콤 펜윅은 한국인을 앞세운 선구적 선교사로서 그의 선교는 한국 선교에서 '토착화의 한 거보(巨步)'로 평가될 수 있을 것이다.180)

6. 전문인 자비량 선교의 장·단점

전문인 자비량 선교는 교회의 99.6퍼센트에 달하는 평신도들을 선교에 동원할 수 있는 장점이 있다. 또한 폐쇄지역 어디나 들어갈 수 있다는 장점이 있다. 특히 전문인 자비량 선교는 막대한 선교비 문제를 해결할 수 있는 장점이 있다. 또한 전문인 선교는 문화적 장벽을 극복하는 데 유리하다. 전문인 자비량 선교는 이상에서 언급한 장점들 외에도 다음과 같은 유리한 점들이 있다.

첫째, 전문인 자비량 선교사는 투철한 신앙과 선교의 열정과 비전으로 무장될 수밖에 없다. 전문인 자비량 선교사는 앞에서도 언급한 대로 5중, 6중의 십자가를 져야 한다. 그러므로 투철한 신앙과 선교의 열정과 비전으로 무장될 수밖에 없다. 그렇지 못하면 전문인 자비량 선교사가 될 수 없기 때문이다. 이것은 큰 장점이다. 어떤 유학생 선교사는 매일 밤 8시부터 12시까지 신문을 팔아 생활하면서 복음 전파와 학문을 감당하고 있고, 어떤 유학생 선교사는 매일 청소 아르바이트를 하여 자립하면서 선교와 학문을 성공적으로 감당하고 있다.

둘째, 전문인 자비량 선교사는 자기 자신의 직업에서 얻는 성취감과 만족을 통해 복음을 전하기 어려운 지역에서 사역의 실패로 겪는 좌절과 실망을 극복할 수 있다. 목회자 선교사들의 경우 사역의 열매가 적거나 사역의 실패를 경험하면 좌절감과 실패감에 빠져

심리적 고통을 겪는다. 더구나 파송 교회나 선교회로부터 사역의 결과에 대한 보고를 독촉받기라도 하면 어려움은 가중될 수 있다. 그러나 전문인 자비량 선교사들은 직접적인 복음 전도 외에도 자신의 직업과 일을 통하여 간접 선교를 할 수 있는데, 이러한 성취감과 만족감으로 인하여 계속하여 사역을 감당할 수 있다. 이들은 사역의 결과에 얽매이지 않으므로 편안한 마음으로 지속적이고 장기적인 사역을 할 수도 있다.

셋째, 전문인 자비량 선교사는 민간 외교관의 역할을 감당할 수 있다. 수년 전, 한 대학생 선교단체에서 아프리카 우간다로 파송된 의사 선교사가 한국 정부의 파견의(醫)로 나가게 되었다. 그는 현지 의대생들에게 복음을 전하여 제자를 얻고 현지인 교회를 세웠을 뿐 아니라, 훌륭한 의료 봉사활동을 통해 현지인들을 도움으로 한국의 국위를 선양하였다. 또 다른 한 의사 선교사 부부는 러시아가 막 개방되자마자 전문인 자비량 선교사로 파송되었는데, 모스크바 대학에서 무료 진료소를 열어서 수많은 러시아 학생들을 무료로 진료해 주었다. 이런 가운데 많은 학생들이 복음을 영접하게 되었고, 그는 사람들로부터 좋은 평판과 환영을 받았다. 이들은 모두 정식 채널을 가진 외교관들은 아니지만, 훌륭한 민간 외교관의 역할까지 했던 것이다. 이들은 그리스도의 복음을 맡은 그리스도의 대사들이며, 동시에 하나님의 사랑을 전하는 하나님의 대사들이었다.

넷째, 전문인 자비량 선교사는 선교지에서 화해자요, 중재자의 역할을 다양하게 감당할 수 있다. 목회자 선교사들은 본국 교단과의 관계, 선교지 교회와의 관계 등에서 협력관계가 어려운 경우가 있다. 현지 교회의 지도자들과 적극적으로 협력하고자 할 때 교단의 특수성과 선교정책으로 인해 여러 가지 제한을 받기 때문이다.[181] 이와는 달리 전문인 자비량 선교사의 경우에는, 의사는 병원에서 일하면서, 교사는 학교에서 가르치면서, 기술자는 산업 현장에서 자기의 전문 기술을 활용하면서 그리스도의 향기를 나타낼 수 있기 때문에 목회자 선교사들과 현지 교회 지도자들 사이에서 화해자 및 중개자의 역할을 감당하는 데 매우 유리하다.[182]

다섯째, 전문인 자비량 선교사가 부득이 귀국하게 되었을 때, 그는 본국에서도 훌륭한 지도자가 되어 교회와 사회에 봉사할 수 있다. 유학생 선교사의 경우 유학 기간에 선교사로서의 역할을 수행할 수 있고, 또 학문을 마치고 현지에서 취업하게 될 경우 계속해서 선교사역에 헌신할 수 있다. 다만 부득이 귀국하게 되었을 때에도 그가 얻은 학문적 성취를 통해 본국에서 하나님의 영광과 사회를 위하여 중요한 봉사를 할 수 있다. 뿐만 아니라 선교지에서 겪은 영적인 경험이나 실제적인 경험들을 살려서 본국에서 유익한 일을 할 수 있다. 더욱 중요한 것은, 이런 경험들이 본국에서 전문인 자비량 선교사 양성 프로그램에 활용되고 교육됨으로써 실제적으로 전문인 자비량 선교사를 양성하는 데 막대한 기여를 할 수 있다는 것이다. 특히 이들은 현지의 언어 교육, 문화 교육, 선교사 예비지식 교육 등에서 좋은 역할을 하게 된다. 그리고 개교회에 돌아가 봉사를

하는 경우에도 선교사로 다녀온 경륜이 있어서 더욱 헌신적인 봉사를 하게 될 것이다.[183]

여섯째, 유학생 선교사들의 경우 현지에서 공부하면서 현지인 학생들에게 선교할 수 있을 뿐 아니라, 이들이 학위를 받은 후 현지에서 직장을 얻어 선교할 경우 매우 이상적인 '장기 체류' 전문인 자비량 선교사가 될 수 있다. UBF의 경우 유학생 선교사들의 거의 대부분이 현지 취업을 목표로 나아가는데, 학위를 마친 후 현지에서 취업함으로 안정된 가운데 전문인 자비량 선교를 하는 선교사들이 많다. 또한 공산국가와 회교국가에서 복음을 전하고자 할 때는 유학생 선교사는 그 어떤 다른 그룹보다 더 자유롭게 선교할 수 있다. 전세계적으로 학생들은 현실을 초월하는 이상을 추구하는 예비 지도자들임에도 불구하고, 그들 가운데 복음이 전파되는 것은 자주 묵인되고 있다. 케인 교수도 "유학생들이야말로 젊기 때문에 유학을 간 나라의 젊은이들과 잘 어울릴 수 있고, 그들의 관습에 익숙해지기 쉬울 뿐만 아니라 그들이 필요로 하는 것들에도 민감하게 대처할 수 있는 현저한 이점들을 가지고 있다"고 지적한 바 있다.[184]

그런가 하면 전문인 자비량 선교의 불리한 점들을 다음과 같이 지적하는 분들이 있다. 나도 이러한 지적에 동의한다. 그래서 이런 지적들에 대해 언급한 후에 이에 대한 극복 방안을 제시해 보고자 한다.

첫째, 일하는 기관이나 회사가 선교를 하지 못하게 하고 종교의 자유를 제한할 수 있다고 말한다. 사실이다. 그러나 이러한 어려움은 본국의 일반 직장에서도 만나게 된다. 그런데 본국에서나 선교 현장에서나 본인들이 구약의 요셉과 같이 지혜롭게 처신하며 직장에서 크리스천으로서 사명감을 갖고 성실하게 일을 한다면, 회사나 직장 상사들이 이들을 신뢰하게 되고 오히려 선교 사역의 후원자가 될 수도 있다. 인도에 있는 어느 한국 회사의 지사에서 근무하며 선교 활동을 한 이 선교사는 그가 잦은 회식자리에 참석하지 못하는 것이 선교 활동 때문이라며 싫어했던 상사가 워낙 성실하게 회사 업무를 수행하고 좋은 실적을 올리는 것을 보고는 후에 이 선교사를 신임하게 되었고 선교 활동도 후원하게 되었다. 이런 비슷한 예들은 UBF의 평신도 전문인 자비량 선교사들 중에서 많이 찾아볼 수 있다.

둘째, 전문인 자비량 선교는 대개 전임 직업(full-time job)을 갖게 되므로 현지의 언어를 익힐 시간이 부족하다고 말한다.[185] 그런 면도 있다. 그러나 전문인 자비량 선교사들은 대개가 현지인들 속에 섞여서 일하기 때문에 본인들이 분명한 목적의식을 갖고 노력한다면 오히려 그들이 일하는 지역의 언어를 아주 능통하게 익힐 수 있다. 그리고 이로 인해 직업과 선교에 한층 더 효과를 높일 수 있다. 그리고 언어 습득은 본인의 소원과 의지가 중요하다. 주말이나 휴일 같은 때를 잘 이용할 수도 있고, 언어 습득에 좋은 미디어 기기들도 많이 개발되고 있기 때문에 평소에도 사명감을 갖고 노력한다면 얼마든지 현지 언어를 습득할 수 있다. 어떤 사람은 미국에서 10년을 살았어도 한인 타운에서 살면서 언어 공부를 하지 않아 영어를 하지 못한다고 한다. 그러나 UBF의 전문인 자비량 선교사들은 현지 대학생 전도 및 제자 양성 사역을 섬기기 때문에 어느 지역이든지 현지 언어 습득을 첫째 목표로 삼고 언어 공부에 매진한다. 그 결과 어느 지역의 선교사든지 현지 언어를 능통하게 구사하는 분들이 많다. 예를 들면, 대통령이 몽골을 방문했을 때 대통령의 현지어 통역을 UBF 평신도 전문인 자비량 선교사가 감당했다. 또한 몽골에는 구약성경이 없어 UBF 전문인 선교사들이 구약성경 번역을 시작했고, 후에는 여러 나라에서 온 선교사들이 번역위원회를 만들어 함께 작업을 했다. 이때에도 UBF 평신도 선교사들이 주축이 되었다.

셋째, 전문인 자비량 선교사들은 신학적 소양이 부족한 문제가 있다고 한다. 물론 사실이다. 거의 대부분의 전문인 자비량 선교사들은 직장생활을 하던 사람들이기 때문에 오랜 시간을 들여 체계적인 신학을 공부하고 훈련할 기회를 가질 수 없는 약점이 있다. 그러나 현장에서 사역하면서 야간이나 주말을 이용해서 현지에서 적합한 신학 교육 프로그램에 참여하여 훈련을 받는 방안이 있다. 또한 본국에서 신학교 교수나 신학적 소양을 갖춘 분들을 초청하여 1년에 두 차례 정도 일주일씩 집중하여 신학 수업을 하고 훈련을 받는 방법이 있다. UBF의 선교지부장들 중에는 앞의 방법을 택하여 부족한 신학적 소양을 보충하는 사역자들이 있다. 그리고 후자의 방안도 준비하고 있다. 그러나 선교사들에게 있어서 신학적 소양보다 더 중요한 것은 스스로 성경을 연구하고 가르칠 수 있는 능력, 전도 및 제자 양성을 할 수 있는 능력, 말씀과 기도로 성령의 권능을 덧입을 수 있는 영성일 것이다.

넷째, 선교지의 현지 교회 혹은 한국에서 파송된 교단이나 다른 단체에서 파송된 선교사들과의 연합이나 협력 사업을 잘할 수 없다는 지적이 있다. 물론 그런 점이 있다. 전문인 자비량 선교사들은 이 점을 염두에 두고 현지 교회 혹은 다른 교단이나 선교단체의 파송을 받은 한국 선교사들과 협력하는 것을 노력해야 한다. 전문인 자비량 선교사들의 말을 들어 보면, 협력 사업의 어려움이 서로 간의 이해와 존중의 문제 때문인 경우가 많다고 한다. 교단 선교부나 다른 단체에서 파송된 선교사들의 대부분이 목사 선교사들인데, 선교사 협의회 같은 모임에 평신도 전문인 자비량 선교사들을 초청하지 않는 경우가 있다. 심지어는 평신도들이라고 하여 선교사로 인정하지 않는 경우도 있다. 이런 상태에서는 연합과 협력 사업이 이루어지기 어렵다.

태국에서 사업을 하면서 선교하고 있는 전문인 자비량 선교사인 이 선교사는 태국한인선교사협의회에서 총무 직까지 맡아 훌륭하게 역할을 감당했고, 목사 선교사들과 좋은 관계성 가운데 연합과 협력을 한 좋은 예도 있다. 인도의 이 선교사는 역시 사업을 하면서 현지 대학생 선교를 섬기고 있는 평신도 전문인 자비량 선교사이지만 인도한인선교사연합회에서 함께 활동할 뿐 아니라 인도한인회의 전 회장까지 역임하면서 좋은 영향력을 끼치기도 하였다. 그는 한국을 빛낸 자랑스러운 한국인으로 선정되어 대통령 표창을 받기도 했다. 서로 존중하고 노력하면서 좋은 협력과 연합을 이루어 가야 할 것이다.

다섯째, 전문인 자비량 선교사들은 직장 일로 인해 복음을 전할 시간이 부족하다고 말한다.186) 물론 시간이 부족한 것이 사실이다. 그러나 앞에서 이야기한 대로 목회자들이 들어갈 수 없는 선교지에 평신도나 전문인이 들어가야 하고 또 재정 문제 해결을 위해서 자비량하며 선교를 해야 하는 선교사들은 근무 중에도 모범적인 봉사의 삶을 통해 행동으로 복음을 전할 수가 있다. 또한 휴식시간이나 여가시간에도 만나는 사람들에게 복음을 전할 수 있다. 시간적 제약을 뛰어넘는 복음에 대한 열정과 선교정신이 있으면, 일과 후나 주말을 이용해서도 선교를 할 수 있다. 선교의 결실이 꼭 시간의 많음에 비례한다고 볼 수는 없다. 선교의 정신과 헌신이 더욱 중요하다. 근본적으로 선교는 성령님을 통해 이루시는 하나님의 역사이다. 물론 시간적 여유가 많은 것이 좋을 것이나, 시간적 여유가 없는 대신에 선교의 정신과 복음에 대한 열정 그리고 철저한 자기 헌신이 있다면 시간의 부족을 얼마든지 메울 수 있다.

여섯째, 전문인 자비량 선교사는 '짧은 기간' 선교지에 머무는 경우가 많기 때문에 현지어를 익혀서 현지인들에게 복음을 전하는 것이 어렵다고 말한다. 그런 점이 있다. 그러나 이는 파견 근무자의 경우에만 해당되는 문제일 뿐 일반적인 문제는 아니다. 또한 많은 경우, 파견 근무자들도 일을 잘했을 때에는 근무 계약을 갱신하거나 연장할 수가 있다. H사에 다녔던 한 전문인 자비량 선교사는 3년으로 제한된 외지 근무에서 두 번이나 연장하여 선교사역을 섬겼다. 그후에는 업무 능력을 인정받아 현지 회사의 관리책임자로 일하게 되었으며, 지금은 사업을 하면서 선교사역을 감당하고 있다. 그리고 체류기간이 짧더라도 현지인 선교의 방향만 분명하다면 사명감을 갖고 현지 언어를 익힐 것이다.

일곱째, 전문인 자비량 선교사들은 목회자 선교사들의 경우처럼 본국 교회의 기도 회원들을 갖지 못하고 있다고 말한다.[187] 물론 물질을 지원받는 선교사들은 물질을 지원하는 성도들의 기도 지원도 많이 받을 것이다. 하지만 전문인 자비량 선교사들도 자기들을 기도로 후원해 줄 신실한 기도의 후원자들을 얼마든지 얻을 수가 있다. 결국은 전문인 자비량 선교사들도 초교파 선교회나 지역교회, 혹은 교단 선교부의 파송을 받아 나가도록 해야 할 것이며, 그렇게 할 때 기도 후원의 문제는 없을 것이다. 또한 평신도 전문인 자비량 선교사들 자신이 수시로 파송 교회나 단체에 기도제목을 알리고 기도 지원을 요청해야 한다. UBF의 경우는 평신도 전문인 자비량 선교사들이지만 성령님께서 어떻게 자신들을 통해 일하시는지 수시로 알려오고 또 기도 지원을 부탁한다. 이들은 물질 지원을 받지 않는 선교사들이기 때문에 그만큼 어려움이 있음을 알고 본국의 회원들은 더욱 간절한 마음으로 기도 지원을 하고 있다.

여덟째, 전문인 자비량 선교사들은 대개 목회자 선교사들이 해외에 나가기 전에 받는 기본 훈련을 받을 기회가 없다고 말한다. 물론 어떤 경우에는 해외 근무 발령이 갑자기 나서 준비할 시간이 많지 않은 경우도 있다. 그러나 평소에 선교 열정을 품고 준비하는 분들은 선교기관의 주말 훈련 프로그램 등에 참여하는 방법으로 이를 극복할 수 있다. 그리고 UBF의 경우 거의 10년 정도 평소에 기도 훈련, 제자훈련 및 성경 공부, 전도 및 제자 양성 훈련을 받게 함으로써 준비시킨다. 평소의 훈련이 중요하다.

아홉째, 전문인 자비량 선교사들이 과중한 업무에 압도된 나머지 실제로 복음을 전할 수 없게 될 위험이 있다고 말한다.[188] 그럴 수 있다. 그러나 생활을 단순화하고 절제 있는 경건생활에 힘쓴다면 복음을 전할 기회는 얼마든지 만들 수 있다. 바울은 죄수의 몸으로 간수들에게 복음을 전하지 않았는가?

마지막으로, 전문인 자비량 선교사들은 영적인 책임감이 부족하다고 말하는 사람도 있다. 그러나 영적인 책임감은 선교사 개인의 신앙과 영성의 문제이지 '목회자냐 평신도냐'의 문제는 아니라고 본다.

7. 전문인 자비량 선교가 지역교회에 공헌할 수 있는 점들

목회자들은 교인이 수백 명이 넘어 건물도 짓고 물질적으로 자립을 한 후에야 선교를 할 수 있지 않은가라고 생각하는 경향이 있다. 선교사의 생활비를 지원하는 물질 지원 선교사를 파송하려면 그 말이 타당할 것이다. 그러나 평신도 전문인 자비량 선교사를 파송하는 경우는 전혀 다른 상황이다. 예를 들면, UBF에는 회원이 30명 정도인 지부에서 10명의 평신도 전문인 자비량 선교사를 파송하여 기도로 훌륭하게 동역하고 있는 경우가 있다. 어느 지부는 130명의 회원이 모이지만 100여 명의 평신도 전문인 자비량 선교사들을 22개국에 파송하여 기도로 지원하고 때로는 물질로 지원하고 있다. 그러므로 개척하는 지역교회에서도 평신도 전문인 자비량 선교를 적극적으로 도입한다면 얼마든지 선교사를 파송하는 교회가 될 수 있다. 뿐만 아니라 지역교회가 평신도 전문인 자비량 선교사를 파송하면 지역교회 사역에도 여러 가지 플러스 효과가 나타난다. 평신도 전문인 자비량 선교가 지역교회에 기여할 수 있는 것들은 매우 크고 다양하다. 이를 대략적으로 제시하면 다음과 같다.

첫째로, 지역교회에 역동성을 공급한다. 평신도가 선교 역사에 동원되고 적극적으로 참여하게 됨으로써 지역교회는 자연히 역동적인 공동체가 된다. 뿐만 아니라 평신도 전문인 자비량 선교사를 발굴하여 파송한다면 개척교회도 얼마든지 해외선교에 참여하는 교회가 될 수 있는 것이다. 한 교회가 선교사를 파송하면 전 교인들이 그 선교사와 선교사역을 위하여 기도하게 되고, 그럼으로써 교회의 활기와 생명력은 배가된다. 또한 모든 평신도들이 자기들도 해외선교에 참여할 수 있다는 희망과 비전을 갖게 됨으로써 모든 교인들이 역동적인 신앙생활을 하게 된다.

둘째로, 지역교회의 부흥을 돕는다. 역사적으로 선교하는 교회는 부흥했고, 반면에 선교하지 않는 교회는 쇠퇴하였다. 주님께서 교회를 세우신 목적이 선교에 있고, 선교는 교회의 생명이기 때문이다. 교회의 부흥은 영적 역동성이 살아 있을 때 나타나게 마련이다. 오늘날 한국 교회는 수적 성장이 둔화되거나 도리어 감소하고 있는 것으로 나타나 많은 우려를 하고 있는 실정이다. 그러나 평신도 전문인 자비량 선교사를 파송함으로 지역교회가 역동성을 회복한다면 교회가 성장하는 활력을 되찾을 수 있을 것이다.

셋째로, 담임목회자에게 목회적 열정과 비전을 줄 수 있다. 평신도를 선교사 후보로 발굴하여 훈련하고, 교육하며, 파송함으로써 담임목회자는 목회적 열정과 비전을 갖게 된다. 또한 교회는 선교사들이 선교 현장에서 믿음으로 얻는 생생한 승리의 보고를 듣게 된다. 때로는 담임목회자나 교인들이 선교 현장을 방문하여 타 문화권에 살고 있는 사람들에게 복음을 전할 수도 있다. 이로써 목회자와 교인들은 성령께서 자기들을 통해서 선교 현장에서 일하시는 하나님의 손길을 보게 된다. 이런 열매들을 볼 때 목회자들이 목회사역에서 맛보는 만족감과 기쁨은 배가(倍加)되며, 목회사역은 더욱 역동적이 된다. 또한 목회자 자신도 하나님께서 이루시는 선교사역을 섬기기 위해서 계속하여 기도하고 연구하게 됨으로 개인적으로도 성장하는 기쁨을 맛보게 된다. 이상과 같은 결과는 나 자신이 지난 37년 동안 체험하고 있는 복들이다.

넷째로, 평신도가 비전 가운데 선교 교육과 훈련을 받을 수 있는 장이 마련된다. 모든 평신도들이 국내의 직장에서 일하는 동안에는 국내 선교사라는 자긍심과 사명의식을 가질 수 있다. 교사는 교단에서 선교사의 자세와 사명감으로 최선을 다하여 가르칠 것이다. 의사는 환자들을 돌보는 데 있어서 선교사의 자세와 사명감으로 봉사와 사랑의 의술을 베풀 것이다. 이는 모든 직종과 모든 분야에서 일하는 모든 평신도들에게 다 해당된다. 이렇게 열심을 품고 일하면 그의 삶을 통하여 복음이 전파되며, 이러한 삶의 선교를 통하여 평신도들은 사회 변혁의 견인차가 될 것이다. 주님께서 말씀하신 대로 명실공히 빛과 소금이 되는 것이다. 또한 이 과정을 통해 해외선교를 섬길 수 있는 선교사로 준비되며, 문이 열리면 언제든지 타문화권에 나아가 해외선교를 섬길 수 있게 되는 것이다. 모든 평신도들은 자신의 은사와 재능과 지식과 가능성이 하나님께 드려져 하나님의 선교 역사에 쓰임받게 됨으로써 큰 보람을 얻게 된다. 결국 이것은 교회의 활력이 될 것이다.

다섯째로, 평신도의 신앙과 인격이 성숙된다. 평신도 전문인 자비량 선교를 활성화하면 자연히 이를 준비하는 과정에서 모든 평신도들이 체계적인 선교 교육과 성경 공부, 제자 양성 등의 훈련을 받게 된다. 자연히 그들의 신앙과 인격이 성숙해진다. 그리고 이는 교회의 영적·도덕적 수준이 상승하는 효과를 가져온다. 이로써 전 교인의 정예화 내지는 제자화가 이루어지는 것이다. 이렇게 되면 세상을 향하여 빛과 소금의 역할을 더욱 잘 감당하게 되어 교회는 더욱 사람들의 존경을 받게 되고, 복음 전파는 더욱 활성화될 것이다.

사실 이상의 고찰들은 필자가 사역 현장에서 체험한 것들을 바탕으로 정리한 것이다. 역사신학자 정준기 박사는 UBF의 강점을 바로 평신도 전문인 자비량 선교사를 양성하여 파송하는 데서 찾아볼 수 있다고 말했다.[189] UBF가 현재 한국의 전 교단 및 선교회를 망라하여 가장 많은 수의 선교사를 파송할 수 있었던 것도 전 회원이 언제든지 선교에 동원될 수 있는 수준의 정예 제자들로 끊임없이 교육되고 훈련되고 있기 때문이며, 평신도 전문인 자비량 선교사들을 양성하여 파송하고 있기 때문일 것이다.

UBF는 매년 대학에 들어오는 비신자 대학생들에게 복음을 전하여 대학 4년(혹은 대학원까지 6년) 동안 1대1로 혹은 그룹별로 성경 공부와 영적 지도자 훈련을 시키고 있다. 이를 통해 계속해서 선교 자원을 확보하고 있다. 근래에는 매년 80-90명의 평신도 전문인 자비량 선교사들이 파송을 받고 있다. 앞으로도 이러한 선교사 파송은 계속 이루어질 것으로 보인다. 회원들은 해외에 선교사로 파송을 받기 전에는 자기의 직장에서 각자 직장 선교사라는 소명감과 사명의식을 갖고 열심히 일을 함으로써 좋은 영향력을 끼치고 있다. 그리고 계속하여 제자 훈련과 선교 훈련을 받음으로써 언제든지 길이 열리면 선교사로 나갈 수 있다. 그리고 이는 그들의 소망이기도 하다. 이로써 어려운 시대적 변화에도 불구하고 꾸준하게 양적·질적으로 성장하고 있다.

여섯째, 전문인 자비량 선교를 활성화하면 평신도들을 교육하고 훈련하는 가운데 지역교회 상황에 맞는 선교 교육 및 성경 연구 교재들이 탄생하게 되고, 선교의 자료 및 정보들이 축적되는 효과를 거둘 수 있게 된다. 평신도들을 훈련시키는 성경 공부 교재들과 선교 교육용 교재들이 대체적으로 독립선교회에서 많이 나오고 있는 것도 이와 같은 이유 때문이다.

한국 교회는 일찍이 설립 초기부터 자립적이고 선교적인 교회였다. 민경배 박사는 한국 교회의 오늘의 과제를 언급하면서 다음과 같이 말하고 있다.

"1894년 당시에 한국은 경제적으로 어려운 상황이었고 교회도 기반을 잡기 전이었는데, 한국 교회는 이미 만국을 노래하고 '저 북방 얼음산과 저 대양 산호섬'(찬송가 273장)을 부르고 있었습니다. 한국 교회의 위대한 점은 이렇듯 일찍이 세계를 보는 눈을 가졌다는 것입니다. 태평양시대에 제

역할을 감당할 나라는 우리나라밖에 없다고 해도 과언이 아닙니다. 우리나라는 이미 1910년에 몽고에서, 1920년대에는 시베리아에서 순교자를 내었습니다. 역사도 짧은 한국 교회가 세계를 향하여 놀라운 일을 해냈던 것입니다."190)

이러한 저력을 갖고 있는 한국 교회가 평신도 전문인 자비량 선교를 활성화한다면 지역교회도 역동적이 되고 부흥하게 될 것이다. 목회자와 평신도들이 서로 존중하고 동역하며 온 교회가 한마음 한뜻으로 주님을 섬긴다면 선교의 결실은 극대화될 것이다. 그렇게 될 때, 뜻이 하늘에서 이루어진 것같이 땅에서도 이루어지는 아름다운 역사가 일어날 것이다.

제3장
UBF의 평신도 전문인 자비량 선교

평신도 전문인 자비량 선교

평신도 전문인 자비량 선교의 실제로 한국의 평신도 전문인 자비량 선교의 선구자로 쓰임받은 UBF는 한국 선교계에서 전문인 선교에 관한 논의를 시작하기 이전부터 평신도 전문인 자비량 선교사들을 파송한 기관으로 하나님께 쓰임받으며, 한국에서 가장 많은 수의 평신도 전문인 자비량 선교사들을 파송했다. 그리고 40여 년의 선교 역사를 통해 다양한 직업군에서 좋은 사례와 모델을 갖게 되었다.

> ✿ 요한복음 1장 14절
>
> 말씀이 육신이 되어 우리 가운데 거하시매 우리가 그의 영광을 보니 아버지의 독생자의 영광이요 은혜와 진리가 충만하더라.

1978년도에 출판된 책 《현대의 자비량 선교사들(Today's Tentmaker)》에서 저자인 크리스티 윌슨은 한국의 선교기관으로 자비량 선교의 성공적인 모델을 제공하는 대학생성경읽기선교회(UBF : University Bible Fellowship)를 다음과 같이 소개하고 있다.[191]

"UBF는 자비량 선교의 분야에서 성공적인 모델을 제공한 선교기관이다. 이 모임은 이사무엘 박사에 의해 1961년 한국에서 만들어진 자생적 학생운동이었다. 그후 한국과 다른 나라에서 급속도로 성장했다. 1976년까지 그들은 157명의 평신도 자비량 선교사들을 파송했다. 선교지로 파송되기 전에, 그들은 적어도 6개월간 집중적인 선교 후보 훈련을 받는다. 선교지에서 선교사들은 그들의 전공과 관련된 정규 직장을 얻어 자립한다. 그들은 스스로 자립할 뿐만 아니라 다른 지부를 재정적으로 지원하기도 한다. 본 회의 회장인 이사무엘 박사는 다른 지역의 선교사들을 심방하여 돕고 있다."

이보다 2년 전인 1976년도에 말린 넬슨 박사는 《The How and Why of Third World Missions : An Asian Case Study》라는 제목의 책을 발간했다. 그는 이 책에서 아시아 선교를 위한 4가지 지원 방안을 제시했다. 그것은 아시아 자체 해결, 아시아와 서구의 공조, 전적으로 서구의 부담, 자비량 등을 들었다. 이 기운데시 그는 UBF를 아시아 국가 중 일본과 방글라데시에 자비량 선교사를 파송하고

'아시아 자체 해결' 이면서 '자비량'의 대표적인 예로 소개하고 있다.192)

"이창우 강도사가 지도자로 있는 UBF는 서독, 미국, 스위스, 방글라데시, 일본, 프랑스, 페루에 200여 명의 평신도 선교사들을 파송하고 있는 선교기관이다. 이들 평신도 선교사들은 스스로 생활비를 자급하는 자비량을 하고 있다."

뿐만 아니라 물질 자립의 가장 효과적인 방법으로 소개된 전문인 자비량 선교의 선두주자로서 UBF를 구체적으로 소개하고 있다.193)

"대한민국 서울에 본부를 두고 있는 대학생성경읽기선교회(UBF)의 선교정책은 전문인 자비량 선교이다."

역시 1976년도에 발간된 《Asian Mission Societies》에서 이 책의 공동저자인 전재옥 박사와 말린 넬슨 박사는 UBF의 자비량 선교사역에 대해서 다음과 같이 논평하였다.

"자비량 선교사는 선교 비전을 잃지 않고 효과적으로 자립할 수 있는 드문 사례 중 하나이다. 우리는 세계 선교를 위한 이러한 구조와 모형이 아시아 선교회들에 의해 가장 잘 알려지고 행해지는 것으로 생각한다. 이러한 자비량 선교사들은 1대1 성경 공부와 소그룹 성경 공부 그리고 제자 훈련에 주안점을 두고 있다. 게다가 그들은 자립할 수 없는 제3세계 선교사들까지 지원하기 시작했다."194)

한국 교회가 아직 전문인 선교사를 파송하기 이전일 뿐만 아니라 해외 선교사 파송에 활기를 띠지 못했던 시기에, UBF가 제2, 제3세계 선교의 구체적인 모델을 제시하였다는 점에서 그들에게는 신선한 충격이었을 것이다. 그러나 한국 교회에서는 아직 전문인 선교에 관한 논의가 시작되지 못한 상태였다. 더구나 평신도들이 자비량하며 전문인으로 선교하는 '평신도 전문인 자비량 선교'에 관해서는 아직 개념조차 없었던 시기였다.

1. UBF의 약사

UBF는 1961년 9월 1일 고 이창우 강도사(1931-2001년, 본회의 설립자이며 제1대 국내 대표 및 세계 대표가 된 이사무엘 박사의 본명. 장로회신학교를 졸업했으나 목사로 안수받지 않은 상태에서 UBF운동을 시작했다)와 미국 남장로교에서 파송받은 사라 배리 선교사(Miss Sarah Barry, 1930년-현재, 제2대 UBF·세계 대표를 역임하고, 현재는 시카고의 UBF 해외선교본부에서 사역 중)에 의해 전남 광주에서 시작되었다. 시대적으로는 1960년의 4·19 학생 혁명, 1961년의 5·16 군사 쿠데타가 일어났던 한국 정치사의 격동기였다는 것도 눈여겨볼 만하다. 본회의 설립이 이런 시대적인 상황과 무관하지 않기 때문이다.

이에 대해 UBF 개척기 학생이었던 이남균 목사는 그의 책에서 이렇게 쓰고 있다.195)

"하나님께서는 1960년 4·19와 5·16의 정치적 혼란기에 방황하는 한국 캠퍼스 지성인들을 불쌍히 여기시고 이사무엘 선교사님과 배사라 선교사님을 세우셔서 캠퍼스 복음 역사를 시작하셨습니다. 그것도 광주 학생 독립운동이 일어난 지 32년 만인 1961년 9월 1일, 광주시 대인동 176-1번지에서 전남대와 조선대를 중심으로 UBF 학생복음운동이 시작되었습니다. CCC, 네비게이토, IVF 등이 외국에서 시작되어 한국에 수입된 반면 UBF는 한국에서 자생적으로 시작하여 세계적인 단체가 되었고 그 방식 면에서도 새롭고 창조적이었습니다. 이제 UBF 운동이 일어나게 된 시대적 배경을 살펴보고자 합니다.

한국은 일본으로부터 해방은 되었지만 강대국들이 모인 얄타회담의 결과로 국토가 두 동강 나게 되었고, 백성들은 친미주의와 친공산주의 양대 진영으로 나뉘게 되었습니다. 그러다가 6·25 동란이 일어나 250만 명의 동족이 목숨을 잃었습니다. 그러나 백성들은 왜 동족끼리 싸우고 죽어야 하는지도 몰랐습니다. 또한 이승만 정권의 장기집권으로 인해 대학생들은 연일 데모를 하였습니다. 마침내 4·19혁명으로 이승만 독재 정권이 물러났습니다. 그러자 대학생들은 민주 정부 수립의 꿈에 부풀게 되었습니다. 그러나 기대와는 달리 군사정부가 들어섬으로 그들의 꿈은 좌절되고 방황하게 되었습니다. 이러한 때 1961년 광주시 남장로회 선교부에서 대학 캠퍼스 선교를 위해 원로목사님들을 중심으로 협동사업위원회를 구성하고, 이창우 강도사(고 이사무엘 선교사님)를 목회자로 세웠습니다. 이창우 강도사는 남장로교 선교사인 사라 배리 선교사님과 동역하여 대학생 복음운동을 시작하게 되었습니다."

교회사학자인 정준기 박사는 UBF의 설립자인 이사무엘 박사와 UBF의 시작에 대해 이렇게 쓰고 있다.[196]

"UBF의 설립자였던 고 이사무엘 박사는 전북대 철학과와 장로교 신학대학을 졸업했습니다. UBF는 이사무엘 박사의 확고한 리더십 아래 배사라 선교사의 동역이라는 구도로 이루어졌습니다. 이사무엘 박사는 '성서 한국 세계 선교'의 비전, 일대일 성경 공부와 일용할 양식, 소감 등의 말씀 공부 훈련, 장막생활, 성경 강해식 메시지 등 UBF 운동의 근간이 되는 기초를 놓았습니다. 오늘날의 UBF 운동이 가능했던 것은 이사무엘 박사의 예수님을 향한 뜨거운 열정, 넘치는 패기와 비전에 힘입은 바가 큽니다.

이사무엘 박사는 가난한 대학생들을 섬기고자 여러 아르바이트를 하며 헌신적으로 사역을 섬겼습니다. 박사가 되고 싶은 자신의 꿈을 버리고(50대에 선교지에서 로마서 9-11장 연구로 박사가 되었음) 절망하고 의기소침한 대학생 한 사람 한 사람을 친자식처럼 사랑하여 열정적으로 도왔습니다. 그는 정치적 불안과 경제적 궁핍 가운데 운명주의와 좌절에 빠져 있던 한국 대학생들을 어떻게 도울 것인가를 고민하다가 예수님의 12제자 양성에서 해답을 찾았습니다. '소기도회'라는 소수 정예 중심의 제자 양성을 통해 이 시대의 영적 지도자를 양성해야겠다는 방향을 잡은 그는 '성서 한국,

세계 선교'라는 뚜렷한 목표를 가지고 개척 역사에 매진하였습니다. 이후 UBF는 오늘에 이르기까지 '학원 선교'라는 테두리를 벗어나지 않고, 학사 운동이나 문화사역, 대중사역에도 눈 돌리지 않고, 캠퍼스 제자 양성에만 집중해 왔습니다.

한국 캠퍼스뿐 아니라 세계 캠퍼스로 시야를 확장한 UBF는 초창기부터 선교 역사에 관심을 갖고 꾸준히 전문인 자비량 선교사 파송 역사를 이루어 왔습니다. 한국의 가난한 대학생들에게 세계를 바라보는 시각을 길러 주며, 세계 대학생들을 품고 먹이자는 비전을 심어 주었습니다. 또한 본부에 재정적으로 의지하지 않는 자비량 선교사로서 선교지에서 직업을 얻고 선교사역을 감당하도록 도왔습니다. 이 비전에 힘입어 세계 역사상 유례를 찾아보기 힘든, 단일 선교단체로서는 최대의 전문인 자비량 선교사 파송을 이루기도 했습니다."

이남균 목사는 그의 책에서 UBF의 공동 설립자인 사라 배리 선교사에 대하여 이렇게 기록하고 있다.[197]

"UBF 역사를 말하면서 배사라 선교사님의 헌신과 사랑을 빼놓을 수는 없습니다. 그는 아름다운 미시시피 강변에서 태어났으며, 그녀의 집에는 큰 농장이 있었습니다. 그는 부잣집 외동딸로서 얼마든지 세상 영광과 즐거움 속에서 살 수 있었습니다. 그러나 대학생 때 예수님을 영접하고 선교사로 살고자 결단한 그녀는 1954년 당시 선교 제1 대상국이었던 한국에 선교사로 오셨습니다.

그녀는 한국 대학생들을 위해 한 알의 썩는 밀알이 되셨습니다. 대부분의 미국 선교사들이 광주시 양림동 녹음 동산 언덕 위에 하얀 집을 짓고 한국 식모들을 몸종으로 부리면서 호화롭게 살고 있을 때, 배사라 선교사님은 한국 대학생들과 동고동락하였습니다. 그녀는 단칸 셋방 온돌에서 자며 연탄을 때고 김치를 먹으면서 역사를 섬겼습니다. 이 때문에 다른 미국 선교사님들로부터 따돌림을 당하고 시기와 미움을 샀습니다. 또한 이런 곳에서 나오도록 많은 압력을 받았습니다. 처음에 이사무엘 선교사님은 배사라 선교사님이 한국 음식을 매우 좋아하는 것으로 알았다고 하였습니다. 그런데 미국에 가자마자 한국 음식은 보기도 싫어한 것을 보고 나서야 목자의 심정 때문에 먹은 것임을 알았다고 하였습니다.

또한 배사라 선교사님은 이사무엘 선교사님의 영적인 동역자요, 비서로서 자신의 일생을 바쳤습니다. 결혼의 꿈조차 포기하고 양무리를 섬기다 보니 금세 30이 넘어버렸습니다. 그분도 사람이기 때문에 스위트 홈에 대한 꿈이 있었을 것입니다. 그러나 배사라 선교사님은 한 번도 결혼 문제로 고민하는 모습을 보인 적이 없었습니다. 우리가 백 사람에게 "당신 결혼을 포기할 수 있습니까?" 하고 물어보면 모두 다 손을 저으며 "아니오"라고 정색을 하며 말할 것입니다. 그러나 배사라 선교사님은 불쌍한 한국 학생들의 영적 어머니요, 목자가 되기 위해 결혼을 포기하셨습니다. 이러한 그의 한국 대학생들에 대한 아름다운 사랑과 주님께 대한 헌신은 학생들에게 큰 감동을 주었습니다. 특히 많은 자매님들이 자신의 꿈과 이상을 부인하고 헌신적인 목자의 삶을 살게 되었습니다. 그 영향으로 오늘의 진신지 사모님, 성에스더 선교사와 같은 지금의 시니어 사모님들과 당시 UBF 전체 자매님 가운데 희생하는 역사가 일어났고, 이러한 그의 좋은 믿음의 본이 역사의 한 줄기를 형성하게 되었습니다."

이남균 목사는 그의 책에서 UBF의 첫 열매요 학생 리더였던 전창선(이는 현재 UBF의 세계 대표인 전요한 목사의 본명이다)에 대하여 이렇게 쓰고 있다.198)

"UBF 역사를 말하면서 UBF 첫 학생 목자였던 전요한 목자의 순수한 열정과 사랑을 빼놓을 수는 없습니다. 전요한 목자님은 함께 의과대학을 다니던 정규해 목자(현재 시카고 선교사)를 한집에서 데리고 살면서 도왔습니다. 이러한 그의 사랑으로 인해 당시 전남 의대 정원이 80명이었는데 60명의 학생이 센터에 나와 말씀을 공부했습니다. 현 시카고 정에스더 선교사가 그 당시 서기를 맡고 있었는데, 그때 쓴 노트에는 전요한 목자에 대해서 이렇게 기록했습니다. '그에게 가장 생명이 되고 있는 일은 UBF 사업이다. 그는 그의 정열과 시간과 물질 그리고 그의 모든 것을 이 사업에, 형제를 사랑하는 일에 바치고 있다. 그는 매일 힘든 의대 공부를 마치고 센터에 오면 돌볼 사람을 찾아 일일이 기도해 주고 UBF의 사무적인 일까지도 전부 의논하고 돌아간다.' 그가 얼마나 UBF를 사랑했던지 '다 UBF를 떠난다 해도, 심지어는 이사무엘 선교사님과 배사라 선교사님께서 떠난다 해도 나는 UBF를 떠나지 않겠다' 라는 말을 입버릇처럼 하였습니다. 그는 후에 이사무엘 선교사님께서 미국 선교사로 가시면서 그에게 본국 총무가 되도록 권면했을 때도 두 말 없이 전문의 직을 버리고 목자의 길을 택하였습니다. 이분의 넓은 사랑과 소탈한 목자상은 초기 광주 역사에 주춧돌이 되었고 후배들에게 좋은 본이 되었습니다."

〈국민일보〉는 2004년 UBF의 공동 설립자인 사라 배리 선교사와 인터뷰를 갖고 10회에 걸쳐 "역경의 열매"라는 난을 통해 UBF 개척기의 사역을 소개한 일이 있다. 이 인터뷰에서 사라 배리 선교사는 필자에 대해 이렇게 말하였다.[199]

"1964년 1월 초, 겨울방학을 이용해 우리는 전북 전주시에 지부를 개척하기로 했다. 나는 곧 전주로 가서 조그마한 온돌방 하나를 얻었고, 평일 오후 학생들에게 성경을 공부시킬 장소로 중부교회를 빌려 쓰기로 했다. 일단 전북대 게시판에 영어 성경 공부 광고를 냈다. 곧 20여 명의 학생들이 모여들었다. 나는 월요일부터 토요일까지 매일 오후에 그들에게 4시간씩 영어 성경과 회화를 가르쳤다. 당시만 해도 한국 대학생들이 미국인들을 만나는 것은 쉽지 않았다. 미국 사람이라야 모두 선교사들뿐이었기 때문이다. – 중략 – 전주에서 영어 성경 공부 모임을 가질 때 하루도 빠지지 않고 나온 학생이 있었다. 그는 전북대 상대 1학년생인 이현정 형제였다.

이 형제는 현재 한국대학생성경읽기선교회(UBF) 부대표로 섬기고 있다(현재는 한국 대표를 맡고 있는 필자이다). 전요한 목사와 함께 이현정 목사도 40여 년의 세월을 선교회와 함께 생활했다. 청년 때 창조주를 만나 평생 그분을 위해 살았다. 그는 가족이나 친족 중에 기독교인이 하나도 없는 가정에서 태어나 나를 만나기 전까지 성경을 한 번도 접해 본 적이 없었다. 그런데 한 달 반 동안 성경 공부를 마치고 내가 떠난 후 그는 전북대에서 자발적으로 기도모임을 만들어 학생들을 모았으며, 기도모임을 키워나갔다. 이 형제의 노력으로 전주 지역 성경 공부 모임이 지속적으로 이어지자 1966년에 우리는 전주에 책임 목자를 파송, 개척 역사를 지원하게 되었다.

이 형제는 그후에 나와 일대일로 창세기를 공부하다가 거듭남을 체험하게 되었다. 그는 종강파티를 하던 날, 내가 단칸 온돌방에서 살고 있는 것을 보고 감명을 받아 성경에 대해 진지한 자세를 갖게 되었고 예수님에 대해 알게 됐다고 말해 주었다. 예수님의 심정을 가지고 한국인들과 동일한 입장을 지니려 노력했던 나의 자세가 이 형제의 마음을 움직였던 것이다."

이러한 열기는 곧 전국으로 뻗어나가 1964년에 제주 개척, 1965년에 대구, 전주, 대전 개척에 이어 1966년에는 서울이 개척되었다. 당시 서울대학교가 자리잡고 있던 서울 종로구 동숭동 근처인 효제동에 조그만 셋집을 얻어 개척을 시작한 UBF는 서울대에서 활발한 복음 역사를 체험하였고, 이곳을 중심으로 하여 서울 각 대학을 개척하게 되었다. 요약해 보면 1960년대에는 광주, 대전, 대구, 제주, 서울 종로, 전주, 경의문 지부가 개척되었고, 1970년대에는 명륜, 청주, 남산, 부산, 성동, 관악, 안암골, 연희, 공주, 한양, 수원, 중앙 지부가 개척되었다. 1980년대에는 경주, 인천, 진주, 춘천, 한남, 오정, 북악, 서강, 천안, 목포, 서울시립대, 우암, 충주, 강릉, 녹지, 한강, 동교, 마산, 인제, 세종, 신림, 서교, 안산, 백악, 원주, 율전, 울산 지부가 개척되는 활발한 개척 역사가 일어나게 되었다. 1990년대에는 하양, 계명, 조치원, 순천, 영남, 군산, 안성, 동아, 용인, 용운, 경원, 제물포, 익산, 한라, 화랑, 명지, 서강, 안양, 상도, 노원 지부가 개척되었다. 2000년대에는 광운, 대학로, 포천, 서경, 부산, 이문, 기흥 지부들이 개척되었다. 그리하여 현재는 국내적으로는 300여 개 대학에서 80여 명의 전임사역자들과 500여 명의 파트타임 사역자들이 대학생 비신자 전도 및 제자 양성 사역을 섬기고 있다. 한 가지 안타까운 것은 1977년도에 몇 지부가 SBF라는 단체로 분리된 것과(후에 ESF로 개명), 2001년 지방 지부를 중심으로 상당수의 지부가 CMI라는 단체로 분리된 것이다.

2. UBF의 국내 사역

UBF 맨(man)들이 고백하는 신조는 다음과 같다.

"1) 삼위일체이신 한 하나님, 성부와 성자와 성령을 믿는다. 천지를 창조하신 하나님의 주권과 계시와 구속과 최후 심판을 믿는다. 2) 성경은 하나님의 영감으로 된 정확무오한 하나님의 말씀임을 믿으며, 신앙과 삶에 있어서 최고의 권위를 가진 지침이 됨을 믿는다. 3) 아담의 타락 이후 모든 사람은 다 죄 가운데 예속되어 하나님의 진노의 심판을 받을 수밖에 없음을 믿는다. 4) 죄와 심판, 죄의 오염으로부터 구원받는 유일한 길은 성육신하사 십자가에서 우리 죄를 위해 희생제물로 돌아가신 하나님의 아들 예수 그리스도로 말미암는 것임을 믿는다. 5) 예수 그리스도께서 죽은 자 가운데서 몸으로 부활하시고 또 승천하사 하나님 아버지의 보좌 우편에 계심을 믿는다. 6) 중생은 성령의 임재와 그 힘으로 되는 것을 믿으며, 하나님 나라에 들어가기 위해서는 중생해야 됨을 믿는다. 7) 의롭게 되는 것은 다만 하나님의 은혜와 믿음으로 되는 것을 믿는다. 8) 각 신자들의 심령에 성령이 내재하여 역사함을 믿는다. 9) 교회는 거룩한 그리스도의 몸이며, 모든 신자들은 그 지체임을 믿는다. 10) 주 예수 그리스도께서 영광 중에 재림하사 산 자와 죽은 자를 심판하실 것과, 우리 몸이 다시 살 것과, 영원히 살 것을 믿는다."200)

이상과 같은 신조를 바탕으로 한 UBF의 국내 사역을 간략하게 소개하면 다음과 같다.

1) 캠퍼스 전도 및 제자 양성

UBF의 국내 사역 중에서 가장 중심되는 것은 캠퍼스의 비신자 대학생들에게 복음을 전하고, 결신하는 자들을 예수님의 제자로 양육하는 것이다.

가. 전도

연중 캠퍼스에 나가 믿지 않는 대학생들을 중점 대상으로 예수 그리스도를 증거하고 있다. 특히 신입생들이 대학 문화에 물들기 전인 합격증 교부기간, 교과서 교부기간, 신체검사기간 등 입학 전에 집중 전도를 한다. 입학 전이나 입학 초기에 신입생들을 위한 대학생활 안내, 전공 및 진로 지도, 바이블 아카데미, 축구와 농구 등

운동경기, 음악회 등의 문화행사, 엠티 등 다양한 접촉점을 만들어 전도에 집중한다.

나. 일대일 성경 공부

UBF 성경 공부의 강점은 일대일로 이루어지는 인격적인 성경 공부이며, 귀납법적 성경 공부라는 것이다. 또한 책별, 장별로 성경 본문을 깊이 있게 공부한다. 일대일 개인지도 식으로 공부하기 때문에 처음 성경을 접하는 사람도 큰 부담을 느끼지 않고, 또 편안한 마음으로 성경 내용에 접할 수 있다. 또한 일대일 성경 공부는 성경 지식 전달 위주의 공부가 아니다. 성경 말씀을 삶에 적용시키고 말씀을 통해서 체험한 것들을 함께 나누며, 개인의 고민과 어려움과 기쁨 등을 하나님의 말씀을 통해 해석하고 조명하며, 그 안에서 답을 찾는 공부이다. 서로의 삶을 나누는 실제적인 공부인 것이다.

다. 소그룹 성경 공부

결신을 하고 신앙 훈련을 받아 리더가 되면, 같은 학년이나 신앙의 수준이 비슷한 사람들을 소그룹으로 만들어 '팀'을 이룬다. '팀'의 명칭을 달고 함께 공부하며 서로의 신앙과 삶에서의 경험을 나눔으로 각자의 영적 성장에 도움을 주고 서로 배우도록 한다. 이런 소그룹 말씀 공부와 소감 발표, 독서 심포지엄, 캠프 등 다양한 프로그램을 통해 리더들의 영성과 지성이 단계적으로 성장하도록 훈련한다.

라. 소감 쓰기 및 발표

본문 말씀을 공부한 후에는 개인적으로 받은 말씀과 은혜를 글로 씀으로써 마음에 새기고 실제 신앙생활에 적용하도록 하고 있다. 이는 일종의 간증문 형태이나 간증문과 다른 점이 있다. 소감의 주된 내용이 자신이 배운 성경 본문 말씀을 내면화하는 작업이라는 것, 곧 말씀 중심으로 쓴다는 것이다. 말씀을 자기 것으로 받아들이며, 말씀에 비추어서 회개할 점은 회개하고, 믿음을 고백할 점은 믿음을 고백하고, 삶에서 실천할 점은 작은 결단을 통해 실천할 것을 결단하는 것이다. 이로써 말씀이 그 사람의 삶이 되도록 돕는다. 이런 과정을 이끌어가시는 성령님의 자유스러운 역사를 믿으며, 기도하면서 진행한다. 이런 소감 쓰기는 매주 계속된다. 그리고 이 소감을 앞에서 말한 공부 방법에 따라 일대일로, 혹은 소그룹에서 발표함으로써 받은 은혜를 서로 나누고 배우고 격려하게 된다. 때로는 전체 모임에서 발표하기도 하는데, 많은 초신자들이 선배들의 진솔한 회개와 믿음과 결단을 통해 인격과 삶이 변화되는 소감을 듣고 은혜를 받아 성경 공부에 진지한 자세를 갖게 되는 계기가 되기도 한다.

마. 주일예배

각 대학을 중심으로 세워진 각 지부마다 UBF 맨들이 주일에는 함께 모여 주일예배를 드린다. 그러므로 UBF의 예배공동체는 각 대학 앞에 세워져 있고, 대학생들과 졸업한 학사들 중에서 UBF 사역에 헌신된 UBF 맨들이 모이는 공동체이다. 이로써 각 지역의

UBF는 대학생교회의 성격을 가진 특수 형태의 교회를 이루고 있다. 담임목회자는 각 지부의 전임사역자들이다. 이들은 모두 정규 신학교를 졸업한 후 목사 안수를 받았거나 공부 중인 사람들이다. 예배의 순서는 일반 지역교회의 예배와 대동소이하다. 사도신경에 근거한 신앙고백, 찬양, 메시지, 기도 등이 중심을 이룬다. 좀 특이한 점은, 거의 매주 주일예배 때 선교사들의 사역 보고나 회원들이 성경말씀을 통해서 받은 은혜를 글로 써서 발표하는 소감 발표가 있다는 점이다.

UBF는 대학에 갓 입학한 비신자 대학생들에게 집중하여 전도하는 방향을 갖고 사역한다. 1년에 10명의 학생을 전도하면 UBF 사역에 남아서 헌신하는 학생은 2명 정도 되고, 나머지 8명은 여러 지역교회에 흩어져 신앙생활을 하면서 봉사도 한다. UBF 사역에 남아서 헌신하는 2명 정도가 UBF 맨들이 된다.[201] 캠퍼스 전도 및 제자 양성, 평신도 전문인 자비량 선교사 양성의 사역을 계속하기 위해서는 이 사역에 전 인생을 헌신하는 헌신자들이 계속해서 나와야 한다. 또한 이 사역에 헌신된 소수의 사람들을 계속해서 단계적으로 훈련하고 양육해야 한다. 그러므로 이들로 예배공동체를 이루어 주일에는 함께 예배를 드림으로 삼위의 하나님을 예배하고, 하나님과 깊은 교제를 나누고 자신을 헌신하도록 돕는다. 동시에 주일예배를 통해 하나님의 말씀을 받고, 성도의 교제를 나누며, 기도 제목을 공유하고, 캠퍼스 전도와 제자 양성이라는 특수한 소명을 감당하기 위한 영력을 쌓게 한다. 신앙 교육과 영성 훈련을 계속하는 것이다.

교회 역사 신학자 겸 선교 신학자인 정준기 박사는 그의 저서에서 UBF의 각 지부에서 드리는 주일예배에 다음과 같은 영적이고 사회적인 의미가 있다고 언급했다.202)

"UBF가 시작될 때에는 주일예배가 없었습니다. 그러나 회원 수가 급증하고 리더 양육의 필요가 생기면서 리더들이 모이게 되었고, 예배도 드리기 시작했습니다. 이들의 주일예배는 ① 회원들이 소그룹 안에서만 신앙생활을 할 때 빠지기 쉬운 '사적인 그룹 정신'(private group mentality)을 극복하도록 도왔습니다. 다시 말해, 예배를 통해 회원들이 신자의 공동체성(성도의 교제)을 체험할 수 있도록 한 것입니다. ② 회원들로 하여금 정체성(identity)을 공유하고, 동일한 목적 혹은 사명 – 성경 공부, 세계 선교, 캠퍼스 선교 – 을 소유하게 만듭니다. ③ 많은 학생들로 하여금 하나님께 예배를 드릴 수 있는 기회를 제공합니다. 특히 지방에서 올라온 학생들에게, 또한 대학의 자유로운 분위기 가운데서 방황하기 쉬운 대학생들에게 예배의 기회를 제공하는 것은 매우 중요한 것입니다. ④ UBF로 하여금 재정적으로 자립할 수 있게 만들고 있습니다. 이는 '자립, 자전, 자치'라는 한국 개신교의 전통에도 부합되는 것입니다."

1980년대 초부터 UBF 전임사역자들은 선임자로부터 신학교에 입학하여 교육을 받기 시작했다. 전임사역자들은 UBF 설립 초기부터 매주 월요일을 교육의 날로 정하고, 신학 과목을 비롯해서 역사,

철학 등 사역자로서 필요한 교육을 해오고 있었다(후에는 격주로 모여 종일 교육을 시행하고 있음). 이런 교육과는 별도로 선임자로부터 신학교에 입학하여 공부를 시작한 것이다. 처음에는 수년 동안 전임사역자들에게 히브리어를 가르치던 장국원 박사의 조언도 있었고, 또 우리도 합당하게 여겨 장국원 박사가 학장으로 있던 개혁신학교에 입학하여 신학을 공부하게 되었다. 이 학교는 당시 개혁 합동 교단의 신학교였다. 공부를 마친 전임사역자들은 강도사, 목사 고시를 거쳐 목사 안수를 받은 후 노회를 구성했다. 후배 전임사역자들도 이어서 신학을 공부하게 되었는데, 복음주의 노선의 몇몇 신학교에 한하여 자기가 원하는 대로 선택하여 공부를 하도록 하고 있다. 이렇게 해서 목사 안수를 받은 전임사역자들이 40여 명에 이른다. 이들은 필요에 따라 세례와 성찬 등 성례전을 집행한다.

이후 교단이 분열되는 상황을 목격하는 등 여러 사정에 의해서 독립노회로 존속하다가 현재는 그 노회가 대한예수교장로회 성경장로회에 소속을 두고 교단과의 관계를 갖고 있다. 이 교단은 한국기독교총연합회에 가입되어 있다. 총회는 UBF 사역자들로 구성된 노회와 그 노회에 속한 사역자들이 UBF의 전임사역자로서 청년 대학생 전도 및 제자 양성이라는 UBF의 특수 사역을 전적으로 섬기는 것을 지원하고, 그 노회와 사역자들은 총회를 지원하는 아름다운 동역을 이루고 있다.

바. 새벽 기도/ 일용할 양식 먹기

각 지부별로 매일 새벽기도회를 갖고 있으며, 본회에서 발간된 《일용할 양식》 책자를 참고하여 매일 말씀을 묵상하고 묵상한 말씀을 일용할 양식 소감으로 씀으로써 말씀으로 그날의 방향을 잡고 말씀대로 순종하여 사는 하루하루가 되도록 돕고 있다.

사. 요회(혹은 지파) 및 캠퍼스 기도 모임

주중 소모임으로 캠퍼스나 각 지부에서 모여 함께 소감을 나누거나 요회의 구성원들을 위해 기도하고, 성서 한국과 세계 선교를 위해 중보기도하고 있다. 또한 캠퍼스에서 정기적으로 기도모임을 갖고, 자기 캠퍼스의 복음화와 나라와 민족과 세계를 위해 기도한다.

아. 수양회

초신자들의 구원과 성장에 중점을 둔 여름수양회와 계절별로 리더들을 위한 수양회를 갖는다. 이를 통해 예수님을 구주로 영접하고 신앙의 성장을 이루도록 돕고 있다. 여름수양회는 여름방학을 이용하여 3박 4일, 혹은 4박 5일 정도 갖는데, 새벽, 낮, 밤 시간에 주제에 따른 성경 본문 공부와 메시지 듣기, 소감 쓰기와 발표를 집중적으로 함으로 말씀이 폭포수처럼 쏟아져내리는 기회가 된다. 또한 필요한 특강, 인생 소감 발표, 각종 심포지엄, 음악회, 연극, 경배와 찬양 등 다양한 프로그램을 함께 나눈다. 함께 먹고 자며 생활하는 가운데 가족의식을 갖게 되며, 말씀과 기도에 집중함으로 이 수양회를 통해 한 학기 동안 성경을 공부했던 비신자들이 예수님을 그리스도로 고백하고 예수님을 따르는 제자로 결단하는 기회가 된다. 계절별로 갖는 수양회는 주로 리더들을 위해 필요한 주제에 따른 성경 공부와 특강 등의 프로그램을 갖는다.

자. 성경학교

매년 봄, 가을, 겨울에 걸쳐 지부별로 성경학교를 갖고, 비신자들을 중점 대상으로 초청하여 복음을 접할 수 있도록 성경 강해를 한다. 성경학교는 캠퍼스의 강의실이나 동아리 방, 각 지부센터에서 갖는다. 독특한 점은 각종 수양회나 성경학교의 강사로 주로 학생 리더 및 학사 리더들을 훈련시켜 세운다는 것이다. 리더들이 성경 강사가 되기 위해 한 달 정도 훈련을 받으며 말씀과 기도에 집중하다 보면 자신들의 믿음과 영성이 부쩍 성장하게 되고, 말씀 안에 견실한 뿌리를 내리게 된다. 이것이 UBF의 리더 양성의 강점이다. 이런 과정에서 사실상 평신도 전문인 자비량 선교사 후보생들이 자라나는 것이다. 동시에 학생 리더나 학사 리더들이 강사가 되어 말씀을 섬길 때 듣는 자들과의 공감대가 있기 때문에 듣는 자들도 아주 구체적이고 실제적인 입장에서 성경 말씀을 받게 되는 장점이 있다.

차. 기타

섬김과 봉사활동으로는 캠퍼스 내에서의 봉사, 지역사회나 도움이 필요한 이웃들을 위한 구제 등의 봉사활동을 한다. 또 나라와 민족을 위해 기도하며, 선교사들과 선교사역을 위해서 기도한다. 음악회, 미술 전시회, 무용 발표회, 영상 드라마, 농촌 봉사활동, 전공 그룹 공부, 어학연수, 단기 선교여행, 체육활동, 캠퍼스에서의 점심 교제, 엠티, 선교지 방문 체험 등 다양한 활동들이 지구 특성에 따라 펼쳐지고 있다. 이를 통해 비신자 대학생들과의 접촉점을 만들고 복음을 전할 기회를 만든다. 또한 회원들끼리는 끈끈한 형제애와 그리스도의 몸을 이루는 지체의식을 갖게 된다. 단기 선교여행은 방학 때를 이용하여 다양한 선교현장을 방문하여 선교사들의 사역에 참여해 보는 가운데 선교 마인드를 갖게 되고, 넓은 안목과 비전을 품게 된다.

2) 평신도 전문인 자비량 선교사 양성 및 파송

가. 평신도 전문인 자비량 선교사 후보 교육

예수님을 구주로 영접한 사람들에게 대학 시절 동안 체계적인 성경 공부를 통해 기독교 인생관과 세계관 및 역사관을 확립하도록 돕는다. 그리고 선교 교육을 통해 선교신앙과 비전을 갖도록 돕는다. 졸업 후에 선교사로서의 소명을 받은 사람들을 모집하여 각 지부에서 약 2년 이상 성경 공부 훈련, 제자 양육 훈련, 자비량 전문인 선교사로서의 준비, 현지 언어 훈련 및 타문화 연구 등 선교사 후보 훈련을 받는다. 그후 최종적으로 본부 선교센터에서 2개월간 집중 훈련을 시킴으로 세계 어느 곳에 파송되더라도 각종 직업을 갖고 생활비를 자급하며 자립적으로 성경을 연구하여 가르칠 수 있는 평신도 전문인 자비량 선교사로 양성한다.

나. 평신도 전문인 자비량 선교사 파송

훈련된 선교 후보들은 선교의 길이 열리는 대로 해외에 파송되어 현지 대학생 및 청소년들에게 성경을 가르치며, 그들을 제자화하고 있다. 본회의 선교정책은 평신도 전문인 자비량(自費糧) 선교사를 양성하고 파송하는 것이다. 이에 따라 본회의 선교사들은 사도 바울과 같이 자신들의 직업을 가지고 일하면서 동시에 선교활동을 하고 있다.

다. 선교사 재교육 및 선교지 심방 재교육, 2세 본국 방문 교육

본회에서 파송된 선교사들은 필요한 경우 본국에 돌아와서 일정 기간 동안 말씀 공부를 비롯하여 재훈련을 받고 영육 간에 새 힘을 얻어 다시 선교지로 파송된다. 또한 본국의 전임사역자들이 필요에 따라 선교 현장을 방문하여 개별적으로 혹은 그 지역의 선교사들을 한 자리에 모아 집중적인 성경 공부나 특강 등으로 재교육을 시키는데, 이는 수시로 동시 다발적으로 이루어진다. 평신도 전문인들은 안식년을 가질 수 없는 어려움이 있기 때문에 이렇게 함으로 필요한 영적·육적 필요를 공급받을 수 있도록 힘쓰고 있다. 또한 방학을 이용하여 선교사 자녀들을 본국에 초청하여 부모들의 신앙의 뿌리를 찾게 하고, 한국 역사 및 UBF 역사 교육, 양화진, 애양원과 같은 신앙 유적지 방문, 본국의 신앙선배들과의 사랑의 교제를 가짐으로써 2세 선교사들로서의 정체성을 확립하고 한국인으로서의 정체성도 확립하는 기회를 만들고 있다. 동시에 이들의 신앙과 영성을 키우는 계기로 삼고 있다.

라. 세계선교보고대회

본회에서 파송된 선교사들과 그들에 의해 전도되고 제자로 양육된 현지 대학생들을 초청하여, 그들에게 일어난 변화의 역사와 선교지에서 이루어지고 있는 복음 역사를 증거하는 세계선교보고대회를 갖는다. 이외에도 일시 귀국하는 선교사들과 선교지를 심방하고 돌아온 본국의 전임사역자들을 통한 선교 보고회가 수시로 열리고 있다. 선교 보고회는 본국의 회원들이 선교지의 실제적인 기도 제목들을 알고 기도하고 지원할 수 있으며, 동시에 선교 비전과 사명감을 새롭게 하는 선교 교육의 효과가 있다. 또한 선교 현장에서 UBF 선교사들에게 전도를 받고 결신하여 양육을 받고 있는 현지 리더들을 수시로 한국에 초청하여 그들의 신앙 여정을 간증하는 기회를 주고, 한국의 형제자매들과 복음 안에서 교제함으로써 이들이 더욱 선교 역사의 주인들로 성장하는 계기를 만들고 있다.

마. 선교지 심방

본국의 전임사역자들이 수시로 선교 일선을 심방하여 선교현황을 살펴보고 말씀과 기도로 격려하고 있다. 또한 선교지에서 열리는 수양회에 참석하여 말씀을 섬기거나 현지 리더들을 위한 특강, 현지인들의 세례 및 성찬과 같은 성례전을 섬기고 있다. 또한 현지인 리더들의 결혼식과 같은 경사가 있을 경우에도 본국의 전임사역자들이 참석하여 축하하고 격려한다.

바. 단기선교 및 봉사활동

여름이나 겨울방학을 이용하여 회원들을 팀을 이루어 UBF 선교사들이 사역하고 있는 지역에 파송하여 선교사들의 사역을 돕고 현지 대학생 전도를 직접 실행하는 단기선교를 하고 있다. 그리고 선진국의 2세 선교사(선교사의 자녀로서 대학생 이상 된 자)들을 개발도상국 오지 선교지에 6개월 혹은 1년씩 파송하여 현지인들에게 영어와 성경을 가르치는 단기선교를 한다. 또한 의사, 간호사 혹은 의대, 간호대 학생들로 의료선교팀을 이루어 우간다와 같이 UBF 의료 선교사들이 사역하는 곳에 가서 의료봉사도 하고 전도도 하는 단기선교를 한다. 이러한 다양한 단기선교는 매우 좋은 결과를 얻는다. 이를 통해 선교사들의 사역을 도울 뿐 아니라, 단기선교를 하는 회원들 자신이 선교 비전과 글로벌 마인드를 갖는 기회로 삼는다. 이와 같은 단기선교를 통해 장기선교사로 결단하는 자들이 나오기도 한다.

또한 국내외적으로 도움이 필요한 때에 봉사단을 구성하여 그리스도의 사랑으로 봉사하는 활동을 하고 있다. 예를 들면, 2008년 초 서해안이 유조선의 기름 유출 사고로 큰 어려움에 처했을 때 서해안에, 그리고 2007년 파키스탄 지진으로 큰 피해를 입은 지역에 봉사단을 파송하여 봉사활동을 했다.

3) 전임사역자(스태프 목자) 선발 및 교육

가. 선발

각 지부에서 4년 이상 정규 성경 공부 및 신앙 훈련을 받은 자로서 소명의식이 있는 자를 선발하며, 지부에서 1년 이상 인턴 전임사역자 훈련을 받고 본부에서 1년 동안 소정의 커리큘럼에 의해 교육을 받은 후에 정규 전임사역자(스태프 목자)로 채용된다.[203] 본부 교육을 받는 동안에는 전체적인 안목을 갖도록 하기 위해 한 지부에 1주일씩 주요 지부들을 순회하며 역사를 배우고 훈련을 받는 과정이 있다. 또한 어학 훈련과 선교사 현장 체험을 위해 6개월 동안 해외 선교지에 파송한다.

나. 전임사역자 교육

격주로 월요일(초기 20년간은 매주 월요일 오후)이면 본부에 모여 오전 오후 교재 연구진에 의해 만들어진 문제지를 기초로 그룹별로 나뉘어 성경을 꾸준히 공부해 나가며, 저명한 교수들을 초빙하여 신학과목은 물론 헬라어, 히브리어, 영어, 일반 역사, 철학 등 지성인 복음 역사를 감당하는 데 필요한 지식들을 공부하고 있다. 이외에도 봄, 가을, 겨울 3차례에 걸쳐서 2박 3일 정도의 전임사역자 수련회를 갖고 성경 공부와 특강을 한다. 그 기간에는 각 지역의 사역을 함께 나누고, 서로 배우며 격려하고, 필요한 전략을 의논하고 함께 공유한다. 또한 필요에 따라 신학교에 입학하여 신학 훈련을 받기도 한다.

다. 자비량 전임사역자

각 지부를 책임 맡아 섬기는 전임사역자 중에 자비량하면서 사역하는 사역자들이 있다. 자기 직업을 갖고 자립생활을 하면서 한 지부를 책임 맡아 섬기는 자비량 스태프이다. 자비량 전임 자역자들 중에는 교수들이 많다. 교수는 소속된 대학에서 교수로서 가르치면서 학생들을 전도하고 제자 양육을 한다. 이들은 학생들을 가장 가까이에서 만날 수 있고, 신뢰와 존경을 받고 있는 데다가 겸손히 낮아져 학생들에게 성경을 가르치고 그들의 개인생활과 장래를 위해 기도해 주고 섬김으로 사역의 좋은 열매를 맺고 있다. 자비량 전임사역자들은 생활비를 지원받지 않지만 역할은 생활비를 지원받는 전임사역자들과 거의 동일하다.

4) 문서선교

가. 성경 공부 교재 연구, 개발 및 발간

본회의 교재 연구팀들에 의해 꾸준히 성경 공부 교재가 연구, 개발, 출판되고 있다.

나. 《일용할 양식》 발간

이 책은 4년 동안에 성경 전권을 공부할 수 있도록 편집된 새벽 큐티용 교재이다. 영문판, 일어판을 비롯하여 선교사들이 파송된 각 나라 말로도 발간되고 있다. 이 책자는 본회 회원들의 큐티용으로 사용될 뿐만 아니라 지역교회의 새벽기도, 신자들의 가정예배에도 많이 사용되고 있다.

다. 각종 도서 발간

본회 출판사를 통해 양서들이 발간되고 있다. 《땅 끝까지》(선교교육 교재), 《세계의 완성자 예수님》, 《용서의 위력》, 《청중과 함께하는 설교》, 《선교사 23인의 생애 연구》, 《윌리엄 캐리》, 《기독교 사상》, 《신약 일용할 양식》, 《복음서, 사도행전》(성경 공부 문제집), 《기독교 강요 산책》, 《기독학생운동사》, 《자아의 탐색》, 《심히 기뻐하신 하나님》(창세기 강의), 《고전 속에 비친 하나님과 나》, 《칼빈 신학의 논리》, 《의인은 믿음으로 살리라》(로마서 강해), 《진리가 너희를 자유케 하리라》(요한복음 강해), 《일용할 양식》(정기간행물 계간지), 《평신도를 부른다(1,2권)》, 《모든 족속으로 제자를 삼으라》, 《내 은혜가 족하도다》(사라 배리 선교사의 전기), 《대륙별 선교사역보고 I,II,III》, 《성령님은 누구신가》, 《일본 문화와 기독교》 등을 발간했으며, 계속하여 양서를 발간하고자 한다.

5) 구제사업, 장학사업

본회는 처음 시작부터 예수님의 성육신의 정신과 약자를 돌보신 삶을 배우고 실천하고자 사회봉사와 구제사업에도 힘써 왔다. 국내적으로는 각 지구별로 꾸준하게 도와 온 기관들이 있다. 고아원, 결핵원, 갱생원, 정박아원, 영아원, 교도소 등 30여 기관을 돕고 있다. 또한 해외적으로는 그때그때 큰 어려움을 겪고 있는 사람들에게 그리스도의 사랑을 실천하는 구제를 해오고 있다. 예를 들면, 2008년에는 한국기독교총연합회와 협력하여 사이클론의 피해를 입은 미얀마의 난민을 구제했고, 중국 쓰촨 성 지진 피해 지역의 주민을 구제했다. 2009년 초 이후로는 정기적으로 북한 동포들에게 식량 보내기, 연변지역 조선족 고아 돕기 등을 하고 있다.

본회는 필요에 따라 장학생을 선발하여 장학금을 지급한다. 그리고 필요에 따라 신학원에 장학금을 지원하고 있으며, 때때로 선교 차원에서 연변과기대, 평양과기대 등에도 지원하고 있다.

6) 연합사업

본회는 다음과 같은 교회 연합사업에 적극 동참하고 있다. ① 한국기독교총연합회, ② 한국세계선교협의회(KWMA), ③ 한국복음주의협의회(KEF), ④ 한국기독교지도자협의회, ⑤ 한국기독교선교단체협의회, ⑥ 기독교 21세기 운동, ⑦ 한국 복음주의 학생단체협의회(한복학협)(협력), ⑧ 대학생 미션 2000, ⑨ 기독교윤리실천운동, ⑩ 남북나눔운동, ⑪ 음란폭력성 조장 매체 대책시민협의회, ⑫ 공명선거 대책협의회, ⑬ 세계기독교연합회(ICCC).

7) UBF의 비전과 방향

UBF는 물질만능 풍조, 퇴폐 향락 문화, 쾌락주의, 인본주의, 상대주의 및 각종 이단 사설 등의 문제로 혼란한 이 시대를 살아가는 대학생 및 청소년들에게 성경말씀을 가르침으로 성경에 기초한 인생관, 세계관 및 바른 가치관을 심어주는 일을 계속한다. 이로써 각자의 영역에서 빛과 소금이 되는 신자로서 영향력을 끼치는 미래의 지도자들로 자라게 한다. 이를 통해 개인의 일생뿐 아니라 우리의 사회와 국가와 세계를 그리스도의 정신으로 섬긴다.

이러한 시대적 소명 가운데서 UBF는 다음과 같은 기도제목을 갖고 기도하고 있다. 첫째, 이 땅의 학생복음운동을 통해 캠퍼스에 새로운 영적 각성 운동이 일어나 대학이 새롭게 되며, 이 땅에 그리스도의 나라가 임하게 하소서. 국내 전체 대학 개척과 복음화를 이루어 주소서. 둘째, 그리스도의 복음을 통해 성서 한국, 선교 한국, 통일 한국이 이루어지게 하소서. 한국 교회와 이 백성들을 21세기 세계의 제사장 나라로 사용하여 주옵소서. 셋째, 2041년까지 전세계에 10만 명의 평신도 전문인 자비량 선교사들을 파송하여 하나님의 세계 구원 역사를 섬기게 하옵소서. 온 땅에 그리스도의 나라가 임하게 하소서.[204]

3. UBF의 조직 및 재정 운영

1) UBF의 조직

가. 회원 총회 및 이사회

1961년에 UBF 설립자인 고 이사무엘 박사와 배사라 선교사에게 성경을 공부하고 예수님을 영접한 학생들 중에서 캠퍼스 선교의 소명을 받은 소수의 학생들을 중심으로 소기도회를 만들어 정기적으로 기도모임을 갖고 중요한 일을 의논했다. 이 소기도회는 UBF에 최초로 생긴 조직이었다. 1964년 제주에 첫 선교사를 파송한 이후에는 회원들이 선교헌금을 시작함으로 선교사업 부장 및 재정 실무자를 두게 되었다. 1969년에 매일 새벽 큐티집인 《일용할 양식》이 집필되어 보급됨으로써 그에 따른 실무자를 세우게 되었다. 또한 교육부, 사무부 등 사역에 필요할 때마다 전담 부서를 두고 리더를 세워 사역을 섬겼다. 그러다 1970년대에 들어와서는 전임사역자들이 세워지고 사역이 전국화되면서 정관을 만들게 되었다. 이후에는 정관의 규정에 의해 필요한 부서를 두었다. 1980년도에는 본회를 당시 문공부에 비영리 사단법인으로 등록함으로 법인 정관이 제정되었다. 이상을 통해서 볼 수 있듯이 UBF 조직의 특징은, 먼저 조직이나 기구를 만든 것이 아니라 진행되는 복음 사역을 좇아서 필요를 따라 필요한 조직을 만들고 사람을 세웠다는 것이다.

1980년 이후로 UBF는 정관에 기초하여 체계적인 조직을 갖게 되었는데, 대표적인 조직으로는 회원총회, 이사회, 자문위원회, 대표 및 각 부서, 지부, 스태프 모임(전임사역자들의 모임) 등이 있다. 회원총회는 회원으로 구성되며 본회의 최고 의결기구이다. 정관 세5조에 의하면, "본회의 회원은 본회의 설립 취지에 찬동하는 자로서 회원 3인 이상의 추천을 받아 소정의 입회 신청서를 제출하여 이사회의 승인을 얻은 자로 한다"라고 규정하고 있다. 회원은 총회를 통하여 본회의 운영에 참여할 권리를 가진다. 정관은 회원의 의무와 탈퇴, 상벌에 대해 규정한다.205) 회원총회는 정관을 수정하고 이사회를 구성하는 등 중요한 일을 결정한다.206) 이사회는 최고 실행기구이다.207) 이사, 감사는 임원선정위원의 추천을 거쳐 총회에서 선출하고, 그 취임에 관하여 지체 없이 주무 관청에 보고해야 한다. 이사장은 이사회에서 선출한다. 임원의 임기는 3년으로 한다. 정관은 임원의 선임 제한 규정도 두고 있다.208) 자문위원회는 본회의 사역을 위해 기도하고 자문하는 기구이다. 주로 본회의 사역에 관심을 갖고 지도하며 기도해 주는 교계 원로들과 지도교수들이 주축이 되어 자문위원회가 구성된다.

나. 대표 및 각 부서

대표는 이사회에서 선출하여 이사장이 되며 총회의 의장이 된다. 이사장은 본회를 대표하고 본회의 업무를 통괄한다. 대표의 임기는 3년이며 연임할 수 있다. 대표를 도와 실무를 총괄하는 총무가 있다. 그리고 총무의 관장 아래 각 부서가 있고 부장단들이 있다. 각 부 부장단은 특화된 분야별로 사역을 분담하여 실행하는 실무 책임자들이다. 각 부는 부장, 팀장, 부원들을 두고 함께 각 부의 사역을 동역한다. 현재 다음과 같은 부서가 있다. 사무 홍보부, 캠퍼스 사역부, 세계 선교부, 일용할 양식부, 교육부, 인터넷 선교부, 교재 연구부, 구제부, 재정부 등이다. 그리고 각 부는 사역의 세분화에 따른 몇 개의 팀들로 구성되어 있다. 각 부 부장과 팀장과 부원들은 전임사역자들로 구성된다.

현재 92개국에 UBF 평신도 전문인 자비량 선교사들이 파송되어 사역을 섬기고 있기 때문에 국제적인 문제들은 국제자문이사회와 국제실행이사회에서 의논하여 결정한다. 국제자문이사회는 현지인 리더를 포함하여 국제 UBF에서 뽑힌 50여 명으로 구성되어 있으며, 세계 대표를 선출하고 여러 위원회를 두어 활동한다. 국제실행이사회는 국제적으로 뽑힌 11인의 이사들로 구성되며, 세계 대표가 이사장이 되고 국제적인 문제들을 의논 결정하는 실행이사회이다. 국제자문이사회는 연 1회 정기적으로 모인다. 국제실행이사회는 연 2회 정기적으로 모이며, 그 외에도 필요할 때마다 세계 대표가 소집한다.

UBF의 특징 중 하나는, 대표나 총무나 본부의 각 부 부장과 팀장 모두가 캠퍼스 현장 사역을 겸하여 섬긴다는 것이다. 다시 말해, 모두가 각자 맡은 지부(목장)가 있고, 지부의 전임사역자들이다. 본부 사무실에서 사무적인 일만 전담하여 섬기는 사무적 전임사역자들도 두고 있는데, 5명 정도이다. 그러므로 UBF 조직의 다른 특징은 사무요원이 최소화되어 있다는 것이다. 한 예로, 대표실에도 비서나 대표를 직접 돕는 사무직원이 없다. 대표도 한 캠퍼스와 지부를 맡은 전임사역자이다. 그러므로 UBF 사역은 철저히 현장 중심으로 이루어진다. 현장 사역을 우선시 하는 것이다. 직접 현장에서 학생들을 전도하고 목양하면서 겪는 체험들을 사역의 정책에 반영시킨다. 대표도 학생들과 함께함으로써 사역의 방향이나 메시지가 항상 실제적이고 현장감을 잃지 않도록 노력하는 것이다.

다. 지부

1961년에 전라남도 광주시에서 시작된 UBF 대학생 복음운동이 광주에서 가까운 전주, 대전, 대구 등을 비롯하여 지방 대도시를 개척함과 동시에 개척된 곳에는 새로운 지부가 설립되었다. 이렇게 개척되어 전임사역자를 두고 사역을 섬기고 있는 지부는 2008년 말 현재 국내에 85지부가 있다. 1977년에 본회에서 SBF가 분리되고, 2001년에 CMI가 분리됨으로써 지부의 수가 상당수 줄어들게 되었다. 현재 85개 지부가 캠퍼스 전도 및 제자 양성을 섬기고 있는 대학은 대략 300개에 이른다. 그리고 해외 선교지에는 305개 지부가 있다. 해외 선교 지부는 평신도 전문인 자비량 선교사들이 지부의 책임을 맡고 있다. 본회의 정관은 각 지부의 지부장(책임 전임사역자) 임명, 지부장의 권리, 지부장의 의무, 지부장의 상벌에 관한 규정을 두고 있다.[209] 각 지부 건물은 평소에 비신자 전도 및 성경 공부를 비롯한 다양한 사역의 장소로 이용되고, 매 주일에는 UBF의 회원들이 함께 모여 예배를 드리는 예배 처소로 사용되고 있다.

라. 스태프 모임(전임사역자 모임)

스태프 모임은 전임사역자들의 모임이다. 이 모임은 각 지부의 지부장(책임 전임사역자)을 비롯하여 각 지부의 모든 전임사역자들이 함께 모이는 모임이다. 이 모임에서 구체적인 사역을 실행하기 위한 실제적인 사안들을 의논하고 결정한다. 스태프 모임은 격주로 서울 종로에 위치한 본부센터에 모여 오전·오후에 각각 한 강의씩 두 강의 성경 본문 공부를 하고, 전체 기도 모임을 갖는다. 이후에 외부 강사를 초청하여 특강을 갖기도 한다. 또한 필요한 때에는 언제든지 대표의 소집에 따라 모인다.

전임사역자는 앞에서도 간단하게 언급한 바와 같이 일정한 선발 기준에 의해 선발된다. 선발 기준은 매우 엄격하다. 첫째, 학생 때부터 UBF에서 성경을 공부하고 예수님을 영접했으며, 예수님을 따르는 제자로 부르심을 받고 주께 헌신한 사람이어야 한다. 적어도 4년 이상 말씀 훈련을 받고 1년 이상 각 지구에서 캠퍼스에서 전도와 제자 양성을 섬긴 사람이어야 한다. 둘째, UBF 캠퍼스 사역자로서의 분명한 소명이 있어야 하고, 일생을 주님과 복음사역을 위해 헌신한 사람이어야 한다. 전임사역자로서 평생 대학생 선교를 섬겨야 하는 자인 만큼 회원들의 존경과 신임을 받는 사람이어야 한다. 셋째, 각 지부의 캠퍼스 선교에서 제자의 열매를 맺은 증거가 있어야 한다. UBF의 전임사역자들은 모두 UBF에서 자라고 신앙 훈련을 받은 UBF 회원 출신이라는 점도 하나의 특징이라고 할 수 있다.

이상의 기준은 서류로 심사하고, 시니어 스태프들로 구성된 선발위원회에서 개별적인 면접 과정을 거친다. 제출 시류는 신상명세서, 본인의 인생 소감, 지구 책임 전임사역자의 추천서, 중·고·대학 시절의 성적증명서 등이다. 서류 심사를 통과한 사람은 면접 시험을 보고, 이후에 영어 시험을 본다. 이렇게 해서 선발된 전임사역자 후보생들은 1년 동안 집중 훈련을 받는다. 훈련 내용은 성경 공부 및 전도 훈련, 제자 양육 훈련, 각종 궂은 일을 통한 섬김의 종 훈련, 미국 시카고에 있는 선교본부에서 6개월간의 영어 훈련 및 선교지 체험 훈련 등이다. 또한 시니어 전임사역자들의 지부를 돌며 1주일씩 성경 공부와 지도력 훈련을 받는다.

이렇게 선발된 UBF의 전임사역자들은 법인에 정식 직원으로 등록된다. 이들은 시니어 전임사역자들 밑에서 사역을 배우며 도제와 같이 성장한다. 이후에 한 캠퍼스를 맡아서 개척한다. UBF 전임 사역자들은 기본생활을 보장받으며 평생 캠퍼스 전도와 제자 양성, 평신도 자비량 선교사 양성이라는 소명에 집중하고 있다. UBF의 설립자들 외에 초창기 학생이었던 멤버들 중에 전임사역자가 된 사람들이 지금은 60대 중·후반이 되었다.

UBF의 전임사역자들은 평생을 캠퍼스 사역에 헌신하고 한 길을 가므로 전임사역자 모임에는 현재 시니어인 69세로부터 60대, 50대, 40대, 30대에 이르기까지 골고루 층을 이루고 있다는 것이 다른 학생 선교단체와 다른 특징 중 하나이다. 이런 관계로 지금까지는 시니어 전임사역자들인 60대 스태프들 중에서 대표가 나왔고, 대표는 50대의 부장단들과 40대의 팀장들과 동역하여 사역을 섬기고 있다. 이와 같이 본회는 리더십이 안정되어 있고, 모두가 선후배의 목양관계에 있기 때문에 시스템과 함께 유기적인 신뢰와 사랑의 관계성으로 인해 결속력이 강하며, 한 그릇을 이루어 한마음 한뜻으로 사역에 매진할 수 있다.

2) 재정 운영

가. 지부의 재정 운영

본회의 재정 운영은 처음부터 자립 정신, 주는 정신을 바탕으로 시작되었다. 1964년 제주에 첫 선교사를 파송함으로 선교헌금이 시작되었는데, 회원들은 성경 말씀 공부를 통해 성경이 가르쳐 주는 희생정신과 주는 정신을 배웠기 때문에 기쁨으로 그리고 희생적으로 선교헌금에 동참했다. 그리하여 본회의 재정은 설립 초기부터 일체 외부의 도움 없이 자립적으로 해결해 왔다. 이런 전통과 정신이 지금까지 이어져 내려오고 있다. 전임사역자를 세우는 것은 사역의 성장에 따라 새로운 지역을 개척하고 여기에 필요한 전임사역자를 세우기 때문에 처음부터 전임사역자들의 생활비 지원을 위한 물질문제가 생기지 않았다. 다시 말하면, 사역이 성장하는 만큼 지원할 수 있도록 전임사역자를 세워 왔다. 각 지부는 지부 책임 목자(책임 전임사역자)를 중심으로 본부와 유사한 조직을 가진다. 원칙적으로 지부 자율성에 맡겨 재정을 운영한다. 각 지부는 실행이사회나 재정위원회와 같은 기구를 두어 재정을 관리하고 예산과 결산을 관장한다. 기본 재산은 UBF 법인 이름으로 등재되어 정부의 주무부처에 신고되어 관리 및 보호를 받고 있다. 연 1회 그 재산목록을 작성하여 주무 관청에 보고한다. 기본재산의 매입 및 매각, 담보 제공, 교환 등은 이사회의 결의를 거쳐야 하며 주무 관청의 허가를 받아야 한다.

또한 각 지부에서 대학을 졸업하고 직장을 얻어 사회에 진출하는 회원들 중에서 계속하여 UBF 캠퍼스 사역을 섬기고자 하는 학사들은 각 지부에서 예배 공동체를 이루며, 캠퍼스 전도와 제자 양성 사역을 섬긴다. 이들은 매달 십일조와 일정한 선교헌금을 드리며, 기타 필요에 따라 특별헌금 등을 드린다. 그러므로 각 지부는 재정적으로 자립하고 전임사역자를 지원할 뿐 아니라 필요한 경우 선교사들과 선교지를 지원한다. 또한 회원들이 많아짐에 따라 각 지부 회원들은 필요에 따라 헌금을 하여 전세로 각 지부 건물을 확보하거나, 자체 지부 건물을 구입하거나, 혹은 지부 건물을 건축하여 사용한다. 또한 선교사 숙소 등을 마련하여 일시 귀국하는 선교사들이 머물며 영육 간에 재충전하는 것을 돕고 있다. 그리고 사역자들이 선교 현장을 방문하여 돕는 일을 지원한다. 때를 따라 불우이웃을 돕는 구제를 실행하기도 한다. 각 지부에서 파송한 평신도 전문인 자비량 선교사들 중에서 병이 나거나 사고를 당하는 등 긴급하게 필요한 경우 치료비와 일정 기간 생활비 등을 지원하기도 한다. 또한 본국에서 갖는 중요한 수양회에 경비를 대주고 초청하여 재충전하도록 돕기도 한다.

나. 본부의 재정 운영

각 지부에서 모이는 헌금 중에서 십분의 일은 본부 사역을 위해 본부에 모은다. 본부는 이 물질로 전체 사역을 지원하는 본부에서 일하는 사무직원들의 생활비를 지원하고, 전임사역자들의 교육, 성경 공부 교재 연구 및 발간, 전체적인 구제, 장학금 지급, 교회 연합 활동 지원, 선교사의 의료비 및 선교사 자녀 교육비, 선교지에 꼭 필요한 지원금 등에 사용한다. 또한 필요한 경우 개척 지역을 돕고, 전임사역자들의 주거 문제 해결 등을 돕는다. UBF 법인 이름으로 등기된 부동산(각 지부의 건물이나 전임사역자 사택)이나 본부의 재정 운영, 예산 결산은 매년 감사의 감사와 이사회와 회원 총회의 심의 의결을 거쳐 주무 관청에 보고됨으로 법인 재산이 보호되고 있으며, 모든 재정 운영은 투명하게 관리되고 있다.

다. 전임사역자 생활비 지원

UBF의 전임사역자들은 사실상 은퇴가 없이 하나님의 부름을 받을 때까지 백발을 휘날리며 캠퍼스 대학생 전도 및 제자 양성의 길을 가고자 하는 것이 UBF의 비전이다. 다만 각 지부의 책임자 직분(책임 목자)[210]은 65세까지 맡도록 하고, 이후에는 명예 책임 목자로서 사역을 계속 섬길 수 있도록 하고 있다. 전임사역자들의 생활 및 활동을 위한 경비는 법인이사회에서 정한 기준에 의해서 원칙적으로 자신이 섬기는 지부에서 지원한다. 이는 자립의 원칙이다. 다만 아직 자립이 되지 않은 개척 지부의 경우, 자립이 될 때까지 한시적으로 전임사역자를 파송한 모 지부에서 지원한다. 간혹 본부에서 지원하는 경우도 있으나 이런 경우는 매우 드물다.

전임사역자들은 일정한 선발 기준에 의해 선발되고 일정한 훈련을 거쳐 전임사역자로 임명됨과 동시에 법인에 직원으로 등록됨으로써 생활비를 공적으로 지원받는다. 이들은 본부 사무직원을 통해 국가가 정한 기준에 의해 소득세 및 각종 세금을 납부한다. 이사회는 이들이 캠퍼스 사역자로서 검소하게 살되 기본 생활을 할 수 있도록 지원 수준을 매년 정해 주고, 매년 생활비 지원 액수와 내용을 조정해준다. 자녀들의 양육비와 교육비를 보조해서 자녀 교육을 책임져 준다. 주께 헌신된 UBF의 전임사역자들이 평생 캠퍼스 전도 및 제자 양성, 평신도 전문인 자비량 선교사 양성 및 지원 역사를 섬기다가 하나님의 부름을 받을 수 있도록 기도하며 연구하고 있다.

4. UBF의 평신도 전문인 자비량 선교의 약사

이남균 목사는 그의 책에서 UBF의 평신도 전문인 자비량 선교의 바탕이 된 일화를 소개하고 있다.

"한번은 프린트를 하였는데 배사라 선교사님이 학생들에게 프린트 비를 거두자고 제의했습니다. 이때 이사무엘 선교사님은 '가난한 학생들에게 무슨 돈이 있는가? 돈 많은 당신이 내면 어떤가?' 라고 했습니다. 그러나 배사라 선교사님도 굽히지 않고 '그래도 교육상 거두어야 합니다' 하고 주장했습니다. 그래서 거두어야 하느니 거두지 말아야 하느니 하며 서로 다투게 되었습니다. 결국 배사라 선교사님은 눈물까지 흘렸습니다.

그날 밤 이사무엘 선교사님은 집에 돌아와 자매님으로 하여금 눈물을 흘리게 했다는 것이 괴로워서 잠이 오지 않아 신약성경을 읽게 되었습니다. 그런데 성경을 읽는 중에 자신과 한국 교회의 신앙이 크게 잘못된 것을 발견했습니다. 성경에서 주는 사상을 발견한 것입니다. 하나님께서는 세상에 독생자 예수님을 보내셨고, 이 땅에 오신 예수님은 죄인들을 위해 모든 것을 주시고 마침내는 생명까지 주셨습니다. 또 예수님은 당신의 제자들에게도 주는 정신을 가르치셨고 그들을 선교사로 세상에 내보냈습니다. 또한 사도 바울은 '주는 것이 받는 것보다 복이 있다' 는 주님의 말씀을 영접하고 주는 생활을 실천하여 자비량 선교사가 되었습니다. 그런데 자신을 포함한 한국 교회는 받는 정신이 충만해 있었습니다. 복음도 받고, 선교사도 받고, 구호물자도 받고, 사랑도 받고, 위로도 받고 - 받고자 하는 거지 근성에 찌들어 있었습니다. 손이 문둥이 손같이 오그라져서 받기만 하고 줄 줄을 몰랐습니다. 그래서 하나님의 축복의 물줄기가 하늘에서 내려오다 모두 미국으로 흘러갈 수밖에 없었습니다. 이사무엘 선교사님은 밤에 무등산에 올라가 밤새도록 풀뿌리를 뜯으며 눈물로 회개하셨습니다. 그리고 내려오시더니 하루아침에 180도로 달라지셨습니다. 말씀을 전하시고 '우리도 문둥이같이 오그라진 손을 펴서 주는 자가 됩시다. 그리하여 축복의 물줄기를 한국으로 돌립시다' 하고 구호를 외치며 주는 운동을 벌였습니다. 나괴를 먹을 때도 옆사람에게 과자를 주며 '주는 자가 됩시다' 하는 인사를 하곤 했습니다. 이사무엘 선교사님은 학생들에게 어찌하든지 주는 삶을 살며, 주는 정신을 심고자 하셨습니다.

그리고 그때부터 물질 자립을 위해 선교헌금 역사를 시작했습니다. 이것이 선교사업과 물질 자립의 시작이 되었습니다. 성서적 물질관을 심기 위해 처음 나온 사람도 선교사업에 동참하도록 권면했습니다. 학생들은 가난했기 때문에 버스비를 아껴서 헌금했고, 자신이 정한 날짜에 꼭 헌금하기 위해서 시계를 전당잡히기도 했습니다. 그 외에 헌금을 위해서 아르바이트를 하는 사람도 많았습니다. 교대에 다니던 김정평 형제는 유명한 술꾼이었는데, 그는 돈만 있으면 술을 마시는 사람이었습니다. 그런데 그가 구겨진 돈 20원과 5원짜리 동전 여섯 개를 들고 와 헌금을 해서 은혜가 되었습니다. 또 당시에는 헌혈을 하면 약간의 돈을 주었는데, 정규해 형제는 이를 헌금으로 드리기도 했습니다. 이렇게 진심을 드리고 헌신적으로 주는 생활을 실천하고자 노력했습니다. 이렇게 해서 시작된 선교사업 역사에 1966년 3월에는 162명이 가입하게 되었습니다. 그리고 이 헌금으로 전주, 대전, 대구, 서울에 목자(전임사역자)를 파송하고, 센터(지부 건물)를 마련했습니다.

대전을 개척할 때의 일입니다. 이사무엘 선교사님은 어느 날 대전을 다녀오시더니 광주 센터의 문짝을 뜯어 용달차에 실었습니다. 이를 본 한 형제가 형제들과 아무런 의논도 없이 일방적으로 문짝을 뜯어 보낸다며 화를 내기도 했습니다. 이처럼 그때는 문짝 하나라도 뜯어서 도와주고자 했습니다. 오랜 시간이 지난 후에도 대전에서는 그 문짝을 기념으로 보관하고 있었습니다. 오늘날 각 지구에서 자립 역사를 이루며 힘차게 세계 선교를 감당하고 있는 것도 이런 주는 정신과 믿음이 그 기초가 된 것입니다.

뿐만 아니라 구제사업을 통해서도 주는 정신을 실천했습니다. 성탄 때마다 양로원과 고아원을 찾아 구제했고, 당시에는 걸인들이 많았는데 음식을 만들어 이들을 초청하여 잔치를 벌이기도 했습니다. 이 구제사업은 점차 커져서 나중에는 방글라데시, 에티오피아, 멕시코, 소말리아, 북한 등을 위해 헌금하고 모금도 했습니다. 원조받던 미국에 선교사를 파송하고, 선교 센터를 얻기 위해 헌금하여 보냈습니다. 톨레도 센터를 구하기 위해서 본국에서 헌금을 할 때, 형제들은 미국을 돕는다는 것에 긍지와 자부심을 가지고 기쁨으로 동참했습니다. 이는 과연 하나님의 축복의 물줄기를 한국으로 돌리는 위대한 역사였습니다. 그것은 우리 민족이 이제까지 미국의 원조물을 의지하던 데서 이제는 주는 역사, 나의 것을 아낌없이 헌신하는 역사 그리고 우리나라를 넘어 세계를 위해 주는 역사로 바뀌는 전환점이었습니다.

하나님께서는 우리가 하나님께 드린 시간과 진심과 물질의 오병이어, 기도의 오병이어, 일대일 제자 양성의 오병이어, 선교사 파송의 오병이어를 받으시고 넘치게 축복하셨습니다."[211]

UBF의 평신도 전문인 자비량 해외선교 역사는 1969년 서인경, 설동란, 이화자 3명의 간호사들이 당시 서독에 취업차 나가는 것으로 시작되었다.[212] 이후에 계속하여 많은 간호사 전문인 자비량 선교사들이 서독 여러 도시로 파송되었다. 이들은 서독에 가서 밤마다 기숙사 방에서 함께 모여 성경을 읽으며 기도를 했다. 그리고 간호사 일을 하면서 사명감을 갖고 독일어를 공부했다. 독일생활에 적응을 하고 언어를 습득함에 따라 믿음으로 캠퍼스에 나아가 독일 대학생들에게 전도를 시작했다. 이렇게 해서 시작된 서독의 평신도 전문인 자비량 선교 역사의 결과, 1974년 스위스에서 열린 제1회 서독 UBF 수양회에 165명(한국 선교사 40명 포함)이 참석하는 역사가 일어났다.

한편 1971년 이후에는 미국에 이민의 문이 넓게 열려 의사, 간호사, 봉제공 그리고 유학생들이 평신도 전문인 자비량 선교사로 파송되었다. 1971년 본국 여름수양회에서 고 이사무엘 선교사는 10년 뒤인 1981년에 미국 나이아가라에서 200명이 참석하는 수양회를 갖자는 기도제목을 제시했다. 이는 미국에 3명의 평신도 전문인 자비량 선교사를 파송했던 당시의 상황으로서는 기대하기 힘든 기도제목이었다. 그러나 그해부터 전국의 모든 회원들은 이 기도제목이 이루어지도록 열심히 기도했다. 그 결과 5년을 앞당겨 1976년에 미국 학생 203명이 참석한 가운데 제1회 나이아가라 UBF 여름수양회가 열리게 되었다.

1977년에 고 이사무엘 선교사 가정이 미국 시카고에 선교사로 파송됨으로써 UBF의 해외선교는 더욱 활성화되었다. 1985년 서울에서 열린 제8회 세계선교보고대회에서 고 이사무엘 선교사는 향후 10년째가 되는 1995년까지 하나님께서 공산주의의 종주국인 소련에 선교사를 파송하여 주시도록 기도하자는 비전을 제시하였고,

이후 회원들은 이를 위해 간절히 기도했다. 그 결과 소련과 수교(修交)도 되기 이전인 1990년에 제3국을 통해 첫 전문인 자비량 선교사가 USSR의 모스크바에 들어가게 되었다. 1991년도에는 구 소련의 붕괴와 함께 30여 명의 UBF 평신도 전문인 자비량 선교사가 모스크바에 파송되었고, 그해 8월에 제1회 UBF 소련 수양회가 상트페테르부르크에서 개최되었다. 이때 필자는 주제 3강, 요한복음 21장으로 "네가 나를 사랑하느냐?"라는 제목을 가지고 영어로 메시지를 전한 기억이 생생하다. 18년 전 오랫동안 동서 냉전체제 속에서 공산주의 유물론 철의 장막 안에 가려져 있던 구 소련 땅에서 예수 그리스도의 복음이 울려 퍼졌던 그 수양회의 감격은 지금도 잊을 수 없다. 또한 1992년에는 공산국인 중국에 첫 평신도 전문인 자비량 선교사를 파송했다. 이렇게 하여 1994년에는 전문인 자비량 선교사 1,000명 파송 – 72개국에 1,003명 파송 – 기념 선교보고회를 서울에서 개최하게 되었다.

1996년에는 아프리카에서 14개국 146명이 참석한 가운데 제1회 UBF 아프리카 수양회를 개최했다. 2003년에는 미국 미시건 주립대학에서 72개국 대표 및 미국 대학생 2,400여 명이 참석한 가운데 국제선교대회를 개최했다. 2006년 6월에는 서울 올림픽공원 내 올림픽 홀에서 한국 UBF 파송 전문인 자비량 선교사 800여 명을 비롯하여 6,000여 명의 회원들이 모인 가운데 제12회 전문인 자비량 선교대회가 열렸다. 이곳에 참석한 모든 회원들은 전문인 선교사의 소명을 영접하고 하나님께서 길을 열어 주시는 때에 전문인 자비량 선교사로 파송받기를 기도하고 있다. 2008년 7월에는 미국 퍼듀 대학에서 3,500명의 UBF 평신도 전문인 자비량 선교사들과 현지인 리더들이 모여 전문인 자비량 선교대회를 가졌다.

연도별로 보면, 1960년대에 서독 개척, 1970년대에 미국, 과테말라, 방글라데시 개척, 1980년대에 캐나다, 멕시코, 아프리카 말라위, 아르헨티나, 프랑스, 필리핀, 스웨덴, 홍콩, 일본, 인도, 이탈리아, 오스트레일리아, 볼리비아, 베네수엘라, 리비아, 파라과이, 말레이시아, 스페인, 스위스, 타이완, 영국, 헝가리, 네덜란드, 오스트리아, 뉴질랜드, 케냐가 개척되었다. 한국에서는 평신도 전문인 자비량 선교가 논의도 되지 않고 목회자 선교사 파송이 본격화되기 시작했던 1980년대에 이미 UBF는 30개국에 평신도 전문인 자비량 선교사 수백 명을 파송하여 현지 대학생 전도 및 제자화의 열매를 보고 있었던 것이다.

1990년대에는 인도네시아, 쿠웨이트, 도미니카, 중국, 소말리아, 수단, 불가리아, 러시아, 스리랑카, 체코, 나이지리아, 벨기에, 이집트, 나미비아, 루마니아, 브라질, 수리남, 그리스, 유고, 몽골, 우즈베키스탄, 우크라이나, 라트비아, 벨로러시아(벨로루시 공화국), 카자흐스탄, 우간다, 남아공, 덴마크, 에스토니아, 리투아니아, 파키스탄, 태국, 슬로바키아, 베트남, 가나, 네팔, 트리니다드토바고, 몰도바, 터키, 이란, 예멘, 잠비아, 아일랜드, 이스라엘, 핀란드, 요르단, 짐바브웨, 레바논, 싱가포르, 카타르, 피지, 카메룬, 페루, UAE, 포르투갈, 룩셈부르크에 개척 선교사들을 파송했다. 1990년대 10년은 가장 활발한 전문인 자비량 선교사 파송이 있어, 이 10년 동안에만 앞에서 언급한 56개국에 전문인 자비량 선교사를 파송할 수 있었다.

2000년대에 들어와서는 파나마, 탄자니아, 콜롬비아, 코스타리카, 온두라스, 아프가니스탄, 루마니아, 칠레, 노르웨이, 에티오피아, 우루과이, 보츠와나, 스페인, 마케도니아, 쿠바, 엘살바도르, 니카라과, 파나마, 푸에토리코, 에콰도르, 크로아티아, 타지키스탄, 벨리즈, 라오스 등에 평신도 전문인 자비량 선교사를 파송했다.

한국 UBF는 지금까지 92개국에 3,092명의 평신도 전문인 자비량 선교사들을 파송했다. 이 중에 1977년도에 한 그룹이 SBF(후에 ESF로 개명)라는 단체로 분리되었고, 2001년도에 다시 한 그룹이 CMI라는 단체로 분리되었다. 이로써 현재 UBF 소속 평신도 전문인 자비량 선교사로 사역 중인 선교사들은 1,700여 명이다. 이들은 92개국 300여 지역에서 다양한 직종의 일터에서 일하면서 자립하고, 신자로서의 영향력을 끼치면서 일대일 성경 공부를 통한 현지 대학생 전도와 제자화의 사역을 섬기고 있다.

5. UBF의 평신도 전문인 자비량 선교의 특징

첫째, 모든 선교사들이 자기의 직업을 갖고 있는 전문인들이다. 동시에 자기 직업을 통해 철저히 물질적으로 자립하는 자비량 선교사들이다. 또한 평신도들이다. 그들은 스스로 자립할 뿐 아니라, 검소하게 살면서 일을 해서 번 물질을 현지 선교사역에 바친다. 직업의 종류는 교수로부터 개 미용사에 이르기까지 매우 다양하다. 이렇게 모두가 물질 후원을 받지 않고 여러 종류의 직업을 통해 철저히 자비량하기 때문에 UBF 선교사들은 대부분의 시간을 직장에서 보내야 한다. 그러면서 현지 대학생들에게 복음을 전한다. 또 성경을 가르칠 수 있는 자료들을 연구하고 개발해야 한다. 파송받은 지역이 어느 곳이든지 현지 언어를 습득하고, 대학생들에게 성경을 가르치고 양육하기 위해 고급 언어를 사용할 수 있을 때까지 계속하여 언어 훈련을 해야 한다. 가정을 돌봐야 하고, 자녀들을 신앙적으로 양육해야 한다. 유학생들의 경우는 학문을 해야 한다. 예배 공동체를 이루어 말씀을 섬겨야 한다. 그러므로 UBF 평신도 전문인 자비량 선교사들이 지고 있는 십자가는 5중, 6중이다. 현지에서 전문직을 얻어 일을 하는 경우는 경제적 형편이 좀 나은 편이다. 그러나 그렇지 못한 경우는 무슨 일이든지 한다. 이렇게 일을 하여 자립을 할 뿐 아니라, 검소한 생활을 하면서 그 물질을 현지 선교사역을 위해 바치는 삶 자체가 쉽지 않다. 자기 부인과 엄청난 자기와의 싸움이 필요한 것이다.

어떻게 이렇게 할 수 있는가? 그들은 이렇게 하면서 예수님의 성육신적인 삶, 곧 자기 부정과 자기 희생의 본을 따른다. 이것이 가능한 것은 그들이 예수님을 사랑하고 예수님의 삶을 본받고자 하기 때문이다.

평신도 전문인 자비량 선교사로서의 사역의 연륜이 쌓이면서 현지인 대학생 전도와 제자의 열매가 나타나고 그 수가 증가한 경우에 세례와 성찬 등의 성례전의 필요가 생기게 되었다. 그리하여 선교 지부장들 중에서 신학을 공부하고 목사로 안수받은 선교사들이 나오기 시작했다. 그러나 그들은 안수를 받은 후에도 여전히 전문인으로서 자비량한다. 이런 분들을 평신도라고 말할 수는 없을 것이나, 본래 시작한 대로 전문인 자비량 선교사로서 사역하고 있다. 다시 말하면, 이런 선교사들도 평신도 전문인 자비량 선교사의 정신으로 계속 사역한다. 이것도 UBF 전문인 자비량 선교의 특징이다.

둘째, 현지 대학생들을 전도하여 예수님을 주요, 그리스도로 고백하게 하고, 더 나아가 예수님께 자신을 헌신하는 제자로 양육하는 것을 목표로 사역을 섬긴다. UBF 평신도 전문인 자비량 선교사들은 현지 대학생 전도 및 제자화를 목표로 사역하고 있기 때문에 누구나 현지에 파송되면 기본적으로 1년 혹은 그 이상 어학 공부를 하여 현지 언어를 유창하게 말하며 쓸 수 있을 때까지 언어 훈련을 받는다.

UBF의 평신도 전문인 자비량 선교는 앞에서 언급한 바와 같이 1969년 당시 서독에 외화를 벌기 위해 간 간호사들로부터 시작되었다. 그리고 다음으로 미국에 선교사들을 파송하게 되었는데, 미국 대학의 개척은 1970년대 초에 시작된 의사와 간호사들의 취업

이민으로 시작되었다. 한국인 간호사 선교사들을 통해 세계 최고의 지성을 자랑하는 독일 대학생들이 성경을 공부하고 예수님을 영접하여 변화되며 예수님께 자신을 헌신하게 되는 것은 인간적으로 생각하면 불가능한 일이다. 그런데 이런 일이 일어났다. 서독에 파송된 선교사들은 예수님의 성육신적 삶을 실천하고자 노력했다. 그들은 현지 대학생들을 향한 하나님의 상한 마음을 영접하고, 소명의식을 갖고 독일어를 공부했다. 독일 학생들을 예수님의 사랑으로 사랑했다. 천지를 창조하신 하나님의 창조의 능력을 단순히 믿었고, 예수님의 성령의 약속과 증인 됨의 약속을 믿었다. 우직한 믿음이었다. 그리고 무릎 꿇고 하나님께 매달려 기도했다. 이런 과정을 통해서 현지인 대학생들이 하나님께 돌아오기 시작했고, 예수님께 자신의 생애를 헌신하는 열매들이 나타났다. 이는 성령 하나님께서 하신 일이라고밖에 말할 수 없다. 단적인 예를 든다면, 지금 독일 학생 출신 스태프가 6명이나 되고, 많은 독일 학생들이 예수님을 영접하고 지도자들로 성장하고 있다. 리더십이 한국인 선교사로부터 독일 사람에게로 넘어가는 단계에 이른 지역도 있다. 미국의 경우는 현지인 스태프들이 100여 명에 이르고, 많은 지역에서 리더십이 미국 사람에게로 넘어가는 단계에 이르렀다.

셋째, 한국인 UBF 선교사들에 의해 전도를 받고 양육을 받은 현지인 리더들 중에서 선교의 소명을 받고 자기들이 누릴 수 있는 것들을 포기하고 더 어려운 제3국으로 전문인 자비량 선교사로 자신을 헌신하는 자들이 나타나고 있다. 이는 UBF 선교사역의 새로운 획을 긋는 새 역사의 시작이라고 본다. 이 역사를 보면서, 세계 각국에서 현지인 출신 선교사들이 일어나 전방 개척 선교사로 파송되어 세계 복음화를 섬기는 환상을 보게 된다.

그중 몇 사람의 예를 들어보고자 한다. 멕시코에서 UBF 전문인 선교사에 의해 복음을 영접하고 제자훈련을 받은 에프라인이 페루에 선교사로 파송되어 사역하고 있다. 우크라이나에서 한국 선교사에 의해 복음을 영접하고 제자훈련을 받은 블라드미르는 터키 선교사로 파송되어 사역하고 있다. 수단에서 한국인 선교사에 의해 복음을 영접하고 제자훈련을 받은 오요르 모세가 이집트에 선교사로 파송되어 사역하고 있다. 미국의 단 쿠퍼와 한나 쿠퍼 가정은 미국 시민으로서 누릴 수 있는 모든 편안함을 버리고 아르헨티나에서 사역하고 있다. 미국의 존, 마리아 피스 가정은 우크라이나 키예프에서 선교사로 섬기고 있다. 인도에서 우리 선교사에 의해 예수님을 영접하고 훈련을 받은 마태오 씽은 포르투갈 선교사로 파송되어 개척 역사를 섬기고 있다.

넷째, 파송받은 선교지가 오지일지라도 뼈를 묻을 각오를 하고 한 지역에서 현지 대학생 전도 및 제자 양육 사역을 섬긴다. 몇 사람의 예를 들어보자. 아프리카 남아공에 초기에 파송된 이 선교사는 26년째 사역하고 있다. 물론 자비량하는 전문인 선교사이기 때문에 일반적으로 4-5년 마에 1년씩 하는 안식년을 가져 본 일이 없다. 평소의 휴가는 현지에서 갖는 수양회나 제자 양육에 사용한다.

그러므로 이 선교사는 몇 년 만에 1주 혹은 2주 정도의 휴가로 본국에 와서 건강검진을 받거나 재충전을 하고 돌아갔을 뿐이다. 물론 이런 선교사들을 돕기 위해 본국의 전임사역자들이 수시로 선교지를 방문하여 영적 재충전을 돕는다. 그는 아프리카에서 뼈를 묻고자 한다. 우간다의 유 선교사는 한국에서 의대 교수로서 누릴 수 있는 특권을 버리고 우간다에서 19년째 사역하고 있다.

인도의 이 선교사는 한국의 대기업 파견 직원으로 들어갔다. 이곳에서 많은 대학생들을 전도하여 결실을 맺었고, 제자로 세우게 되었다. 경건한 생활에 힘쓰면서 기도하고 믿음으로 섬기니 회사 일도 잘하게 되어 실적이 좋은 주재원으로서 신임을 받았다. 그래서 3번이나 체류를 연장할 수 있었다. 이제 임원으로 진급이 되어 본사로 돌아와야 하는 상황이 되었다. 그는 고민하며 기도할 수밖에 없었다. 본사에 돌아가면 장래가 보장되고 편하게 살 수 있다. 그런데 사역의 열매로 자라고 있는 현지 대학생들과 리더들이 마음에 걸렸다. 결국 그는 회사에 사직을 하고 현지에 남기로 결단했다. 이후에 개인사업을 시작했으나 한국의 IMF 사태로 인해 어려움을 겪었다. 그러나 그는 믿음으로 사역을 섬겼다. 그의 실천적 삶을 보고 현지인들이 감동을 받고 자신을 주님께 헌신하는 자들이 많이 나타나게 되었다. 지금은 공장을 차려 현지인들 수십 명을 고용한 회사의 사장이 되었다. 한인 회장도 했고, 한국을 빛낸 사람으로 뽑혀 대통령상도 받았다. 무엇보다 그의 제자들 중에서 선교사가 3명 나왔고, 현재는 인도에 4개의 대학생 예배 공동체가 탄생되어 4명의 현지인 리더들이 교수 목자로서 사역을 섬기고 있다. 이들 중에는 힌두교에서 개종한 자들도 많이 있다. 이 선교사는 수백 명의 현지인 리더들을 양육하며 뒤에서 섬기고 있다.

다섯째, 타문화권 선교를 위해서라면 어떤 직업의 형태든 가리지 않고, 어떤 희생도 감수하는 선교의 열정을 지닌 선교사들이다. 1980년대 초 캐나다 개척 선교사 23명은 현지 봉제 공장의 봉제공들로 취업하여 들어갔다. 그들은 학사, 석사 학위를 가졌으나 주님의 선교의 소명을 섬기기 위해 단기 집중 봉제공 훈련을 받고 봉제공으로 취업하여 들어갔다. 어떤 선교사들은 도계공으로 선교지에 들어갔다. 아름다운 학사, 석사 자매들이 봉제공이 되고 도계공이 되었으니 아무도 이들을 이해하지 못했다. 교회에서 직분을 가진 친족들도 이들을 말렸고, 미쳤다고 했다. 그러나 이들은 선교사로 쓰임받을 수 있는 자체를 최고의 복으로 여기고 기쁨으로 고난을 감수했다. 이들은 현지에서 낮은 자리에서 궂은 일을 하면서 자립을 했다. 또한 기회를 잡아 공부를 하여 직업을 바꾸고 주류사회에 들어가서 계속 전문인 자비량 선교를 섬기고 있다. 이들 중에 공인 회계사도 나오고 교수도 나왔다. LA의 김 선교사는 어려운 사시에 합격하여 검사를 하다가 큰 로펌의 변호사로 일하고 있었다. 이런 그가 선교의 소명을 받고 LA에 가서 수년간 신문 배달과 아파트 관리인 일을 하면서 사역을 섬겨 지금은 많은 열매를 맺은 선교사가 되었다.

이런 예들은 수없이 많다. 이들이 예수님을 사랑하고, 예수님의 선교 소명에 순종하며, 예수님의 성육신적 삶을 본받기 위해 이렇게 하는 것이라는 이해가 아니라면 이들을 이해할 수 없을 것이다. 나 자신 또한 대학생 시절에 그러했듯이, 예수님을 말로 전하는 것보다도 삶을 통해 예수님을 배우고자 하는 우리 UBF 선교사들을 보고 무수한 현지인들이 예수님께 돌아오고 있다.

여섯째, 많은 유학생 선교사들이 파송되고 있다. 이들은 현지에서 석사·박사 과정에 입학 허가를 받아 선교사 유학생으로 파송을 받는다. 이들은 유학생으로 공부하면서 대학생 전도 및 제자 양성을 한다. 그리고 학위를 마친 후에는 대부분 교수나 다른 전문직을 얻어 전문인 자비량 선교사로서 현지에 정착하게 된다. 이들은 전문인 자비량 선교사가 되기 위해 유학을 했기 때문에 어떤 형태로든지 현장에 남거나 제3국으로 나아가 선교사역을 섬기게 된다. 간혹 부득이하여 한국으로 귀국하는 분들도 있는데, 이들은 한국에서 교수직을 얻거나 합당한 직장을 얻어 계속하여 대학생 전도 및 제자 양성 사역을 섬긴다.

일곱째, 실버 선교사 파송을 하고 있다. 본국의 직장에서 은퇴를 할 때까지 선교사로 파송받을 기회를 얻지 못한 선교 후보생들 중에 은퇴를 한 후에 실버 선교사로 나가 본국에서 받는 연금으로 생활하면서 대학생 전도 및 제자 양성을 섬기는 자들이 나타나기 시작했으며, 이런 형태의 실버 선교사들은 앞으로 늘어날 것이다. 또한 미국과 같은 선진국에서 평신도 전문인 자비량 선교사로 헌신하다가 직장에서 정년이 되어 퇴직을 한 선교사가 직장에서 주는 연금으로 생활하면서 다른 나라에 실버 선교사로 파송받아 현지 캠퍼스 전도 및 제자 양성 사역을 섬기는 분도 있다. 이분들은 타문화권에서 오랫동안 선교사로 살아 온 풍부한 경험이 있고, 외국어도 숙달되고 물질 문제도 없고 자녀 양육 문제도 없으니 생애 마지막 부분을 더욱 아름답게 선교사로서 사명을 감당하는 장점이 있다. 앞으로 이런 형태의 실버 선교사들이 증가할 것이다.

여덟째, 선교사 자녀들을 선교사 2세(MK)로 부르는 대신에 어릴 때부터 '2세 선교사'(second generation missionary)로 부른다. 그리고 선교사로서의 정체성을 심는 교육을 한다. 가정을 하나님을 예배하는 가정교회로 인식한다. 부모들과 예배와 말씀 공부와 기도를 한다. 그리하여 그들도 부모의 사역에 동참하여 동역하게 한다. 그리고 대학을 졸업한 후에는 개척 선교사로 헌신하도록 돕고 있다. 이들을 위해 현지뿐 아니라 본국에서도 필요한 프로그램을 만들어 운영하고 있다. 이렇게 도움으로써 2세들이 겪는 공통적 어려움인 정체성의 혼란과 문화적 차이에서 오는 갈등과 방황의 문제를 극복하고, 훌륭한 사역자들로 배출하고 있다. 이들은 언어와 문화적 차이의 문제가 없다. 그러므로 부모 세대보다 더 현지인 사역에 훌륭한 사역자들이 될 수 있다. 선교사 수가 많아지는 만큼 자녀 수도 많아지는데, 현지에서 자연스럽게 현지 언어를 유창하게 말하고 현지 문화에 적응된 선교사들이 배출되고 있는 것이다.

아홉째, UBF 선교사들은 어느 곳으로 파송을 받든 현지 대학생들을 전도하며 제자 양성을 하면서 예배 공동체를 이룬다. 그러므로 한 지부가 그 대학 앞에서 특수 교회 형태의 공동체를 이룬다. 이는 지역교회와는 약간 성격이 다른 교회 공동체이다. 이는 본국 UBF가 캠퍼스 전도 및 제자 양성의 소명을 받고 이에 헌신한 리더들이 모여 예배 공동체를 이룸으로 계속하여 리더들을 양육하고 캠퍼스 전도 및 제자 양성을 섬길 지도자들을 키워내는 것과 같은 맥락이다.

6. UBF의 평신도 전문인 자비량 선교사가 양성되는 과정

첫째, 대학에 갓 입학한 비신자 대학생들을 성경 공부에 초청하여 체계적인 성경 공부를 통해 복음을 전한다. 성경 공부는 창세기, 출애굽기와 같이 책별·장별로 본문을 귀납법적으로 공부한다. 공부 방법은 주로 일대일로 이루어지며 인격적으로 말씀과 삶을 함께 나누는 공부이다. 성경 공부와 기도가 주를 이룬다. 또한 계절별로 각종 말씀 수양회, 기도모임, 또래모임 등이 있다. 그리하여 예수님을 그리스도로 고백한 학생들을 단계적으로 제자 양육 과정에 참여시킨다. 이를 통해 그리스도께 자신을 헌신하는 제자로 양성한다. 이후에도 성경 공부는 계속된다. 계속적인 성경 공부를 통해 성경적 세계관, 인생관, 가치관, 역사관을 확립하도록 돕는다. UBF의 성경 본문 공부는, 다른 말로 표현하면 속사람이 변화되고 본질이 변화되도록 돕는 공부이다. 존재의 변화에 초점을 맞춘다.

이렇게 한 사람을 10년 정도 도우려면 정말 해산의 수고를 감당해야 한다. 때로는 유혹도 있고 회의도 든다. 이렇게 한 사람을 붙들고 씨름하는 것으로 언제 그 많은 대학생들에게 복음을 전할 것인가 하는 유혹이다. 그러나 우리는 아브라함 한 사람을 30여 년 키우신 하나님, 12제자 양육에, 특히 수제자 베드로 한 사람을 지도자로 세우는 데 초점을 맞추셨던 예수님을 본받으며, 주께 헌신된 한 사람의 제자를 세우는 것이 하나님이 원하시는 뜻으로 알고 이를 계속한다. 지나고 보면 이것이 빠른 길임을 체험한다.

이런 제자 훈련의 과정을 통해서 모두가 전도 및 제자 양육을 하게 되며, 성경을 가르치는 성경 선생이 된다. 동시에 성경 공부를 통해서 자연스럽게 선교 신앙과 선교 비전을 갖도록 돕는다. 본회에서 파송받는 전문인 자비량 선교사들은 대체적으로 대학 4년 졸업 후 대학원 과정 혹은 직장생활 동안 5-6년을 이렇게 성경 공부와 영성 훈련을 받은 사람들이다. 어떤 선교사가 이런 고백을 했다. "내가 UBF에 와서 10년간 꾸준히 성경을 공부했더니 나도 모르는 사이에 전문인 자비량 선교사가 되어 있었습니다."

UBF의 개척 조상 중 한 사람인 이남균 목사는 UBF의 귀납법적 성경 공부에 대해 다음과 같이 쓰고 있다.[213]

"귀납적 성경 공부 방법은 첫째, 본문 관찰(Observation)입니다. 자신의 편견을 버리고 6하 원칙에 입각하여 정확하게 본문 내용을 파악하는 것입니다. 둘째, 해석(Interpretation)입니다. 본문 내용을 객관적으로 정확하게 파악하고 난 후 말씀의 문학 형식, 진전 과정, 강조점, 사건의 인과관계 등을 살피면서 그 말씀의 뜻을 해석하는 단계입니다. 이를 위해서는 깊이 생각하고 연구하지 않으면 안 됩니다. 이런 가운데서 말씀의 뜻을 깨달아가는 기쁨은 이루 말할 수 없었습니다. 셋째, 행하기(Application)입니다. 말씀을 관찰하고 해석한 다음, 이 말씀이 나와 이웃과 캠퍼스 그리고 이 세계와 이 시대에 어떤 의미가 있으며 내가 해야 할 일과 앞으로 나아갈 방향이 무엇인가를 찾는 단계입니다. 이런 훈련을 통해서 깊이 생각하는 사람, 내용이 있는 사람으로 변해갔으며, 자립적인 말씀의 종들로 성장하는 좋은 훈련이 되었습니다.

이러한 귀납적인 성경 공부 방법은 말씀 공부가 이론적이고 지식적이지 않고 실천적이고 고백적이게 했습니다. 우리 모임이 생명력이 충만한 것은 바로 이 깊이 있고 실생활에 적용하는 실제적인 성경 공부 때문이었습니다. 이것이 발전하여 나중에 《성경 기초 공부 문제집》이 나오게 되었고 또 자신이 받은 은혜를 서로 나누는 소감 모임으로 발전하게 되었습니다."

둘째, 매주 성경 본문을 귀납법으로 공부하고, 메시지를 듣고, 공부한 본문을 내면화하고 생활화할 수 있도록 소감(간증문) 쓰기를 한다. 그리고 이를 또래별로 함께 나누는 소감 발표 모임을 갖는다. 주요 성경 본문을 암송한다. 이를 통해 말씀 앞에 회개하며 믿고 순종한다. 새벽기도와 섬기는 캠퍼스와 한국과 세계 복음화를 위한 기도에 집중하도록 훈련한다. 이와 같은 성경 공부가 계속되게 하기 위해서 성경 본문 공부를 위해 본부에 5개의 성경 교재 연구팀이 매주 본문 공부 자료를 개발하여 공급한다. 또한 40년 전부터 회원들의 매일 큐티 생활을 위한 자료를 연구·개발하여 책자로 만들어 공급함으로 매일 그날의 말씀을 영접하고 말씀에 근거한 믿음과 순종의 삶을 살도록 돕는다.

아마도 UBF 전문인 자비량 선교사들이 배출되는 데는 앞에서 말한 수년간에 걸친 성경 본문 공부와 소감 쓰기가 주요한 역할을 한다. UBF의 소감 쓰기에 대해 역사신학자 정준기 박사가 연구 논문을 발표한 적이 있는데, 그중에 일부를 소개한다.[214]

"'소감'(所感, testimony)의 한문의 뜻은 '느끼는 바' 이며, 영어명의 의미는 '신앙의 고백, 간증' 입니다. 그러나 UBF의 '소감'은 UBF에서 독특하게 사용하는 개념으로서 성경을 '관찰', '해석', '행하는' 귀납적인 성경 공부를 하는 가운데 탄생한 용어입니다. 단순히 주관적으로 느끼는 바를 기록한 것이 아니라, 성경 말씀에 기초해 자신을 비추어 보고 깊이 생각하는 가운데 성경적인 가치관, 성경적인 관점에서 자아를 형성하도록 돕기 위한 글쓰기입니다. 즉 '소감' 이란 성경의 메시지를 통해 본인이 깨달은 점을 글로 쓰는 것이라고 정의할 수 있습니다.

이러한 '소감'에는 세 가지 필요 요건이 있는데, 성경 말씀, 회개(죄 고백), 결단입니다. 처음 '소감'을 쓰는 사람들은 말씀에 대한 묵상 없이 그 말씀에 대한 자신의 생각을 나열하는 경우가 많은데, UBF에서는 그러한 '소감'을 지양(止揚)하며 자신의 생각이 아닌 성경 말씀 자체를 정리하고 깊이 영접하도록 훈련합니다. 그러나 이 훈련이 인위적이거나 강압적이지는 않습니다.

UBF 사역의 특징 중 하나는 평신도 가정의 사모들의 헌신에 있습니다. 그들은 비싼 양육비를 감당하면서까지 아이들을 타인에게 맡기고 캠퍼스에 나가 기도하고 새신자들을 전도하고 양육합니다. 그러한 사모들의 눈물겨운 헌신과 다양한 노력은 결국 새신자들이 '소감'을 깊이 쓰도록 돕는 데 귀결됩니다. UBF 사역의 꽃이라 불리는 UBF 여름수양회의 핵심은 '소감'을 듣고 쓰고 발표하는 데 있습니다. 이러한 UBF의 '소감'에는 자신의 지나온 인생을 돌아보며 쓰는 '인생 소감'(Life Testimony), 주일 예배 말씀에 기초해서 매주 쓰는 '말씀 소감', 《일용할 양식》으로 QT를 하면서 쓰는 '양식 소감' 등이 있습니다."

정준기 박사는 또 이렇게 언급했다.

"나는 이 책을 통해 자서전적 신앙 이야기에는 아무리 강조해도 지나치지 않은 가치와 효과가 있음을 강조하고자 합니다. 여기서는 자서전적 신앙 이야기의 한 유형인 '소감'이 맺는 열매에는 어떠한 것들이 있는가 생각해 봅시다. '소감'의 결과는 개인적인 측면과 그 영향력이라는 두 가지 측면에서 접근할 수 있습니다. 여기서 개인적 측면과 영향력으로 구분한 것은 '소감'의 결과로 나타나는 양상에 따른 분류임을 밝혀 둡니다. '소감'을 듣고, 쓰고, 발표하는 가운데 개인에게 나타나는 결과를 개인적 측면이라 일컫기도 하고, 개인적 차원을 넘어서 집단적 차원에서 어떤 영향력을 끼치는가 하는 점을 영향력 측면이라고 부르기도 합니다."[215]

그는 UBF 소감 쓰기의 결과를 다음과 같이 정리했다.[216] 개인적인 측면에서는 첫째로, 소감은 소그룹에서 개인의 내면을 치유하는 효과가 있다. 둘째로, 성경의 가르침, 곧 이상에 기초해서 살 수 있는 힘을 준다. 셋째로, 나의 차원을 넘어서 죄악된 세상에 사는 하찮은 타인들을 위해 목숨을 걸도록 하는 이타적인 삶을 가능케 한다. 개인을 넘어서는 측면에서는 첫째로, 말씀을 통해 예수님의 이야기를 해석하게 함으로 예수님의 신앙 공동체를 유지시켜 준다. 둘째로, UBF 공동체의 강력한 결속력을 갖게 해준다. 셋째로, 또 다른 결단을 이끌어내고 또 다른 감동적인 이야기를 가능케 한다.

셋째, 리더요 성경 선생이 되면 후배들에게 성경을 가르치게 함으로 성경 선생으로 성장하며, 각종 수양회에 말씀 강사로 세워 훈련시킴으로 말씀의 종으로 훈련한다. 대학을 졸업하고 직장을 갖고 전문인으로서 직장 훈련을 잘 받은 후 선교사로서 소명을 받은 사람들을 각 지부에서 2년 이상 성경을 자립적으로 가르칠 수 있는 성경 선생으로 준비시키고, 전도 및 제자 양육 훈련, 기도 훈련, 현지 언어 및 타문화권 연구 등을 통해서 전문인 자비량 선교사로서 준비시킨다. UBF 사역의 목표는 이런 측면에서 본다면 무리 중심의 역사가 아니라 영적 지도자를 키우는 제자 양성의 역사이다. 이에 대해 이여호수아 목사는 이렇게 쓰고 있다.

"당시 우리나라는 정치적인 혼란과 경제적인 빈곤 등 많은 문제들이 있었습니다. 그런데 이사무엘 선교사님은 이 모든 문제 가운데서 가장 큰 문제는 참다운 영적인 지도자가 없는 것으로 보았습니다. 참다운 영적인 지도자가 일어날 때에야 이 나라와 이 세대에 소망이 있다고 강조했습니다. 그는 참다운 지도자의 모델을 예수님에게서 찾았고, 그 다음으로 사도 바울을 강조했습니다. 사도 바울의 신앙과 열정, 사명감과 개척 정신은 초대교회의 기초가 되었습니다. UBF 조상들은 이러한 바울을 지도자상으로 하여 따르고 배우고자 했으므로 자연히 우리 모임의 형태는 초대교회를 본받게 되었습니다.

UBF가 지향하는 이러한 지도자상은 UBF 선서문에 잘 나타나 있습니다. '하나, 우리는 주 예수 그리스도의 십자군이다. 진리의 말씀을 옳게 분변하여 부끄러울 것이 없는 일꾼이 된다. 하나, 우리는 주 예수 그리스도의 십자군이다. 하나님의 영광과 조국을 위해 자진하여 그리스도의 고난에 동참한다.' 여기서 '일꾼이 된다'는 후에 '기독교 인생관을 확립한다'로, 또 '하나님의 영광과 조국을 위해'는 '성서 한국과 세계 선교를 위해'로 바뀌었고, '우리'는 '나'로 바뀌었습니다. 이 선서는 디모데후서 2장 3절과 15절 말씀에 기초하고 있습니다. 여기에는 UBF가 지향하는 지도자상이 잘 나타나 있습니다.

이와 같이 UBF가 지향하는 목적은 첫째, 대학 지성인들이 성경 공부를 통해 기독교적인 인생관을 확립하고, 더 나아가 하나님 앞에 부끄러울 것이 없는 일꾼, 즉 지도자를 양성하는 것입니다. 또 하나님의 영광과 조국을 위해 자진하여 그리스도의 고난에 참여할 수 있는 사명인을 양성하는 것입니다. 이러한 목적으로 성경을 공부했기 때문에 성경 공부도 자연히 이론적이고 지식적인 공부가 아니라 말씀을 영접하고 순종하는 실천 신앙에 중점을 두었습니다."217)

넷째, 전문인 자비량 선교사로서 파송받을 선교지가 정해지면 최종적으로 본부 훈련원에서 6주간 집중 훈련을 받는다. 연 5회 선교 후보생들을 모집하여 훈련한다. 훈련원의 훈련 과목 중에서 성경 본문 공부가 80퍼센트 정도 차지한다. 매일 큐티 훈련, 사도행전 전 과목 고백적 문단 나누기 공부, 기타 성경 본문 공부를 통해서 선교사로서 정체성과 비전과 믿음을 심는다. (1) 훈련 과목 : a. 성경 본문 공부(전체 훈련 과목의 60-70퍼센트) b. 성경 공부 방법론 c. 제자 양성론 d. 선교신학(네비우스 선교전략 등) e. 교회사 f. 선교사의 동역과 건강관리 g. 선교지 문화 적응 h. 포스트모더니즘론 i. 성령론 j. 교회론 k. 현직 선교사와의 만남 (2) 훈련 기간 : 과제물을 포함하여 주 5일 6주간 집중 훈련, 총 180시간이다. (3) 훈련 목표 : a. 타 문화권에서 현지 대학생들을 친구 삼고 복음을 전하며 자립적으로 성경을 가르칠 수 있는 성경 선생으로 준비시키며, 현지 대학생들을 예수 그리스도께 헌신하는 제자로 양육할 수 있는 역량을 갖춘 영성과 전문성을 갖춘 제자 양성가로 양성한다. b. 자비량할 수 있는 직업적 전문성을 갖추도록 준비시킨다. c. 선후배 선교사들 및 타 선교기관의 선교사들과 동역할 수 있는 팀을 기른다. d. 현지 사회에서 전문 직업을 갖고, 빛과 소금이 되고, 모범이 되는 신자가 되도록 신앙과 삶이 일치하는 선교사가 되도록 준비시킨다.

다섯째, 현직 선교사들 중에서 본국에 잠시 귀국하는 선교사들을 통해서 정기적인 선교보고회 및 세계 선교를 위한 기도모임을 갖고 있다. 4년마다 국제적인 규모의 전문인 자비량 선교 보고대회를 열고, 선교사들과 그들의 열매를 한국에 초청하여 구체적인 사역 보고와 기도회를 갖는다. 이를 통해서 본회의 리더들은 자연스럽게 선교의 비전을 갖게 된다. 동시에 선교사로 자신을 헌신하고자 하는 결단을 하게 된다. 이를 통해 계속하여 선교사 후보생들이 양성된다.

여섯째, 전문인 자비량 선교사 후보 양성을 위해 본국에서는 '모든 회원의 제자화' '모든 회원의 선교사화'의 방향을 갖고 계속하여 훈련한다. 앞에서 언급한 과정을 통해서 후보생들을 양성한다. 그리고 학생들이나 졸업한 리더들을 수시로 선교 현장에 단기로 보내어 선교사역에 동참하게 함으로써 선교사로서 소명을 받게 된다. 또한 현지인 리더들이 본국에 와서 일정 기간 머물면서 어학도 가르치고 교제한다. 본국에 일시 귀국한 선교사들과 교제함으로 선교 비전을 갖게 한다. 이렇게 하여 본국에는 언제 어느 곳이든지 선교의 문만 열리면 전문인 자비량 선교사로 나아가 사역을 섬기고자 준비하고 대기 중인 리더들이 항시 1,000명 정도 준비되어 있다. 이들이 UBF 전문인 자비량 선교사 후보생들이요, 선교 동원의 인재 풀이다. UBF 선교 후보 양성은 앞에서 언급한 대로 캠퍼스 전도 및 제자 양성 사역의 열매로 그리고 선배 선교사들의 사역 보고와 현장 목격 등의 교육을 통해 맺히기 때문에 매우 자연스럽게 이루어진다. 이렇게 하여 해마다 80-90여 명의 전문인 자비량 선교사들이 파송을 받고 있으며, 이 정도의 선교 후보자들이 해마다 계속 보충되고 있다.

일곱째, 이 모든 사역은 하나님과 기록된 하나님의 말씀에 대한 단순하고 우직한 믿음, 인류 구원을 향한 하나님의 상한 마음에 동참한 심정 그리고 많은 기도의 노동을 축복하신 성령님의 역사라고 말해야 맞을 것이다. UBF의 모든 사역은 기도로 시작되고 기도로 마무리된다. UBF맨들의 기도생활에 대해 이여호수아 목사가 쓴 글은 기도생활의 단면을 잘 보여주고 있다.

"소수의 영적 지도자를 양성할 목적으로 만든 소기도회에서 하는 중요한 일은 거의 대부분 기도하는 것이었습니다. 소회는 1962년 5명의 소위원들로 시작되었습니다. 이들은 각 단과대학별로 기도모임을 만들고 모임 때마다 기도제목을 나누고 함께 기도하였습니다. 소회를 비롯해서 모든 모임이 기도로 시작해서 기도로 끝났습니다. 당시에는 12시부터 통행금지가 시작되었는데, 소회 모임이 때로는 12시를 넘길 때가 있었습니다. 그러면 통행금지가 해제되는 새벽 4시가 되기까지 빙 둘러앉아서 합심기도를 했습니다. 이때 기도하다가 코를 골며 자는 사람도 있었습니다. 그러나 자기 차례가 되면 어김없이 깨어서 언제 코를 골며 잤느냐는 듯이 부르짖으며 기도했습니다. 아무것도 가진 것이 없는 대학생들이었기에, 할 수 있는 것은 오직 기도밖에 없었습니다. 그야말로 맨주먹으로 일해야 했으므로 하나님께 부르짖어 기도할 뿐이었습니다.

1966년 1월 7일, 조선대 약대에 다니던 이건헌 형제는 기도를 너무 많이 해서 환멸을 느낄 정도라는 말을 했습니다. 이때 이사무엘 선교사님이 말했습니다. '사실 기도처럼 힘든 중노동은 없습니다. 신앙생활 가운데서 가장 고된 것이 기도입니다. 그러나 기도의 능력을 발견할 때까지 그리고 상한 심령이 사무치기까지 기도하여야 합니다.' 또한 초기 학생 목자들은 기도를 길게 했기 때문에 강의시간에 늦어서 항상 뛰어다녔습니다. 우리는 보통 바쁘면 먼저 뛰고 나중에 시간을 내어 기도하고자 합니다. 그러나 당시의 목자들은 기도하고 뛰어갔습니다. 우리는 양들을 위해서 기도하는 것은 물론 개척 지구를 위해서 기도했습니다. 당시 우리의 선교 목표였던 동남아와 세계를 위하여 간절히 기도했습니다. 김한옥 선교사를 제주에 파송하고 난 후에는 매일 눈물을 흘리며 간절히 기도했습니다. 서울을 개척할 때에는 기도 지원과 동시에 많은 편지로 지원했습니다. 이렇게 열심히 기도했을 때 개척하기 시작한 지 불과 5년 만에, 당시 전남대학교 정원이 2,400명이었는데 그중 약 10퍼센트인 200명이 UBF 정규회원이 되었습니다. 뿐만 아니라 이 기간 중에 제주, 전주, 대전, 대구 지구를 개척하게 되었습니다."[218]

제4장
UBF의 평신도 전문인 자비량 선교 사례

평신도 전문인 자비량 선교

본 장에서는 UBF의 평신도 전문인 자비량 선교사 파송을 연도별로 분류한다. 그리고 파송 선교사[219] 중에서 설문에 응답한 1,639명의 전문인 자비량 선교사들을 여러 각도로 그 유형을 분석한다. 특별히 1997년 설문 조사 이후 2007년까지 10년간의 변동사항을 파악하고 이후의 방향을 추론하고자 한다.

☼ 마태복음 28장 19-20절

그러므로 너희는 가서 모든 민족을 제자로 삼아 아버지와 아들과 성령의 이름으로 세례를 베풀고 내가 너희에게 분부한 모든 것을 가르쳐 지키게 하라 볼지어다 내가 세상 끝날까지 너희와 항상 함께 있으리라 하시니라.

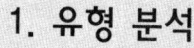

1. 유형 분석

1) 연도별 분류

1969-2009년까지 UBF 파송 총 평신도 전문인 자비량 선교사 수는 3,092명이다. 연도별 파송 수는 다음과 같다. 1969년 3명, 1970년 4명, 1971년 13명, 1972년 21명, 1973년 122명, 1974년 43명, 1975년 27명, 1976년 26명, 1977년 61명, 1978년 37명, 1979년 19명, 1980년 24명, 1981년 60명, 1982년 57명, 1983년 28명, 1984년 35명, 1985년 23명, 1986년 20명, 1987년 40명, 1988년 66명, 1989년 96명, 1990년 133명, 1991년 156명, 1992년 162명, 1993년 178명, 1994년 160명, 1995년 147명, 1996년 171명, 1997년 116명, 1998년 140명, 1999년 122명, 2000년 118명, 2001년 66명, 2002년 57명, 2003년 75명, 2004년 75명, 2005년 79명, 2006년 73명, 2007년 90명, 2008년 93명, 2009년 51명이다.

연대별 파송 추이를 보면, 1960년대 3명, 1970년대 375명, 1980년대 451명, 1990년대 1,480명, 2000년대 783명, 총 3,092명이다.
가장 많은 수의 전문인 자비량 선교사가 파송된 해는 1993년도로 173명이었다. 또 가장 많은 선교사가 파송된 연대는 1990년대로 1,480명이었다. 1990년대는 10년 동안 매년 100명 이상의 평신도 전문인 자비량 선교사가 파송되어 전문인 자비량 선교의 절정기였음을 보여주고 있다. 1973년도에 파송 수가 갑자기 많아진 것은 당시 서독으로 많은 간호사 선교사들이 한꺼번에 파송되었기 때문이다. 2000년도까지 100명 이상 파송은 계속되었으나 CMI로 분리됨으로 이후에 선교사 파송이 60퍼센트 정도로 줄어들었다. 또한 한 그룹이 SBF로 분리된 해는 1977년이며, 그해에도 파송 선교사 총수에서 40퍼센트 정도 줄었다. CMI로 분리된 후 6년이 지난 2007년에 와서는 선교사 파송 수가 CMI 분리 이전 수준에 근접할 정도로 회복되었음을 볼 수 있다.

2) 지역별 분류

【표1】 지역별 분류(1969-1997년까지)

	나라	합계		나라	합계		나라	합계
아시아	인도	20	유럽	독일	235	아프리카	케냐	4
	일본	86		프랑스	25		에티오피아	2
	홍콩	10		덴마크	2		말라위	1
	필리핀	3		이탈리아	19		수단	2
	말레이시아	4		스페인	3		스와질란드	2
	인도네시아	19		포르투갈	1		나이지리아	8
	스리랑카	4		스위스	8		나미비아	1
	태국	3		헝가리	7		우간다	5
	몽골	6		네덜란드	10		R.S.A	7
	사우디아라비아	4		영국	12		잠비아	5
	쿠웨이트	2		오스트리아	6		짐바브웨	4
	바레인	1		불가리아	3		가봉	1
	베트남	7		루마니아	8		카메룬	2
	터키	2		벨기에	7		이집트	1

아시아	예멘	2	유럽	그리스	5	북미	미국	415
	이란	2		유고슬라비아	5		캐나다	59
	이스라엘	6		아일랜드	1	중남미	과테말라	6
	레바논	2		룩셈부르크	2		아르헨티나	14
	카타르	2		폴란드	1		도미니카	8
	요르단	2	구소련	라트비아	2		볼리비아	4
	방글라데시	2		리투아니아	2		파라과이	8
	네팔	1		에스토니아	4		브라질	12
	X국	79		러시아	78		베네수엘라	2
	U.A.E.	2		우즈베키스탄	3		수리남	2
오세아니아	호주	29		우크라이나	10		칠레	1
	뉴질랜드	23		벨라루스	4		페루	2
	피지	3		카자흐스탄	9		멕시코	10
				몰도바	2			

　1998년에 파악한 선교사의 지역별 분포는 〈표1〉에서 보는 바와 같다. 10명 이상의 선교사가 나간 지역은 아시아에서는 인도, 일본, 홍콩, 인도네시아, X국이었으며, 인접국인 일본과 X국에 많은 선교사가 파송되었다. 오세아니아에서는 호주와 뉴질랜드, 유럽에서는 독일, 프랑스, 이탈리아, 네덜란드, 영국으로 파악되었다. 이 중 독일이 235명으로 압도적으로 많았다. 구소련 지역에서는 러시아, 우크라이나 지역이었다. 북미지역에서는 미국이 415명, 캐나다에 59명의 선교사가 파송되었다. 중남미에서는 아르헨티나, 브라질, 멕시코 지역에 10명 이상의 선교사가 파송되었다. 10명 이상의 선교사가 파송된 지역은 경제 규모가 크고 학문적으로 앞선 지역으로 평신도 전문인 자비량 선교사들이 취업으로 나갈 수 있는 길이 많이 열렸기 때문이라고 볼 수 있다.

【표2】 지역별 분류(1998-2007년까지)

	나라	합계		나라	합계		나라	합계
아시아	인도	7	유럽	독일	63	아프리카	케냐	6
	일본	32		프랑스	11		수단	2
	필리핀	3		슬로바키아	2		나이지리아	3
	말레이시아	2		이탈리아	1		우간다	2
	인도네시아	3		스페인	1		남아공	6
	스리랑카	1		포르투갈	3		잠비아	6
	태국	1		스위스	2		짐바브웨	3
	몽골	2		헝가리	8		리비아	1
	사우디아라비아	3		세르비아	2		카메룬	1
	싱가포르	3		영국	13		탄자니아	3
	파키스탄	3		오스트리아	2	북미	미국	251
	베트남	2		불가리아	3		캐나다	90
	브루나이	1		루마니아	2	중남미	과테말라	5
	이스라엘	1		터키	1		아르헨티나	7
	이란	2		그리스	1		도미니카	1
	X국	37		벨기에	1		멕시코	20
	카타르	1		아일랜드	1		파라과이	3
	아프가니스탄	1		노르웨이	2		브라질	17
	방글라데시	1		폴란드	2		엘살바도르	2
	네팔	2		체코	7		페루	1
	대만	2		리투아니아	2		콜롬비아	3
	U.A.E.	1		유고슬라비아	2			
오세아니아	호주	15	CIS	러시아	7			
	뉴질랜드	3		우크라이나	3			
	이스트디모르	11		카자흐스탄	1			
	파퓨아뉴기니	1		키르기스스탄	1			

독일의 경우에는 1960년대 말 많은 수의 광부와 간호사의 취업을 허용했다. UBF 최초의 전문인 선교사들도 독일로 나간 간호사들이었다. 독일에 이어 1970년대 초에 미국도 의사와 간호사에 대해서 이민의 문호를 개방했다. 그후에 봉제공, 도계공, 양복 수선공 등의 이민이 허용되었다. UBF에서는 대학을 졸업한 선교 후보생들이 미국 선교를 위해 봉제 공장에서 6개월 내지 1년간 봉제공 훈련을 받은 후 봉제공이 되어 미국에 파송되기도 했다. 그리고 1980년대 이후 미국과 독일에 많은 수의 선교사들이 유학생으로 나갔다.[220]

정책적으로 많이 파송한 지역은 구소련 러시아 지역이다. 1985년부터 선교의 문이 열리기를 기도했고, 1990년부터 시작하여 78명의 선교사가 파송되었다. 또한 1992년에는 공산국 X국에 사업을 통해 진출한 이후 79명의 선교사가 파송되어 은밀하게 지하교회 선교사역을 섬겼다. 일본은 정서적으로 멀게 느껴지는 나라이지만 원수를 사랑의 복음으로 갚자는 기도와 도전으로 86명의 선교사들이 파송되었다. 1988년 서울올림픽을 기점으로 1990년대에 들어서 파송지역이 다변화되기 시작했다. 아시아, 아프리카, 중남미, 오세아니아, 동구권, 구소련 지역에 전문인 자비량 선교사들이 파송되기 시작했다.

1998년 이후 2007년까지의 지역별 분포는 〈표2〉와 같다. 10명 이상이 파송된 국가를 보면 아시아에서는 일본이 32명, X국이 37명이었다. X국에는 주요 대학만도 1,750개요 13억의 인구를 볼 때 더욱 많은 선교사들이 필요하다. 지역적 특수성을 감안할 때 평신도 전문인 자비량 선교사들이 절실히 필요하다. 오세아니아는 호주가 15명이며, 유럽에서는 독일과 프랑스, 영국에 10명 이상의 선교사를 파송했다. 이 지역들은 유학생 선교사들이 주를 이루고 있으며, 이전과 비교할 때 이탈리아와 네덜란드에 선교사 파송이 적음을 알 수 있다. 구소련 지역에는 1998년 이후 7명의 선교사가 더 파송되었다. 정책적 배치가 이루어진 상황이었고, 러시아에서 공부한 선교사들이 러시아권 다른 나라를 개척함으로 선교사 재배치가 이루어졌음을 볼 수 있다. 북미지역에는 미국 251명, 캐나다 90명의 선교사가 파송되었다. 중남미에는 멕시코에 20명, 브라질에 17명의 선교사가 파송되었다. 특히 중남미지역으로 많은 선교사가 파송되었는데, 이것은 IMF로 인해 실직을 한 리더 가정들이 선교 훈련을 받고 이민 선교사로 파송받았기 때문이다. 경제적 어려움이 오히려 선교 역사에 기회가 되었는데, 합력하여 선을 이루신 역사라고 볼 수 있다.

전체적으로 유학생들의 숫자는 꾸준히 증가하고 있음을 볼 수 있다. 자립생활을 해야 하기 때문에 경제 규모가 큰 지역에 유학생 선교사들이 많이 파송된 것을 볼 수 있다. 북미에서는 미국과 캐나다, 중남미에서는 멕시코, 브라질 그리고 아르헨티나, 오세아니아에서는 호주와 뉴질랜드, 아시아에서는 인도, 일본, 인도네시아, X국, 유럽에서는 독일, 프랑스, 이탈리아, 영국 등에 유학생 선교사들이 많이 파송되었다. 유학생 선교사들은 유학하는 동안에도 현지인 대학생 전도 및 제자 양성 사역을 섬기고 있다. 그리고 학문을 마친 후에는 현지에서 전문직을 얻어 계속 전문인 자비량 선교를 섬기는 방향을 추구한다. 또한 선진국에 파송된 선교사들의 경우 많은 선교사들이 그곳에서 열매를 맺고, 때가 되면 제3국으로 나아가 선교하고자 한다.

미국이나 독일에 파송된 선교사들을 정규 선교사로 넣지 않는 사람들이 있다. 그 이유는 이곳에 파송된 교단 파송 목회자 선교사들이 대부분 그 나라에 거주하는 교포들을 위해 교포교회를 섬기기 때문이라고 한다. 그러나 UBF의 경우에는 미국이나 독일에 나간 전문인 자비량 선교사들도 100퍼센트 현지 대학생들에게 복음을 전하고 있는 타문화권 선교사들이다. 또한 이 지역의 거듭난 그리스도인의 비율은 전체 인구의 7퍼센트에 지나지 않는다는 통계가 있다. 게다가 북미 외에는 선진국에서도 한국 선교사가 필요하다는 응답이 80퍼센트 이상이나 된다. 또한 이 지역에는 제3국에 선교사로 파송할 수 있는 잠재적인 선교 자원들이 많다. 그들의 경제적 환경이나 교통망이나 위상에서도 제3국 선교에 유리한 점이 많다. 그러므로 이들 소위 선진국에도 더 많은 선교사들이 나아가 제자를 양성하고 제3국 선교사 자원을 일으켜야 한다.

전략적인 측면에서도 전방 선교와 미전도종족 선교와 함께 세계에 영향력을 미치는 북미와 유럽의 선교도 필요하다. 사도 바울이 그 당시 세계에 영향력을 미치는 로마를 목표로 삼았던 것을 예로 들 수 있다. 초대교회 역사에서 하나님께서 사도 바울에게 로마 선교의 환상을 주신 것은 매우 중요한 것이었다. 왜냐하면 세계를 통일하여 막강한 영향력을 행사하고 있고, 모든 민족이 모이며, 교통과 언어가 통일된 로마에 복음을 전할 때, 복음이 가장 빠르게 전 세계에 전파될 수 있었기 때문이다. 미국은 현대의 로마로 불리고 있다. 30년 전만 해도 미국은 전세계에 수십만 명의 선교사들을 파송하여 세계를 영적으로 먹이는 제사장 나라의 사명을 감당했다. 그러나 오늘날의 미국은 많이 달라졌다. 미국에도 복음이 필요한 젊은이들이 많다. 이제는 우리 선교사들이 이들에게 선교함으로 그들의 조상들에게서 받은 복음의 빚도 갚을 수 있다. 뿐만 아니라 미국은 세계 선교를 섬길 수 있는 모든 인프라가 잘 갖춰져 있다. 그곳의 풍부한 인적·물적 자원들이 다시 한 번 세계 선교에 쓰임받을 수 있도록 하는 것은 세계 복음화를 속히 이루는 좋은 방법이 될 것이다.

UBF의 경우 한국 선교사들의 희생적인 선교와 본국 회원들의 뜨거운 기도의 지원으로 말미암아 거듭나 성경을 가르칠 수 있는 미국 대학생 리더들이 1천여 명에 이른다. 이 중에서 선교 사명을 영접하고 자원하여 제3국에 평신도 전문인 자비량 선교사로 파송된 가정도 일곱 가정이나 된다. 그리고 이런 추세는 꾸준히 증가하고 있다. 예를 들면, 단 쿠퍼(Don Kuper) 선교사 가정은 중남미 아르헨티나에 영어 선생으로 파송되어 현지 대학생들에게 영어를 가르치며, 성경도 가르치고 있다. 앤터니 사이 선교사 가정은 '프록터 앤 갬블'(Procter & Gamble) 회사의 유럽 지사장으로 벨기에서 일하면서 현지 대학 선교를 섬기고 있다. 워싱턴의 스티브 하가 선교사 가정은 아시아 지역인 대만에서 교수요 선교사로 대학생들에게 복음을 전하고 있다. 마이크 파라(Mike Farah) 선교사는 의사로서 아랍에미리트에서 의료선교를 하고 있다. 이런 예는 시작에 불과하며, 앞으로 더욱 증가할 것으로 전망된다. 미국 UBF는 계속하여 미국 대학에서 1만 명의 성경 선생, 1천 명의 교수목자들을 양성하여 학생자원운동(SVM)에 이어 제3차 영적 각성운동이 일어나도록 기도하고 있다. 이를 통해 1백만 명의 전문인 자비량 선교사들이 일어나 전세계에 나아가 복음을 전할 수 있도록 기도하고 있다.

지구촌시대에 해외로 나가 자립생활을 하면서 선교의 사명과 전문직을 통한 문화적 사명을 섬길 수 있는 길은 많이 열려 있다. 1990년대에 들어와서 한국 교회가 미전도종족에 대해 많은 관심을 갖게 되면서 제3세계로 파송되는 전문인 선교사가 늘어나는 것을 볼 수 있다. 이런 지역에는 전문인 선교사가 제격이라는 생각이 이제는 한국 교회에서도 일반화되어 있다. 또한 폐쇄지역에도 많은 전문인 선교사들이 파송되어 선교사역을 섬기고 있다. 이는 한국이 같은 제2, 3세계 국가로서 거부감이 없고, 발달한 농업, 공업기술을 가르쳐 줄 수 있는 위치에 올랐기 때문일 것이다. 한국의 높아진 위상이 세계 선교를 섬기는 데 큰 도움을 주고 있다. 더 나아가 인노적 차원의 지원을 할 수 있는 국가적 위치와 교회의 물적 자원이 활용되고 있다. 특히 의료 계통의 전문인 선교가 활기를 띠고 있다. 코이카(KOICA), 코트라(KOTRA)에 의료선교의 사명을 가지고 지원하는 의사들이 밀려 있는 실정이라고 한다. 앞으로 더 다양한 직업의 전문인 선교사들이 전세계로 파송될 것을 바라본다.

3) 직업별 분류와 실례

전문인 자비량 선교사를 직업별로 분류하고 각 직업별로 실례를 하나씩 제시하고자 한다(〈표3〉 참조). 이 실례들은 선교 사명을 영접한 평신도들이 선교사로 나아갈 수 있는 길을 구체적으로 보여줄 수 있을 것이다.

가. 간호사

1960년대 말과 1970년대 초 독일은 광부와 간호사를 요청해 왔다. 1970년대 초에는 미국에 의사, 간호사, 봉제공들이 나갈 수 있는 취업이민의 문이 열렸다. 가난을 벗어나고자 돈을 벌기 위한 사람, 혹은 더 나은 삶의 기회를 찾고자 하는 사람들이 이 두 곳으로 나가는 시기였다. 그런데 UBF에서는 이 기회를 통해 제자 훈련과 세계 선교의 소명을 받고 기도하며 기다리던 선교 자원자들이 평신도 전문인 자비량 선교사들로 파송을 받았다. 이들은 우리 주님의 선교 지상명령에 순종하기 위해서 나아간 것이다. 이들이 곧 UBF의 평신도 전문인 자비량 선교의 포문을 연 개척자들이며, 더 나아가 한국 교회의 평신도 전문인 자비량 선교의 개척자들이다.

【표3】 선교사의 직업별 분류

직업	인원	비율	직업	인원	비율
간호사	104	6.34%	엔지니어	7	0.42%
의사	18	1.09%	건축사	2	0.12%
임상병리사	3	0.18%	건축업	2	0.12%
치과의사	2	0.12%	컴퓨터시스템	1	0.06%
치과기공사	2	0.12%	프로그래머	4	0.24%
한의사	3	0.18%	토목 기사	1	0.06%
물리치료사	1	0.06%	자동차 수리	3	0.18%
약사	4	0.24%	전자 기사	1	0.06%
약물치료사	1	0.06%	전자공학 기사	1	0.06%
유학생	633	38.6%	시스템 분석가	2	0.12%
어학 연수	6	0.36%	전자수리센터	2	0.12%
교수	13	0.79%	합기도 관장	1	0.06%
교사	24	1.46%	태권도 관장	181	11.0%
대학 강사	2	0.12%	무역업	9	0.54%
대학 사무원	3	0.18%	사업가	11	0.66%
연구원	3	0.18%	자영업	3	0.18%
금융전문가	1	0.06%	농장	11	0.66%
은행원	7	0.42%	사진현상소	2	0.12%
외교관	44	2.68%	인쇄소	6	0.36%
청년봉사단	1	0.06%	재단사	1	0.06%
KOICA	14	0.85%	재봉사	13	0.79%
평화봉사단	2	0.12%	디자이너	2	0.12%
삼성 직원	1	0.06%	운전사	1	0.06%
KAL 직원	1	0.06%	미용사	1	0.06%
기타 직장	4	0.24%	번역사	1	0.06%
판매사원	1	0.06%	상업	2	0.12%
회사원	8	0.48%	사회사업	1	0.06%
사무원	7	0.42%	취업 이민	223	13.6%
babysitter	1	0.06%	배우자	144	8.78%
법률 고문	1	0.06%	기타	80	4.88%
공무원	4	0.24%	총 합	1,639	100%
우체국 직원	1	0.06%			

이후에도 간호사의 직업을 가지고 꾸준히 선교사로 파송받은 지역은 주로 독일과 미국이다. 이 나라들이 개발도상국에서 간호사들을 초청한 데다, 간호사는 비교적 소득이 높고 경력을 중시하는 전문직이기 때문에 지속적으로 일을 할 수 있었다. 또한 이들이 현지에서 수년간 일을 한 후에는 영주권을 얻고 시민권도 얻음으로 장기 체류 선교사가 되었다. 독일의 경우 1990년대에 들어와서는 그 길이 막혔다. 반면에 미국은 간호사 선교사들이 계속하여 나갈 수 있었다. 새롭게 간호사 선교사들을 통해 호주가 개척되고, KOICA 혹은 의료선교를 통해 미전도종족이나 제3세계의 나라에도 나아가고 있다.

실례로 사우디아라비아에 간호사로서 자비량 선교사로 나간 분을 소개한다. 그녀는 제자 훈련을 받고 선교 사명을 영접한 후, 간호사 선교사로 나갈 수 있는 길을 찾았다. 한국해외협력단을 통해 사우디아라비아에서 간호사를 모집한다는 소식을 들은 그녀는 한국에서의 안정된 직장을 사직하고 이곳에 지원하여 선교사로 나갔다. 사우디는 회교의 종주국이기 때문에 회교도를 개종시키는 일은 쉽지 않지만, 병원에서 일하면서 환자들에게 직접 혹은 간접적인 방법으로 복음을 전하고 있다. 그리고 외국에서 취업하여 온 간호사들을 모아서 매주 그룹으로 성경을 공부하며 복음을 심고 있다. 이런 예는 미국이나 독일과 같이 선교가 자유로운 나라에서는 쉽게 찾아볼 수 있지만, 사우디와 같은 회교 국가에서는 매우 희귀한 사례가 아닐 수 없다.[221]

나. 유학생

UBF의 평신도 전문인 자비량 선교는 이민 선교로 시작되어 유학생 선교로 꽃을 피운 역사라고 해도 과언이 아닐 것이다. 수많은 유학생들이 본국에서 선교 훈련을 받고 준비되어 파송되었다. 이들은 현지에서 먼저 1-2년 어학을 연마하고, 학문을 하면서 현지 대학생들에게 복음을 전하여 예수님의 제자로 양육하는 사역을 섬기고 있다. 이들을 통해 복음을 영접하고 훈련을 받은 제자들 중에 자국 대학생 복음화에 헌신하게 된 열매들이 많이 나타났다. 공부를 마친 대부분의 유학생 선교사들은 현장에서 자연스럽게 전공에 부합한 전문직을 얻음으로 다른 형태의 평신도 전문인 자비량 선교사로서 현지 사회에 뿌리를 내려 장기 사역을 하고 있다.

유학 선교는 젊은 시절 학문과 선교를 동시에 감당할 수 있는 가장 좋은 유형이다. 특히 UBF와 같이 대학생 전도 및 제자화 사역을 섬기고 있는 경우는 이보다 더 안성맞춤은 없을 것이다. 그들은 현지 대학에서 공부하면서 직접 현지 대학생들과 늘 접촉하고 있기 때문이다. 한국보다도 학문적 수준이 낮은 지역에 유학생 선교사로 나가는 선교사들도 있는데, 이 경우에는 학문 연구가 선교를 하기 위한 방편이 되기도 한다.

그동안 가장 많은 유학생 선교사가 나간 나라는 독일이다. 그 이유는 독일 대학들이 학문적 수준이 높은 데 비해 학비가 없다는 장점이 있었기 때문이다. 1970년대 중반부터 꾸준히 유학생 선교사가 나간 곳은 독일과 미국이다. 1980년대부터는 캐나다에도 나가고 있다. 1990년대를 기점으로 선교를 하고자 하는 목적으로 러시아와 중국에 많은 유학생 선교사들이 나가고 있다. 일본에 유학생 선교사들이 많이 나간 시기는 1990년대 이후였다. 지리적으로 가장 가까운 나라이나 정서적으로는 가장 멀게 느껴졌던 이곳에, 이때부터 복음을 전하고자 하는 관심이 많아졌다. 또한 일본에서 외국 학생들을 유치하기 위해서 문부성 장학금 등 많은 장학금 혜택을 제공하기도 했다.

1976년부터 1997년 이전까지 20년간 10명 이상의 유학생 선교사가 파송된 국가는 호주(15명), 캐나다(30명), X국(34명), 프랑스(23명), 인도(12명), 이탈리아(17명), 일본(57명), 러시아(61명), 미국(92명), 독일(169명)이다. 1998년 이후 10년 동안 10명 이상 선교사가 파송된 국가는 독일(46명), 미국(95명), 일본(19명), 캐나다(27명), 호주(10명)로 나타나고 있다. 1980, 1990년대에는 미국(92명)보다 독일(169명)에 2배 이상 많은 유학생 선교사들이 갔다. 그러나 2000년대에 와서는 오히려 독일(46명)보다 미국(95명)으로 2배 이상 많은 유학생 선교사들이 파송되었다.

유학생 선교사의 경우 장점이 많다. 우선 현지 언어를 완벽하게 습득할 수 있다. 함께 공부하는 입장이어서 학생들과 접촉점을 찾기가 쉽다. 더 나아가 현지인 대학생들에게 복음을 전함으로 현지인 크리스천 지도자를 직접 양성할 수 있다. 뿐만 아니라 학업을 마친 후에는 현지에서 안정된 직장을 얻음으로써 장기 체류하며 선교하는, 이상적인 전문인 자비량 선교사가 될 수 있다. 실제 직업의 변화 추세를 보면 그 나라에서 가장 안정적으로 정착한 예라고 볼 수 있다.

유학생 선교사들이 선교와 학문의 십자가를 동시에 감당하면서 자립생활을 한다는 것은 물론 쉬운 일이 아니다. 그러나 각종 장학금을 받기도 하고 현지에서 여러 가지 아르바이트를 하며 생활한다. 학업을 마친 후에는 대부분 현지에서 전문인으로서 합당한 직장을 얻어 장기 체류 전문인 자비량 선교사가 된다.

유학생 선교사의 한 예를 소개한다. 폴 홍(Paul Hong) 선교사는 1970년 연세대 경제학과 1학년 때 성경 공부를 시작하여 예수님을 영접하고 제자 훈련을 받았다. 그는 예수님의 선교 명령에 순종해서 25세인 1977년 미국에 유학생 선교사로 파송되었다. 그는 볼링 그린과 톨레도 대학에서 석사·박사 학위를 하면서 개척 역사를 섬겼다. 현재 그가 섬기고 있는 톨레도 지부에는 80여 명의 현지인 대학생들이 예배를 드리고 있다. 뿐만 아니라 그 자신도 톨레도 대학 경영학과 교수로서 높은 학문적 성과를 이루어 종신 교수요, 박사 과정 지도 교수로 활동하고 있다. 그는 영육 간에 미국 대학생들을 먹이고 제자 삼는 사역을 섬기고 있는 것이다. 이제는 각 대륙별 네트워크를 통해서 전공 세미나에 참석하면서 그 나라 선교사들을 말씀으로 섬기는 일도 하고 있다. 또한 유학생 선교사들을 많이 초청하여 이들의 학문과 영성을 도와 학문을 마친 후에는 북미나 다른 지역에서 계속해서 평신도 전문인 자비량 선교사로 쓰임받도록 섬기는 일을 하고 있다.

다. 의사

의사·약사·한의사 등 의료 분야에서도 꾸준히 선교사가 파송되고 있다. 70-80년대에는 주로 미국으로 파송되었지만, 1990년부터는 브라질, 필리핀, 우간다, 러시아, 일본, 캐나다 등에도 파송된 것을 볼 수 있다. 2000년대에는 네팔과 방글라데시에 한국국제협력단(KOCIA: Korea International Cooperation Agency)을 통해서 의료선교사들이 파송되었다.

단기 의료 선교는 미전도 종족과 제3세계에서 활발하게 이루어지고 있다. 그러나 제3세계에서 장기 의료 선교로 자비량하기에는 많은 어려움이 있다. 장기적으로 그곳에 정착하고 발전하려면 자립할 수 있어야 하는데 여기에 어려움이 있다. 그 예로 우간다에 설립된 베데스다 병원을 들 수 있다. 베데스다 병원은 본국의 지원을 받아서 세워졌다. 하지만 자체 수익을 내는 것을 목표로 여러 가지 체질 개선을 하고 있다. 규모와 시설을 개선하고, 의료 선교사들을 초청하고자 하는 계획을 갖고 있다.

임 선교사(아프리카, 우간다)는 1965년생으로 1학년 때 예수님을 영접하고 제자 훈련을 받았다. 그는 선교 사명을 영접하고 길을 열어주시길 기다렸다. 1999년 소아과 전문의가 되고 부산 동아대 소아과 교수로 임용되었다. 그러나 모세의 결단을 통해 안정되고 명예가 보장된 한국의 교수 자리보다 고난받는 선교사의 삶을 사모하게 되었다. 그는 이곳에 먼저 KIOCA를 통해 파송받아 의료선교를 섬기고 있던 유 선교사와 동역하고자 2000년도에 선교사로 파송받았다. 그는 우간다 선교병원 프로젝트에 동참했고, 선교병원의 건축 감독으로 직접 트럭을 몰고 다니며 건축 일에 헌신을 했다. 그는 외국인으로서 겪는 어려움, 에이즈와 말라리아 등 질병의 위험, 불안한 치안으로 인한 위험 등으로 많은 고생을 했다. 하지만 2002년에 선교병원을 개원하게 되었다. 또한 캄팔라 시내의 두 고아원과 빈민촌 어린이들을 위한 무료 진료를 하고 있다. 뿐만 아니라 그 나라의 희망인 대학생 선교와 제자 양성에 힘을 썼다. 2003년부터 우간다 지부장으로서 매주 현지 대학생 제자들과 함께 예배공동체를 이루어 메시지를 전하고 제자 양성에 힘썼다. 이제 우간다의 캠퍼스 개척 역사는 마케레레(Makerere) 대학을 넘어, 키암보고(Kyambogo), 음바라라(Mbarara) 대학으로 번져가고 있다.222) 이곳 선교병원은 본국에서 의사 간호사들이 정기적으로 단기 의료선교팀을 만들어 이곳에 나아가 1-2주 동안 무의촌 의료봉사도 하고 복음도 전할 수 있도록 돕는 베이스 캠프 역할도 하고 있다.

라. 해외 주재 공관원

선교의 소명을 받은 외교관 중에 외국에 주재하고 있는 기간을 이용하여 선교 사명을 감당함으로 좋은 결실을 맺고 있는 전문인 자비량 선교사들이 있다. 또한 각국의 공관마다 타이피스트, 행정 보조원, 요리사, 운전기사, 전기기사 등의 인력이 필요하므로 이러한 직종을 통해 평신도 전문인 자비량 선교사로 나아가 활동하는 선교사들이 상당수 있다. 현재 28개국 이상에서 이런 유형의 선교사들이 한국대사관 혹은 영사관에 근무하면서 복음 증거의 사명을 감당하고 있다.

해외 주재 공관원으로 처음 파송된 것은 1988년이었고, 1997년까지 비교적 활발하게 파송되었다. 반면에 1998년 이후 10년 사이에는 8명이 파송되었다. 국제화로 인해 해외 주재 공관원으로 근무하려는 사람들이 늘어나서 선교 사명을 갖고 나가고자 하는 사람들에게 취업의 기회가 줄어든 것으로 풀이된다.

공관원의 경우에도 한국에서 파송된 경우와 현지 채용은 상황이 많이 다르다. 본국에서 파송된 경우에는 일정 기간이 지나면 다른 나라로 순환하게 된다. 현지 채용은 그곳에 계속 머물 수 있는 장점이 있다. 계속 현지에 머물 수 있는 선교사의 경우, 지속적으로 현지 대학생들에게 복음을 전하고 제자 양성을 할 수 있는 유리한 점이 있다.

신 선교사는 대사관에서 고용인으로 일하면서 흥왕한 선교 역사를 이룬 대표적인 사례이다. 그는 대학에서 예수님을 만난 후 선교 사명을 영접했다. 그리고 1991년에 대사관 행정 보조 고용인으로,

아내는 외교관 가정의 가정부로 취업해 몽골에 복음을 전하고자 평신도 전문인 자비량 선교사로 갔다. 당시 이곳에는 신약성경만 나와 있고 구약성경은 없었다. 그래서 그는 퇴근 후 대학에서 몽골어를 공부하여 언어를 익혔다. 그리고 현지 대학생들에게 성경을 가르치기 위해 동료 선교사인 임 선교사와 함께 몽골어로 구약성경을 번역하기 시작했다. 이후에는 이곳에서 사역하는 다른 단체의 선교사들과 함께 성경 번역팀을 만들어 공동으로 번역을 하였다. 지금은 200여 명의 몽골 대학생들이 3팀의 예배공동체를 이루고 있다. 이들은 물론 몽골어로 성경을 공부하고 몽골어로 예배를 드린다. 이곳에 6명의 평신도 전문인 자비량 선교사들이 사역하고 있다. 현지인들 가운데 회심하고 리더가 되어 자국의 대학생들에게 성경을 가르치는 사람도 많이 나오고 있다. 신 선교사는 대사관에서도 성실하고 신실한 직원으로 인정을 받으며 선교 역사에 충성하고 있다.[223] 이곳에서 회심한 대학생들이 유학생으로 한국에 들어와서 한국에서 심도 있는 제자훈련을 받으며 한국 대학생들에게 복음을 전파하는 신기한 역사가 시작되고 있다.

안 선교사는 대학 시절 UBF에서 예수님을 구주로 영접한 후 제자 훈련을 받았으며, 선교 사명도 받았다. 그는 외무고시에 합격하여 외교관으로 일하게 되었다. 그는 임지에서 훌륭한 외교관으로서의 공무를 수행했으며, 일과 후와 주말을 이용해 현지 대학생들을 만나 복음을 전했다. 그의 신교 활동으로 말미암아 회심하고 예수님의 제자로 살고자 결단한 자들이 주축이 되어 자국의 대학생들에게 복음을 전하는 크리스천 공동체가 형성되었다. 그후 본국에서 전문인 자비량 선교사들이 파송되어 그의 열매와 사역을 계승하여 활발한 선교 역사를 이루고 있다. 그리고 그가 다른 나라로 임지를 옮기게 되었을 때에는 그 나라에서도 같은 형태의 선교 결실을 맺음으로써 스페인, 과테말라, 멕시코 세 나라를 개척했다.224)

마. 파견 근무

오늘날은 국제화 시대요, 무한 경쟁의 시대이다. 한마디로 지구촌 시대이다. 이로 인해 많은 회사들이 외국으로 진출하게 되었고, 많은 직원들이 해외 파견 근무를 하고 있다. 자연히 많은 평신도들이 외국에 나가게 되는데, 이들을 선교사로 훈련시켜 파송할 때 그 효과는 대단할 것이다.

파견 근무의 경우에는 일정 기간이 지나면 다시 본국으로 돌아와야 하는 단점이 있다. 이 문제를 어떻게 해결할까? 조사 결과, 선교사역을 위해서 직장을 사직하고 현지에 남아서 복음역사를 섬기는 경우가 많았다. 그들이 몇 년간 머물면서 복음의 열매가 나타나고 예배공동체가 이루어지다 보니 그들을 그냥 두고 떠날 수가 없었던 것이다. 그런가 하면 그들은 충분히 현지 적응이 되었기 때문에 현지에 남아서 여러 가지 자립의 길을 찾는 것을 볼 수 있었다.

이 선교사는 H사의 인도 뉴델리 지사에 근무하게 되었다. 그는 대학 시절인 1970년에 성경 공부를 통해서 예수님을 영접하고,

1982년에 H사에 취업했다. 그리고 1987년 3월에 인도 뉴델리 지사 주재원으로 파견을 받게 되었다. 그는 대학 시절 UBF에서 제자 훈련을 받고 선교 사명을 영접했으며, 선교사 훈련을 받고 하나님께서 길을 열어 주시기를 기다리며 준비했다. 이런 그가 상사 주재원으로 파견을 받음으로써 선교사의 삶이 시작되었다. 선교사로 파송된 그는 처음 7개월간은 호텔에서 머물며 회사 일을 보고, 근무시간 후에는 대학을 심방하며 인도 학생들에게 복음을 전할 길을 찾았다. 8개월 후에 가족이 합류함으로 개인주택을 얻어 생활하게 되었는데, 이때부터 학생들을 가정으로 초대하여 좋은 관계를 맺으며 복음을 전하기 시작했다. 많은 복음의 열매가 맺혔다. 그가 믿음으로 하나님의 영광을 위하여 일하니 회사 일도 좋은 성과를 거두어 계속 체류 연장을 하게 되었고, 본부의 인정을 받아 승진도 했다.

그의 사역을 통해서 에이브러헴 롱리(Abraham Longri) 형제를 필두로 하여 많은 결신자들이 생겼고, 그중에서 제자 훈련을 받고 자국의 대학생들에게 성경을 가르치는 성경 선생이 20명이나 세워졌다. 후에는 인도 출신의 5명의 전문인 자비량 선교사가 양성되어 다른 나라로 파송되었다. 현재 매주 인도 대학생 200여 명이 참석하여 함께 주일예배를 드리고 있으며, 인도인 사역자들이 메시지를 전한다. 매년 여름수양회 및 제자수양회도 개최하고 있으며, 그동안 본국에서 10명의 선교사(주로 유학생들)가 파송되어 이 사역을 지원하고 있다.

바. 이민

UBF의 전문인 자비량 선교가 활기를 띠게 된 것은 1970년대 초 많은 의사 간호사 회원들이 선교의 소명을 갖고 미국으로 이민을 간 때부터이다. 약 40년이 흐른 지금 UBF의 이민 선교사들을 통해 미국과 캐나다에서 현지 대학생들이 전도를 받아 회심하고 하나님께 헌신한 많은 사역자들이 일어나게 되었다. 또한 현지인 출신 리더들 중에서 선교의 소명을 받고 제3국으로 평신도 전문인 자비량 선교사로 파송받는 역사가 시작되었다. 한국 교회가 늦게나마 전문인 선교의 새로운 장르로 이민 선교에 대하여 논의를 시작하게 된 것은 매우 바람직한 일이라고 본다.

특히 1998년부터 2002년의 IMF 시절에 구조조정으로 인하여 많은 사람들이 직장을 잃게 되었다. 이때 멕시코, 아르헨티나, 브라질 등에 많은 이민 선교사들이 파송되었다. 캐나다는 꾸준하게 이민을 받는 정책을 펴고 있기 때문에 이민 선교사가 꾸준하게 파송되고 있다. 요즘은 본국의 스트레스로 인해서 외국으로 나가려는 경우가 많다. 자녀 교육 문제도 있다. 어찌 되었든 이민자들이 선교 훈련을 받고 자비량 선교사로 파송되어 현지에 정착하면서 복음을 전하는 사역자로 살 수 있도록 활용해야 할 것이다.

이 선교사는 1988년 가족과 함께 파라과이로 이민을 떠났다. 이를 위해 본국에서 안정된 직장을 정리한 것은 물론이다. 선교사로 파송된 후 언어를 습득하기 위해 학교에 들어갔다. 처음에는 본국에서 가져온 물질로 생활하면서 대학에서 어학연수를 받았다. 동시에 현지 대학생들에게 전도를 하기 시작했다. 1년 정도 지난 후에는 물질 자립을 위하여 여러 가지 영업을 하였다. 옷 장사도 하고, 잡화를 차에 싣고 다니며 팔기도 했다. 전자제품 가게를 열어 운영하기도 했으며, 그 후에는 농장을 만들어 운영하고 있다. 그는 현지 대학생들에게 예수님을 전하여 결신하게 하고, 이들을 제자로 양육하고 있다.225)

사. 정부 파견(청년봉사단, KOICA, 평화봉사단)

한국의 지위가 향상되면서 1995년 이후 정부 지원하에 해외청년봉사단의 파견이 많아졌다. KOICA의 경우 1991년 현 외교통상부 산하에 설립되면서 본격적인 체계를 갖추었다. 1995년 14개국에 28명의 한국국제협력단이 최초로 나가면서 해외봉사단의 파견이 정례화되었다. 지금은 세계 32개국에서 1,500명의 단원들이 활동하고 있다. 정권이 바뀌면서 봉사단 인원이 대폭 늘어나고 있다. 김영삼 정부 때는 50명이었던 것이 김대중 정부 때는 150명으로 3배가 늘었다. 노무현 정부 때는 파견 인원이 700명에 달했다. 이명박 정부는 '글로벌 청년 리더 10만 명 양성 계획'을 발표함으로써 2009년에는 봉사단 파견 인력이 1만 명에 달하게 된다.226) 이들이 제자 훈련을 받고 선교의 사명을 갖고 파견된다면 봉사와 선교를 동시에 할 수 있는 이점이 있다. 이런 형태의 평신도 전문인 자비량 선교사들은 점점 그 수가 늘고 있는 추세이다.

안 선교사의 경우 대학 시절에 예수님을 영접하고 선교 사명을 영접했다. 그는 선교사로 나갈 수 있는 길을 찾고 있던 중 1990년에 한국해외청년봉사단 모집에 응모하여 영농 기술자로 스리랑카에 파견되었다. 봉사단의 일은 한국의 민간 외교 차원에서 무임금(생활비는 한국 정부가 감당함)으로 개발도상국에 봉사하는 것이다. 그는 이곳에서 영농 기술자로 열심히 봉사단 일을 하면서 현지 대학생을 접촉했다. 이 나라는 불교국이기 때문에 기독교 선교는 매우 느리고 장애가 많았다. 그러나 실제적인 봉사를 통해서 현지인들로부터 좋은 영접을 받음으로 그리스도의 향기를 발할 수 있었고, 간접적인 선교의 효과를 얻을 수 있었다. 뿐만 아니라 이를 통해서 신뢰의 관계성을 맺은 사람들과 꾸준히 성경을 공부하고 기도하는 가운데 예수님을 영접하고 제자로 살고자 결단하는 결실도 맺게 되었다.227)

아. 사업

전세계가 하나의 거대한 시장과 같은 오늘날, 사업을 하면서 선교하는 전문인 자비량 선교사들이 나아갈 수 있는 지역은 무제한적이라고 할 수 있다. 많은 사람들이 일정 규모를 가져야 사업을 할 수 있는 것으로 생각한다. 그러나 물질 자립만 되는 형태의 사업을 하며 선교하는 경우는 매우 많다.

그런데 처음부터 사업을 바로 시작한 경우보다는 현지에서 공부를 마치거나 해외 파견 근무 등으로 현지 적응을 마친 후에 사업을 시작하는 경우가 많았다. 사업을 할 때는 현지 적응이 필수적이라고 볼 수 있다. 그리고 현지 사정에 맞게 사업을 시작하는 것이 일반적이었다. 또한 그곳에서 한국인들이 개척한 분야가 있어서 그쪽 사업을 하는 경우가 많았다. 한 예로 중남미에서는 의류와 세탁업이 매우 발달했는데, 이곳의 종사자가 많았다. '사업 선교사'로 사역하기 때문에 중국에서도 훌륭하게 선교사역을 섬기고 있는 한 선교사의 예를 소개하고자 한다. 중국은 시장경제를 도입하면서도 아직까지 공산주의를 고수하여, 외국인의 기독교 선교를 법으로 엄격히 금하고 있는 나라이다.

이 선교사의 경우 한국과 중국이 수교도 되지 않은 때인 1988년부터 사업 비자로 여러 차례 정탐여행을 했고, 그후 한중합작회사를 운영하면서 사업 비자로 중국에 진출해 장기 체류를 하게 되었다. 그는 현지 대학생들과 개인적으로 사귐을 가지며 은밀하게 복음을 전하여 30여 명의 제자들을 열매로 얻었다. 지금은 여섯 가정이 분산하여 각각의 지하가정교회를 이루고 있는데, 이 가정교회에서 매주 예배를 드리며 성경 공부와 제자화 훈련을 시키고 있다. 이로 인해 현지 출신 제자들이 활발하게 자국 대학생들을 전도하기에 이르렀다.

지금은 사업을 통해 선교하는 선교사들이 중국뿐 아니라 전세계 여러 나라에 확산되었다. 특히 전문직을 찾기 어려운 개발도상국에서 그곳에 맞는 아이템을 개발하여 사업함으로 자립하며 선교하는 예들이 늘어나고 있다. 한 예로 김 선교사는 아프리카 잠비아에서 가발 공장을 운영하는데 200여 명의 현지인을 고용한 큰 회사의 사장이 되었다. 그도 처음에는 집에서 수공으로 가발을 만드는 일부터 시작했다. 멕시코의 이 선교사는 양말 공장을 운영하고 있는데 현지인 직원 200여 명을 두고 있다. 그도 처음에는 조그만 가게로부터 사업을 시작했으나 사업 선교사로 크게 성공한 경우이다. 그는 매니저를 두고 사업을 하면서 시간을 자유롭게 사용하여 현지 대학생 복음 전파와 제자 양성 역사를 섬기고 있다. 현재 100여 명의 멕시코 제자들이 양성되어 예배공동체를 이루고 있다. 또한 사업을 통해 번 수익으로 멕시코에 큰 수양관을 지어 자체 수양회도 하고 다른 기관에 대여하여 봉사하고 있다.

〈국민일보〉는 2008년 11월 25일자 선교 면에 "21세기 선교 대안 비즈니스 선교 뜬다"는 제하의 기사에서 이렇게 언급했다.

"21세기 선교 해법으로 비즈니스 선교가 급부상하고 있다. 이슬람권, 힌두교권, 불교권, 공산권 등에서 목회자 등 전통적인 선교사들만으로는 복음을 전하기 힘든 장벽이 공고해지고 있기 때문이다. 따라서 세계 선교계는 이들 지역에서 신분을 감추고 사역하기 위한 방편으로 해 온 소극적인 비즈니스 선교에서 완전 탈피할 것을 주문하고 있다. 목회자 또는 비즈니스 경험이 전혀 없는 사역자가 진행하면 전문성과 영속성에 문제가 발생, 단기간의 시도로 끝나거나 재정적 손실을 가져올 수 있다는 것이다."[228]

'시니어 선교 한국'이라는 단체는 2008년 11월 25-26일에 성내동 오륜교회에서 '비지니스 선교 포럼'을 가진 일도 있다. 또한 한국세계선교협의회와 한국기독교총연합회는 2008년 11월 6-8일에 할렐루야교회에서 가진 제8차 국제선교지도자포럼의 주제를 BAM(Business As Mission)으로 선택하였다. 이와 같이 비즈니스맨들을 통한 전문인 자비량 선교가 요즘에 중요한 전략으로 떠오르고 있다. UBF의 경우 수많은 비즈니스맨 전문인 자비량 선교사들이 전세계에서 활약하고 있다.

자. 교육

한국의 지위가 올라감으로 각국에 한국 학교가 생겼다. 대학에 한국어과를 개설하는 곳들이 늘어나고 있다. 이에 한국어 교사로서 평신도 전문인 선교사로 파송되는 경우가 많아졌다. 심지어 X국의 경우에는 한국 학원과 대안학교들이 생기고 있다. 이곳에 학원 선생으로 나가서 물질을 자립하며 현지인들을 선교하는 선교사도 있다. 현재까지는 현지에서 공부하고 그곳에서 교사를 하거나 교수로서 활동하는 경우가 많다.

미국 시카고의 최다윗(David Choi) 선교사는 1979년 한양 UBF에서 성경 공부를 통하여 예수님을 구주로 영접하고, 개척 역사에 쓰임받았다. 그는 1982년에 유학생 선교사로 미국에 파송되었고, 현지에서 더 공부하여 1988년부터는 고등학교 수학 선생으로 물질 자립의 기초를 놓았다. 2004년부터는 레인 텍(Lane Tech) 고등학교 교감으로 승진하여 일하고 있다. 한국 사람으로서 미국의 일류고등학교 교감 자리까지 오르기는 드문 일이라고 한다. 그는 선교사이기 때문에 학생들을 예수님의 마음으로 사랑하고, 수업을 철저히 준비하여 잘 가르치고, 학교에서 신자로서 좋은 영향력을 끼쳤기 때문에 쟁쟁한 미국 사람들을 제치고 교감이 되었다고 한다. 또한 그의 직업과 관련하여 그는 시카고 UBF에서 1984년부터 고등학생 모임인 HBF(High School Bible Fellwoship) 역사를 25년간 섬겼다. 9명의 시카고 HBF 리더들을 잘 세워 시카고와 인근 지역 모든 고등학교에 복음을 전하는 비전 가운데 섬기고 있다. 이와 같은 경우는 미국을 비롯한 여러 나라에서 상당수 나타나고 있다.[229]

이 선교사는 초등학교 교사로서 모스크바의 한인학교에서 교사로 일하게 되었다. 물론 그녀는 훈련받은 선교사 후보생이었으며, 교사 선교사로 나갈 수 있는 길을 얻고자 오랫동안 기도하며 정보를 찾고 있었다. 현지에 도착한 그녀는 우선 한글을 가르치는 아이들에게 복음도 전했다. 그리고 본래의 부르심인 대학생 선교를 섬기기 위해 일과 후와 주말을 이용해 현지의 대학을 방문하고, 학생들을 만나 성경 공부에 초대하며 전도함으로 열매를 맺고 있다.[230]

차. 성악가

정 선교사는 한양대학교 성악과를 졸업한 후, 독일 유학생 선교사로 파송되었다. 그는 이곳에서 선교 활동을 하면서 공부하여 디플롬을 얻었다. 그후 도르트문트 오페라단에 정식 단원으로 입단하게 되었다. 이를 통해서 체류 문제와 물질 자립의 문제가 해결되었으며, 바리톤 성악가로서도 유명하게 되었다. 그는 한국인으로는 최초로 슈베르트의 〈겨울 나그네〉 전곡을 CD로 냈으며, 독일 14개 도시 순회 독창회도 가졌다. 또한 독일어 찬송가 테이프를 제작하여 찬양으로 복음을 전하는 사역도 하고 있다. 뿐만 아니라 직접 독일 학생들에게 성경을 가르치며 전도하고 있다. 그는 음악으로 선교를 하고자 하는 비전을 갖고, 성경에 나오는 많은 사건들을 성서 오페라로 만들어 순회공연하고자 준비하고 있다. 그의 아내 선교사는 피아니스트인데, 이들은 부부 음악가 선교사로서 좋은 모범을 보이고 있다.

카. 실버 선교사

갈수록 한국 사람들의 평균 수명은 길어지고 있다. 이제는 60 청춘이라는 말이 보편적이다. 그러나 사회에서는 한창 일할 나이에 정년 퇴임을 하는 경우가 많다. 게다가 퇴직 연령이 점점 빨라지고 있다. 정년퇴임 후 연금으로 일정한 생활비는 계속 주어진다. 하지만 일자리가 없어 소일하며 일생을 보내는 것은 얼마나 고통스러운 일인가? 한창 일할 수 있는 나이에 퇴직을 당한 사람들 중에 25퍼센트는 교회의 직분을 맡거나 신자일 것이다. 이때 그가 가진 전문기술을 가지고 전문인 선교사로 나가는 선교사들이 생기기 시작했다. 이들은 매달 일정한 생활비가 주어지기 때문에 자립할 능력이 있다. 또한 자녀들을 양육해야 하는 부담도 없다. 게다가 평생 쌓은 인생과 신앙의 경륜이 있다. 제2의 인생을 살게 되는 것이다. 노인 문제가 점점 사회문제화되고 있는데, 이를 해결할 수 있는 좋은 방법이 될 수도 있다. 무엇보다도 만민 구원의 역사는 청·장년이든 노인이든 모두에게 주어진 지상명령이다. 정년퇴임 후 받는 연금 생활비는 자신이 일한 대가를 받는 것이기 때문에 자비량으로 보아야 할 것이다. 이 시대가 노후 대비를 외치고 있다. 가장 좋은 노후 대비는 실버 선교사로 준비되는 것이다. 이를 위해 필요한 언어를 준비하는 것도 노후를 준비하는 지혜일 것이다.

임 선교사는 평생을 초등학교 교사로 봉직하였는데, 오래 전부터 선교의 소명을 갖고 기도하고 있었다. 그는 교장이 될 즈음에 사직을 하고 중앙아시아 키르기스스탄 오쉬에 실버 선교사로 파송을 받았다. 오직 믿음과 소명감만 가지고 나아갔는데 마침 그곳 대학에서 한국어학과가 개설되었고, 그는 한국어과 교수로 채용되었다. 그의 부부는 환갑을 바라보는 나이에 러시아어를 공부하며 현지 대학생들에게 복음을 전하고 제자 삼는 사역을 섬김으로 비전이 넘치는 청년의 삶을 살게 되었다.

장 선교사는 1970년대에 미국 선교사로 가서 피츠버그와 워싱턴 개척 역사를 섬겼다. 올슨을 비롯하여 많은 미국 대학생들을 제자로 세웠다. 미국 메릴랜드 대학에서 근무하면서 자비량으로 역사를 섬기는 것은 물론이다. 이제 정년 퇴임 후에는 중남미의 한 나라 벨리즈를 개척하고 있다.

남북나눔운동에서는 2000년부터 연해주의 고려인과 북한동포를 위한 감자 농사를 시작하였다. 처음에는 씨감자 200톤을 심었는데 수확은 120톤밖에 하지 못했다. 이때 전문적인 농사 기술을 가진 이 장로와 농업진흥청 소장을 지낸 노 성도를 보내서 그들을 도왔다. 그 다음해엔 500톤을 생산하게 되었다. 뿐만 아니라 추운 이 지방에 비닐하우스 농법을 가르쳐서 10,000달러 이상의 소득을 올리도록 도왔다. 이들은 평상시에 생업으로 삼았던 농업기술로 연해주 동포들을 영육 간에 도운 것이다. 평신도 자비량 선교사로서 현지인들을 도운 것이다.

이상에서 전문인 자비량 선교사의 유형을 대략적으로 분류하고 실례를 소개했다. 이상의 실례들은 일부분에 불과하다. 금세기에 들어서는 전문직종도 수백 종으로 늘어났다. 이상의 실례들은 평신도들을 어떻게 선교사로 동력화할 것인가에 대해 좋은 암시가 될 것이다. 현재 각 지역교회에는 상사 주재원으로, 외교관으로, 사업차 혹은 유학생으로 세계 각처에 나가 있는 크리스천들이 수만 명에 이를 것이며, 앞으로도 이런 사람들의 수는 증가할 것이다. 그 중에는 장로와 집사 등 교회의 직분을 맡았던 분들도 많다. 각 지역교회의 목회자들이 하나님의 말씀으로 이들에게 선교 신앙과 선교 비전을 심어 주고 적절하게 훈련한다면, 이들은 모두 훌륭한 전문인 자비량 선교사가 될 수 있을 것이다.

4) 파송 전 직업과 파송 후 직업의 변동

318명의 전문인 자비량 선교사들의 직업 변동을 살펴볼 때, 파송 전 직업과 파송 후 직업이 동일한 경우는 56명으로 18퍼센트 정도 되었다. 그리고 대부분이 독일, 미국 등 선진국에서 활동하는 선교사들이었다. 칠레에서 활동한 선교사만이 파송 전후의 직업이 동일했는데, 외교관이어서 가능했던 것 같다. 대부분은 선교 현지에 뼈를 묻겠다는 각오로 선교지에 가기 때문에 선교지에서 장기적으로 체류하고, 생활하고, 선교 역사를 섬기기에 유리한 직업으로 변화를 꾀하는 것으로 여겨진다. 특히 후진국의 경우에는 자신의 전공을 살릴 기회가 적기 때문에 현지에 맞는 직업으로 변화하는 것 같다. 아프리카에서는 많은 선교사들이 가발 공장에서 활동하고 있고, 중남미에서는 옷가게와 세탁업에 종사하는 것을 예로 들 수 있다.

대다수의 경우에는 각 나라가 필요한 인력에 따라서 직업이 결정된다. 북미에서는 간호사의 직업이 전문인 자비량 선교를 하기에 유리하다. 본인이 본국에서 배우고 익힌 직업으로 계속하는가, 아니면 현지의 필요에 따라서 직업을 바꾸는가? 대부분은 현지의 필요에 따라서 직업을 바꾼다고 볼 수 있다. 1990년대까지는 자신의 전공과 직업과 무관하게 오직 선교 사명을 따라서 선교지에 간 경우가 많았다. 그리고 현지의 필요에 따라서 적당한 직업을 찾고, 감당하였다. 반면에 2000년대에 들어와서는 자신의 전공과 직업을 살리는 쪽으로 방향이 바뀌고 있는 경향이다. 간호사, 의사, 컴퓨터 등 전문직은 그대로 선교 현지에서도 사용이 가능한 직업이다. 반면에 다른 경우에는 현지에 맞는 것으로 바꾸는 경우가 많았다. 직업 변동이 가장 큰 선교사는 역시 유학생으로 간 경우임을 앞에서 파악했다.

5) 연령별 분류

선교사로 파송될 때의 연령층을 살펴보면, 대부분이 25세에서 35세 사이에 파송되는 것으로 나타났다. 여자의 경우에는 26세가 가장 많았고, 남자의 경우에는 29세가 가장 많은 것으로 나타났다. 여자의 경우 26세가 가장 많은 이유는 대학을 졸업한 후에 2-3년간 선교 훈련을 받고 바로 파송되는 선교사들이 가장 많기 때문이다. 남자의 경우에는 여기에다 군대기간 3년이 추가되었기 때문이다. 또한 군 면제의 경우에는 대학원을 마치고 가는 경우가 많기 때문이다. 초창기부터 2000년대까지는 대학 졸업 후 선교 훈련을 받고 선교 현지에 바로 가는 경우가 많았다. 이 경우 대학 때의 자기 전공을 살리지 못하고, 현지에서 필요한 직업을 구하는 것이 대부분으로 나타난다. 간호사나 의사 등 전문성이 있는 경우에만 선교 현지에서도 그대로 활동하는 것을 볼 수 있다.

교단 및 지역교회를 망라하여 UBF 다음으로 가장 많은 전문인 자비량 선교사를 파송하고 있는 교회는 사랑의교회이다. 사랑의교회에서 전문인 자비량 선교사로 파송될 때의 연령층은 평균 50세로 나타났다. 이 정도 연령대는 자녀들이 대학을 입학하거나 졸업하므로 시간적인 여유를 가질 때이다. 또한 자기 직업에 대해서도 숙련된 기술과 전문성을 갖출 수 있게 된다. 뿐만 아니라 선교 현지에 대한 충분한 지식과 현지에 적응할 수 있는 충분한 준비를 갖추고 나갈 것으로 예상할 수 있다. 실제로 사랑의교회에서 파송된 전문인 자비량 선교사는 대부분 본국의 자기 직업을 선교지에서도 그대로 발휘하고 있음을 볼 수 있다. 15가정 중에서 3가정만이 직업의 변화가 있었고, 대부분은 본국의 직업을 선교 현지에서도 그대로 하는 것을 볼 수 있다. 그 예로 조경업을 하는 분은 러시아에 가서 조경을 하고, 전기회사를 운영하셨던 분도 캐나다에 가서 전기와 관련된 일을 하시며, 건설업을 하신 분은 선교 현지인 카타르에서 건설업계 지사장으로 역사를 섬기고 있다.

2. UBF 선교사역의 위치

이제 한국 교회가 파송한 선교사의 유형을 분석함으로써 한국 교회의 선교사역에 있어서 UBF의 평신도 전문인 자비량 선교사역의 위치를 살펴보고자 한다.

1) 목회자와 평신도의 비율

2010년 1월 말 현재 96개 교단과 229개 선교단체에서 해외에 파송한 한국 선교사의 수는 총 169개국에 20,840명으로 파악되었다. 이중의 소속을 가진 선교사가 2,579명이다. 그러므로 각 교단과 선교단체의 파송 선교사를 집계하면 그 수가 22,130명이 된다. 그러나 선교사 개인으로 본다면 20,840명이 정확한 수이다. 선교사의 총수 22,130명 중 교단 선교부에서 파송한 선교사 수는 9,215명이고, 독립선교회에서 파송한 선교사 수는 12,915명이다. 10년 전인 1998년에는 교단 선교부가 27개 교단 3,719명, 독립선교회는 87개 선교회 4,761명이었다.231) 10년 사이에 2배 이상이 증가한 것으로 나타났다. 또한 교단 선교부와 독립선교회의 파송 비율로 보면 1998년도에는 47.4:52.4였는데, 2009년도에는 41.6:58.4로 나타났다. 파송 비율로나 선교사 숫자 면에서 보면 독립선교회가 선교사 파송에 보다 열심임을 볼 수 있다. 선교사를 파송한 교단은 58개에서 96개로 증가했고, 독립선교회가 87개에서 229개로 증가한 점도 눈에 띈다.

한국 선교사의 숫자는, 해외에서 활동하는 해외선교사의 숫자로는 전세계의 15퍼센트에 달한다. 구체적인 나라별로 살펴볼 때 한국 선교는 타문화권 선교사(cross-cultural missionaries)의 기준으로는 미국과 인도 다음으로 세계 3위이다. 해외선교사(foreign missionaries)의 기준으로는 미국 다음으로 세계 2위의 선교사 파송국이다. 이러한 한국 선교사의 증가는 전세계적으로 서구 선교가 쇠퇴하는 상황에서 선교 인력을 보충하는 중요한 역할을 하고 있는 것이다. 현재

7.6퍼센트에 달하는 연 증가율로 해마다 1,000명 이상의 새로운 선교사들이 배출되고 있다. 이러한 신임 해외선교사의 숫자는 한국을 제외한 다른 선교 국가들의 신임 해외선교사 숫자를 다 합친 정도에 해당할 것으로 추정된다.232) 한국 교회가 세계 선교에서 차지하는 비중이 점점 커지고 있음을 알 수 있다.

그러면 한국 교회의 선교 마인드는 어떠할까? 선교 마인드를 가장 잘 나타내 주는 지표는 교회의 숫자 대 선교사 숫자의 비율일 것이다. 존스턴의 기록에 의하면, 한국은 4.2개 교회당 1명의 선교사를 파송한 것으로 나타났다. 전체적인 측면에서 싱가포르(0.7 교회당 1명의 선교사 파송), 핀란드(1.5:1), 홍콩(2.1:1), 노르웨이(2.4:1), 스위스(2.4:1), 뉴질랜드(2.4:1), 스리랑카(2.5:1), 캐나다(2.7:1), 네팔(3.1:1), 호주(3.3:1) 다음으로 11위를 차지하고 있다. 미국은 7.6:1이며, 인도는 7.2:1로 나타나고 있다.233) 절대적인 선교사 파송 숫자뿐만 아니라 교회의 선교사 파송 비율도 높아 세계 선교에 대한 관심과 열정이 크다는 것을 알 수 있다.

한국 교회에서 파송한 선교사 22,130명 중 목회자 선교사는 14,697명(배우자 포함)이요, 평신도 선교사는 7,433명이다. 그 비율은 66퍼센트 대 34퍼센트이다. 10년 전에는 목회자 선교사가 4,751명이요, 평신도 선교사는 3,456명이었다. 그 비율은 60.7퍼센트 대 39.5퍼센트이다. 2004년에는 67퍼센트 대 33퍼센트, 2005년에는 65.7퍼센트 대 34.3퍼센트, 2006년에는 64.6퍼센트 대 35.4퍼센트였다. 통계상으로는 평신도 선교사 파송 수도 늘어나고 있으나 여전히 목회자 선교사 중심으로 선교사 파송이 이루어진다고 볼 수 있다. 목회자(배우자 포함)와 평신도의 비율로 보면 교단은 98:2이고, 선교단체는 46:54이다. 교단의 경우 2008년도 95:5에서 98:2로 평신도 비율이 감소되었다. 이상을 볼 때, 평신도 선교사의 절대적인 숫자 증가는 있었지만, 비율로 보면 목회자 선교사의 증가가 2배 이상 많은 것으로 볼 수 있다. 독립선교회에서도 목회자 선교사가 증가했다. 여전히 교회의 99.6퍼센트를 차지하는 평신도를 선교 역사에 동원하는 역사가 미흡한 것을 볼 수 있다.

2) 전문인 자비량 선교사의 비율

1998년 조사에 의하면, 교단 선교부에서 파송한 평신도 선교사 215명 중에서 15명이 자비량으로 선교사역을 감당하고 있었다. 평신도 선교사 중 자비량 선교사는 약 7퍼센트 정도다. 반면에 독립선교회에서는 3,241명 중 1,970명이 자비량으로 선교사역을 감당하고 있었다. 이는 60퍼센트 정도의 비율이다.

그런데 UBF에서 파송한 3,000명의 평신도 전문인 선교사들의 99.9퍼센트가 자비량 선교사이다. 앞에서 살펴본 대로 21세기 선교지의 상황이 평신도 전문인 자비량 선교사를 절대적으로 요구하고 있다는 관점에서 볼 때, UBF의 평신도 전문인 자비량 선교가 한국 교회 선교에서 차지하는 위치가 그만큼 중요하고 시사하는 바가 크다고 볼 수 있다.

3. UBF 선교사역이 공헌한 점과 보완해야 할 점

지난 48년간의 UBF 선교사역이 한국 교회에 공헌한 점을 살펴본다. 그리고 보완해야 할 점을 살펴본다.

1) 공헌한 점

가. 지역교회 저변의 청년층 확대

UBF의 선교사역뿐 아니라 캠퍼스 복음운동이 한국 교회 청년층의 저변 확대에 공헌했다는 것은 대체적인 평가이다. 나는 38년간 UBF의 전임사역자로서 캠퍼스 전도 및 제자 양성과 전문인 자비량 선교사 양성 및 파송을 섬겨 왔다. UBF는 입학 초에 비신자 신입생들을 집중적으로 전도한다. 일대일 성경 공부, 각종 성경학교, 각종 수양회, 각종 또래 모임, 문화행사 등 다양한 방법으로 전도를 한다. 이렇게 전도를 해서 성경을 공부하면 1970, 1980년대에는 6개월이면 대개 결신을 했다. 1990, 2000년대에는 그 기간이 더 길어졌다. 결신을 한 학생들이 UBF에 남아서 UBF맨으로 캠퍼스 선교에 헌신하는 비율은 대략 20퍼센트 정도 된다. 10명을 전도해서 결신을 하게 되었으면 그중에 2명 정도가 UBF맨으로 UBF 캠퍼스 사역에 헌신하게 된다는 말이다. 그러면 남은 80퍼센트의 학생들은 어떻게 되는가? 그들은 모두 다양한 지역의 지역교회에 흩어져서 봉사하거나 신앙생활을 한다. 이 중에 신학을 공부하고 목회자가 되거나 신학교 교수가 된 사람도 상당수 있다. 뿐만 아니라 학생 시절에 UBF에서 성경을 공부하고 신앙생활을 시작한 분들 중 많은 분들이 지금은 사회 각 분야에서 영향력 있는 신자로서 빛과 소금의 역할을 하고 있다. 매년 많은 수의 청년들이 학생시절에 UBF에서 성경 공부를 통해 예수님을 영접하고, 신앙 훈련을 받고, 각 지역의 지역교회에 흩어져 한국 교회 청년층의 저변을 이루는 데 일조를 하게 된 것은 UBF 사역이 한국 교회에 공헌한 점이라고 할 수 있다.

나. 일대일 제자 양육과 귀납적 성경 공부, 소감 쓰기

오늘날 한국 교회에서 일대일 제자 양육이라는 말은 쉽게 들을 수 있다. 하지만 1970년대만 해도 이 용어가 매우 생소했던 것이 사실이다. 그러나 1970년대 초에 UBF 사역의 핵심이 일대일 성경 공부를 통한 제자 양육이었다. 지난 48년 동안 UBF의 사역은 일대일 성경 공부를 통해 성장해 왔다고 해도 과언이 아니다. 일대일 성경 공부를 통한 제자 양육은 UBF의 강점 중 하나이다. 이러한 UBF의 일대일 성경 공부를 통한 제자 양육은 알게 모르게 지역교회의 일대일 제자 양육 사역에 직·간접으로 영향을 끼쳤다고 본다.

UBF는 비신자 대학생을 전도하고 결신케 하여 예수님께 자신을 헌신한 예수님의 제자를 양성한다는 목표를 처음부터 붙들었다. 또한 성경 본문 공부를 통해서 이 과정을 실현하고자 노력했다. 그보다도 이런 사역 방법 자체가, 성경 본문을 성령의 영감으로 쓰인 하나님의 말씀으로 믿고 그대로 순종하는 성경 본문에서 나온 것이었다. UBF 개척자들은 예수님의 공생애 사역의 핵심을 두 가지로 이해했다. 하나는 십자가의 대속의 죽음과 부활을 통해 인류 구속의 역사를 완성하는 것이요, 다른 하나는 12제자를 양성하는 것이다. 또한 예수님의 유언적 대위임명령에도 제자 양성의 명령이 있음을 알게 되었다. "그러므로 너희는 가서 모든 민족을 제자로 삼아 아버지와 아들과 성령의 이름으로 세례를 베풀고 내가 너희에게 분부한 모든 것을 가르쳐 지키게 하라 볼지어다 내가 세상 끝 날까지 너희와 항상 함께 있으리라 하시니라"(마 28:19-20).

성경 본문을 공부하고 제자로 양육하는 데는 일대일 양육 방법이 효과적이라는 것을 사역을 통해 확인하게 되었다. 일대일 제자 양육은 단순한 성경 지식을 나누는 것이 아니라 가르치는 자와 배우는 자가 서로 깊은 인격적 관계를 맺고, 성경 말씀과 동시에 성경 말씀에 기초하여 삶을 나누는 공부가 될 수밖에 없다. 서로의 고충과 고민을 나누고 함께 아파하며 함께 끌어안고 기도를 하게 되는 것이다. 그리고 함께 성경 말씀에서 답을 찾고자 노력한다. 또 서로의 장점과 약점을 알고 기도해 주며 격려한다. 장점은 살려 주고 약점은 극복하도록 격려한다. 이렇게 인격적 관계로 맺어진 관계에서는 깊은 신뢰와 사랑이 형성되기 때문에 가르치는 선배가 배우는 후배의 신앙과 삶을 지도하고 도울 수 있으며, 때로는 실제적인 약점을 극복하고 성숙해지도록 돕는 훈련을 할 수도 있다. 또한 후배는 선배를 신뢰하기 때문에 선배의 지도를 잘 받아들이고 훈련도 받을 수 있다.

UBF의 일대일 제자 양육은 일대일로 성경을 공부하되 귀납법적으로 성경 본문을 공부하는 것으로 진행된다. 이런 공부는 주 1회씩 매주 계속된다. 이를 위해서 UBF에는 여러 개의 성경 본문 공부 연구팀들이 구성되어 매주 성경 본문을 공부할 수 있는 기초 공부 문제를 만든다. 이렇게 하여 각 성경별로 공부 안내서들이 발간되었다. 또한 1960년대부터 《일용할 양식》이라는 제하의 매일 아침 큐티 교재를 발간하여 모든 회원들이 이를 사용하고 있다. 큐티 교재 연구 발간도 한국 교회의 큐티의 생활화에 영향을 미쳤다고 본다.

무엇보다도 UBF가 성경 본문을 공부한 후에 그 말씀을 내면화시키고 자기의 삶에 실제적으로 적용하도록 돕는 소감 쓰기와 쓴 소감을 나누는 소감 나누기를 한다. 이것이 UBF의 가장 큰 특징이요 강점이라고 할 수 있다. 이는 성경 본문을 자기 것으로 만드는 과정으로 간증문 쓰기와 비슷하나 일반적으로 말하는 간증문과는 좀 다른 독특한 특징을 갖고 있다. UBF의 소감 쓰기에 대해서 역사신학자 정준기 박사가 그의 논문에서 언급한 것을 소개한 바 있다. 여기서는 그가 언급한 소감의 치유의 기능에 대해 소개한다.

" '소감'에는 치유적 기능이 있는데, 이는 소그룹 활동의 치유적 측면과 맥락을 같이 합니다. '소감' 의 치유 요인을 크게 둘로 구분하면, '소감' 을 들으면서 일어나는 변화와 '소감' 을 쓰고 발표하면서 일어나는 변화로 나눌 수 있습니다. 타인의 '소감' 을 듣는 것은 '자신도 변화할 수 있다' 는 희망을 고취시키며 '나만의 문제가 아니다' 는 보편성을 자각하게 합니다. 또한 모방 행동의 자극으로 '소감' 을 쓰게 되고, '소감' 을 쓰는 가운데 아무에게도 말할 수 없었던 아픔과 고민, 비밀을 내어놓는 자기 개방을 경험하게 됩니다. 자신의 이야기를 관심과 애정과 동정적인 공감의식을 갖고 경청해 주는 지지자들을 통해서 소감 발표자는 내적인 치유를 받게 됩니다. 또한 그 모임에 높은 집단 응집력을 갖게 되며 충성심과 애착을 지니게 됩니다. 더 나아가 소그룹 모임에서 지속적인 관계를 맺으면서 대인관계를 새롭게 학습하게 되고, 더욱 온전한 인격과 영성을 갖춘 그리스도인으로 성장하게 됩니다.[234]

"'소감' 을 통해 어디에도 털어놓을 수 없었던 개인적 아픔을 드러내는 것 자체가 상당한 치유의 효과가 있습니다. 뿐만 아니라 하나님의 사랑이 소감 발표자의 삶 속에서 구체적인 이야기가 되어 들릴 때 '소감' 을 듣는 사람들의 심령에는 '나도 그 세계를 알고 싶다' 는 영적인 소원이 일어나게 됩니다. '잃어버린 자' 와 '찾아진 자' 의 극명한 대조 속에서 사람들은 각자의 실존을 되돌아보고 자신도 아버지께로 돌아가고자 하는 소원이 생기게 되는 것입니다. 우리가 자서전적 신앙 이야기, '소감' 과 같은 글을 듣고 쓰는 이유는 바로 이러한 회복의 역사 때문입니다."[235]

다. 평신도 전문인 자비량 선교의 모델 제시

UBF 사역의 큰 공헌점이요, 강점은 평신도 전문인 자비량 선교의 모델을 제시한 점이라고 할 수 있을 것이다. 한국 교회의 선교대회에서 평신도 전문인 자비량 선교에 관하여 구체적으로 논의하게 된 것은 최근 몇 년 사이의 일이다. 또한 앞에서도 수치를 통해서 보았듯이 한국 교회의 평신도 전문인 선교는 이제 시작 단계에 있다고 할 수 있다. 특히 자비량 선교는 아직 시작도 하지 못한 형편에 있다고 할 수 있다. 그런데 UBF가 지난 40년 동안에 3,092명의 평신도 전문인 자비량 선교사들을 파송했고, 각 선교지 현장에서 다양한 열매들이 나타남으로 한국 교회는 UBF의 평신도 전문인 자비량 선교에 관심을 갖게 되었다. 그리하여 근래에는 각종 한국 교회 선교대회에서 UBF의 평신도 전문인 자비량 선교의 모델을 소개하도록 요청을 받고 있다. 이것은 UBF의 선교사역이 한국 교회의 선교에 상당히 크게 공헌한 점이다. 특히 평신도 전문인 자비량 선교의 모델을 제시하고, 이 형태의 선교가 21세기 선교의 여러 제약을 뛰어넘을 수 있는 새로운 대안이 될 수 있다는 가능성을 보여주는 공헌을 했다.

필자는 2002년도에 한국세계선교협의회(KWMA)가 주체가 되어 개최한 한국교회세계선교대회에서 "UBF의 평신도 자비량 선교의 사례"를 발표한 일이 있다. 이 대회는 4년마다 정기적으로 열린다. 2006년 대회에서는 "UBF의 전문인 자비량 선교 사례"라는 세목으로 발표한 일이 있다. 2008년 11월 6-8일에 열린 제8회 한국선교지도자포럼에서는 "UBF식 선교 동원 방식"이라는 주제로 발표를 하였다. 2005년 도미니카에서 열린 한인선교지도자대회에서는 "UBF 자비량 선교 사례"를 발표했고, 2006년 미국 올랜도에서 열린 한인선교지도자대회에서는 "21세기 선교의 전망으로서의 전문인 자비량 선교"라는 주제로 발표하였다. 2007년 과테말라에서 열린 한인선교지도자대회에서는 "전문인 선교 훈련"이라는 주제로 발표하였다. 2009년 7월에는 일본기독교선교 150주년 기념 재일한국인교회 연합특별성회에 강사로 초청받아 "UBF의 전문인 자비량 선교 전략"이란 주제로 특강을 한 바 있다.

2009년 10월에는 캐나다 토론토에서 미국 KIMNET가 주관한 선교대회에서 "UBF 평신도 전문인 선교 동원"이라는 주제로 주제 강의를 했다. 2010년 5월 10일부터 14일까지는 일본 동경에서 열린 에딘버러 100주년 기념 세계선교대회에서 'Next Generation Mobiligation Task Force'의 책임을 맡고 이틀간 "Mobiligation of Next Generation Missionaries"란 주제로 발제를 했으며, Task Force 팀을 인도한 바 있다. 또한 2010년 5월 27일부터 6월 4일까지 예루살렘에서 열린 "Back to Jerusalem Movement 2010대회"에서 "UBF Disciple making & Tent-maker missionaries"란 주제로 특강을 한 바 있다. 이러한 대회들을 통해서 UBF의 전문인 자비량 선교의 모델 제시를 다각도로 요청받았으며, 이를 소개함으로써 한국 교회의 평신도 전문인 자비량 선교에 좋은 영향력을 끼치게 되었다.

필자는 앞으로 더욱 UBF의 평신도 전문인 자비량 선교의 모델과 노하우를 한국 교회와 함께 공유하고 나누게 되기를 소망하고 있다. 이를 위해 UBF의 자비량 선교사들 중에서 직업별로 유형을 달리하는 9명의 평신도 전문인 자비량 선교사들의 삶과 사역을 소개하는 《UBF 평신도 전문인 자비량 선교의 개척자들》,《직업별 분류를 통한 UBF 선교사 열전》,《나라별 분류를 통한 선교 전략적 입장에서 쓴 각 나라 개척사》 등의 책을 준비 중에 있다.

200여 년(1732-1930년)에 걸쳐 3천여 명의 선교사를 파송했던 모라비안의 뜨거운 선교 열정은 본국에 있는 신자와 파송한 선교사의 비율이 12:1로 나타났다. 당시 유럽의 개신교회는 이 비율이 5,000:1 정도였다.236)

UBF의 경우 현재 본국의 회원과 파송된 선교사의 비율이 2:1이다. 전 회원 3명 중 1명이 선교사로 파송되어 본국의 회원 2명이 1명의 선교사를 지원하고 있는 셈이다. 이것이 가능한 이유는 첫째, 평신도 전문인 자비량 선교사를 파송하기 때문이다. 둘째, 전회원 제자화, 선교사화의 방향 아래 귀납법적 성경 공부를 통해 일대일로 양육하여 철저한 헌신자들로 만들기 때문일 것이다.

라. 평신도들이 사역의 중심에서 쓰임받게 한 것

UBF가 평신도들이 복음 사역의 중심에서 하나님께 쓰임받으며 자신들의 역량을 발휘하도록 한 것도 강점이며 공헌점이라고 할 수 있다. UBF는 처음부터 평신도운동으로 이루어졌다. 성경 본문 공부를 통해 결신한 학생들이 후배 학생들을 인도하여 성경을 가르치고 또 그 제자들이 다른 후배들을 인도하여 성경을 가르치는 역사를 통해 모든 회원들이 성경 선생으로 훈련되고 준비되었다. 앞서 UBF의 평신도 전문인 자비량 선교사가 양성되는 과정에서 언급했듯이, 이런 과정을 통해서 평신도 전문인 자비량 선교사의 후보생들이 양성된다. 그리고 그들은 평신도로서 선교지에 파송을 받아 전문인 자비량 선교사역을 섬긴다. 또한 자국에 남는 회원들은 각자 자기의 일터에서 빛과 소금이 되는 영향력 있는 신자요, 복음의 전파자로서 살아간다. 이렇게 하여 UBF의 평신도운동은 전세계적으로 계속되며 확장되고 있다. 평신도들이 복음 역사의 주변에 머무는 것이 아니라 복음 역사의 중심에서 주역들로 쓰임받고 있는 것이다.

지금은 전임사역자들 중에서 신학을 공부하고 목사 안수를 받은 사역자들이 40여 명 되지만, 여전히 UBF 사역은 평신도운동으로 진행되고 있다. 목사 안수를 받은 사역자들은 UBF의 평신도운동이 더욱 활성화되고 체계화되고 성숙되도록 돕는 역할을 한다. 이와 같은 평신도운동을 통해 평신도들이 깨어나고 그중에 다수가 평신도 전문인 자비량 선교사들로 파송을 받아 선교의 열매를 맺음으로써 한국 교회 평신도들에게 신선한 자극을 주고, 전문 직업을 가진 평신도들이 선교에 동원될 수 있는 예를 보여준 점은 하나의 공헌점이라고 할 것이다. 역사신학자 정준기 박사도 UBF 사역에서 평신도들이 역사의 중심에 서게 된 것이 UBF의 강점 중 하나라고 지

적하였다.237)

마. 청년 대학생들의 민족주의와 자국 문화의 한계를 극복하게 함

UBF는 초기 개척기부터 복음서 본문 공부를 통해 마지막에는 예수님의 선교 지상명령이 나오는 것을 발견하고 이를 순종하고자 기도했다. 사실상 오늘날 UBF의 평신도 전문인 자비량 선교의 결실은, 예수님의 말씀에 단순히 순종하여 무릎 꿇고 기도한 무수한 사람들의 기도를 응답하신 하나님의 역사라고 말할 수 있다. 또한 UBF의 평신도 전문인 자비량 선교사들이 세계 각 나라에 파송되어 현지 대학생들을 전도하고 제자로 양육하는 열매를 맺자 6대주에서 각 나라 언어로 말씀수양회를 열게 되었고, 한국의 학생들도 이런 수양회에 참석하는 기회를 갖게 되었다.

특히 5년마다 미국에서 전세계 리더들이 모이는 국제수양회를 열고 있다. 2008년에는 80여 개국에서 3,500명이 퍼듀 대학에 모여 수양회를 가졌다. 수양회는 영어로 진행되었고, 6개국 언어로 동시 통역되었다. 이 수양회에서는 각종 인종들이 함께 그리스도 안에서 어우러져 예수 그리스도를 찬양하고, 하나님의 말씀을 영접하고, 세계 복음화와 세계 평화를 위해 기도했다. 각 대륙에서 준비한 독특한 의상을 입고 다양한 문화 공연도 했다. 한국의 태권무의 인기가 매우 높았다. 한국의 학생 리더들이 이런 국제수양회에 참석함으로써 시야가 넓어지고, 전세계에서 일하시는 하나님의 손길을 보면서 자연스럽게 민족주의와 자국 문화의 한계를 극복하고 글로벌

한 인재들로 성장할 수 있는 계기를 만들게 되었다. 동시에 이런 대회에 참석함으로 학생들은 세계를 가슴에 품고 기도하는 열정을 갖게 되고, 세계 구속 역사에 쓰임받고자 하는 소원을 갖게 되며, 세계 선교의 비전을 갖게 된다. 이에 대해 역사신학자 정준기 박사는 이런 코멘트를 하였다.

> "캠퍼스 복음운동으로서 UBF는 젊은 지성인들에게 예수 그리스도 안에서 한 형제자매라는 의식을 심어 주고 현대사회의 복합문화를 접할 수 있는 기회를 제공하여 인류의 공동선과 목표를 위해 함께 일할 수 있는 법을 배우게 한다. 이를 통해 각자의 삶을 더욱 풍요롭게 만들어 주고 있다. 이것은 UBF의 또 다른 강점이다."[238]

2) 보완해야 할 점

가. 한국 및 세계 교계와의 연합 활동 증진

본회는 한국 교계와의 연합사역에 많은 노력을 기울여 왔다. 일찍이 한국세계선교협의회가 창립될 때부터 선교사역을 통해서 연합 활동을 해오고 있다. 이제는 적극적으로 우리 가운데 일어나고 있는, 평신도들을 통한 전문인 자비량 선교의 사례와 노하우를 다른 선교 공동체들과 함께 나누고 있다. 또한 필자는 한국복음주의협의회의 총무, 아시아복음주의연맹 협동총무 직을 맡아 섬기면서 연합사역을 섬기고 있다. 또한 본회 회원들이 한국기독교총연합회에서 주최한 부활절 연합예배 안내를 맡아 섬기는 등 한국 교회 연합사역에 협력해 왔다.

그러나 UBF가 소명으로 인식하고 추구하는 사역의 방향이 캠퍼스 비신자 전도 및 제자 양성, 평신도 전문인 자비량 선교사 양성 및 파송이라는 특수하고 좁은 영역이다 보니 보편성을 가진 지역교회 공동체에서 볼 때 자칫 배타적으로 비칠 수도 있다. 우리는 이런 점을 언제나 인식하고 배타적이 되지 않도록 스스로 노력하고 있다. 우리가 받은 특수한 소명을 지키면서 동시에 거시적인 안목에서 그리스도의 몸 된 교회의 지체로서 그리스도의 몸을 세울 수 있도록 교계와의 연합사역을 적극적으로 섬기고자 노력하고 있다.

UBF의 회원들은 기본적으로 대학생들이다. 세월이 흐르면서 석사·박사 회원들도 늘어나고 있다. 회원들 중에는 직장과 사회에서 영향력을 끼치는 위치의 사람들이 늘어나고 있다. 또한 모든 회원들은 계속해서 매주 성경 공부와 소감 쓰기, 매일 큐티 등의 영성 훈련을 받는다. 그렇기 때문에 수십 년 이상 이와 같은 영성 훈련을 받으며 힘든 캠퍼스 전도 및 제자 양성의 사역을 섬겨 온 사람들도 생기게 되었다. 선교사들도 생활비를 지원받지 않고 자비량하고 있다. 예배공동체 자체가 이렇게 지성인들의 모임이 되고, 또 성경 공부와 영성 훈련의 경력이 많다 보니 자연히 리더들의 성경 공부의 내용도 수준이 높아질 수밖에 없다. 그리고 자비량하기 위한 남모르는 고충과 시련을 수없이 통과한다. 이런 여러 상황으로 인해 알게 모르게 엘리트 의식에 빠질 위험성이 있다. 이 점을 늘 경성하며 영적으로 성숙해지고 더욱 겸손해질 수 있도록 그리고 겸손히 주님과 사람을 섬기는 자들이 될 수 있도록 기도하며 노력하고 있다.

또한 UBF가 대학생 선교 운동과 대학생 교회의 특수성을 지켜가면서도 지역교회들과의 협력 문제를 지혜롭게 해결해야 할 필요가 있다. 각 지부가 지역사회의 소외 계층이나 불우한 이웃을 돕는 일 등을 해왔는데, 이런 사역을 통해서 지역교회와 협력할 수 있을 것이다. 또한 서로 신뢰를 쌓고 사랑의 관계성을 맺는 가운데 일대일 제자 양육이나, 귀납법적 성경 공부 방법, 평신도 사역자 양성, 평신도 전문인 자비량 선교사 양성 등의 노하우를 함께 나누면서 협력할 수 있는 방안을 찾고자 한다.

나. 선교 지부가 한인교회화하는 문제

본회의 평신도 전문인 자비량 선교사들이 어느 지역으로 파송될 때, 기존에 파송된 선교사가 없는 지역에서는 자연스럽게 개척 선교사가 된다. 한두 사람으로 시작해도 그곳에 예배공동체를 만들고 현지 대학생 전도 및 제자 양성을 시작한다. 현지인 대학생 교회를 개척하는 것이다. 그러나 이미 파송된 UBF 선교사가 있는 지역(도시)으로 파송을 받는 선교사들은 선배 선교사들이 있는 곳에 합류한다. 여기에서 언어 습득, 현지 문화 익히기, 현지 적응 등의 도움을 자연스럽게 받을 수 있는 장점이 있다. 또한 몇몇 가정 선교사가 함께 성령의 그릇을 이루고 동역하는 것은 현지 대학생 전도 및 제자 양성 사역을 섬기는 데 좋은 점들이 많다. UBF의 선교사들은 자기 직업을 갖고 자립하는 선교사들이기 때문에 선교사들이 본부에서 지정하는 지역으로 파송되는 것이 아니라 자기의 직장을 따라, 혹은 선배 선교사들과의 관계성에 의한 초청에 따라 선교지가 정해진다.

그러다 보니 어느 지역에서는 한국에서 파송된 전문인 자비량 선교사 한 가정이 외롭게 수년 동안 사역을 감당하고, 어느 지역에는 파송된 선교사들이 몰리는 현상이 나타났다. 현지인 전도 및 제자 양성을 하는 데는 어느 정도 한국인 선교사가 필요하나 현지인보다 한국인들이 월등히 많을 경우 한인교회의 분위기가 알게 모르게 형성된다. 사례를 통한 경험으로 보면, 한 지역에 세 가정 6명 정도의 한국인 선교사가 동역하며 섬길 때 현지인 대학생 교회를 세우는 데 있어서 가장 좋은 선교의 열매가 맺혔다. 그런데 어떤 지역에는 한국인 선교사가 수십 명씩 모여 있음으로 인해 현지인들이 주인의식을 갖고 자라지 못하는 것을 보았다. 그 지역의 책임자가 적극적으로 한국인 선교사들을 세 가정 혹은 네 가정씩 팀을 이루어 흩어서 새로운 지역이나 대학을 개척하면 바람직하겠으나 그렇게 하지 않는 지역들이 나타났다. 이로써 현지인 전도 및 제자 양성이 정체되는 것을 보았다. 이렇게 되어 현지인 대학생 선교를 목표로 삼고 있는 선교지가 한인교회의 분위기를 이루게 되는 것이다.

이는 앞으로 우리 모임이 해결해야 할 문제이나. 선교지가 한인교회처럼 되는 것은 자립·자전·자치를 핵심으로 삼았던 네비우스 선교 전략과도 맞지 않고, 사도 바울의 개척 선교 전략과도 맞지 않는다. 무엇보다도 큰 문제는, 현지인 대학생 전도 및 제자 양성을 통한 현지인 대학생 교회 개척의 역사가 활발하게 일어나지 않는다는 것이다.

다. 섬김과 나눔의 문제

UBF가 이제 49세가 되었다. 나이로 치면 장년에 접어들었다고 할 수 있다. 그러나 지금까지는 학원 선교단체로서, 평신도운동 단체로서, 또한 평신도 전문인 자비량 선교사를 양성하고 파송하는 단체로서 개척기의 역사를 지나 왔다고 할 수 있다. 자립하면서 터를 놓는 기간이었다. 그러므로 우리에게 주신 은사들을 한국 교회의 다른 지체들과 나누고 섬기는 면에서 부족했던 것이 사실이다. 그래서 이제는 섬김과 나눔의 면에서 노력하고 있다. 그리하여 한국 교회의 작은 지체 된 기관으로서, 그리스도의 한 몸을 이루는 작은 지체로서, 한국 교회를 섬기고 나누고 세워 나가는 데 힘쓰고자 한다.

이 책의 발간도 이런 노력의 일환이다. 이 책을 통해서 우리 가운데 일어나고 있는 평신도 전문인 자비량 선교의 사례들과 노하우를 한국 교회와 공유하고자 하는 것이다. 앞으로는 앞에서도 언급한 바 있는 UBF의 평신도 전문인 자비량 선교사들이 양성되는 과정의 핵심 내용을 프로그램으로 만들어 섬김으로, 여기에 관심이 있는 지역교회 목회자들을 초청하여 함께 나누고자 한다.

라. 선교사의 자녀 교육 및 노후 대책

UBF 선교사들은 선교비나 생활비를 지원받지 않고 자비량하는 선교사들이기 때문에 경제적 여건이 좋지 않은 오지 선교사들의 경우 3가지 문제가 나타났다. 첫째는 예기치 않은 질병에 걸린다든지 실직을 하는 경우이고, 둘째는 자녀들이 성장함에 따라 교육에 필요한 재원을 확보하기 어려운 경우이며, 셋째는 아직 발생하지는 않았으나 더 이상 물질적 자립을 할 수 없는 나이가 되었을 경우 노후 대책의 문제이다.

UBF의 지도부는 이런 문제들을 놓고 기도하며 답을 찾아가고 있다. 첫째로 예기치 않게 큰 질병에 걸려 스스로 의료비를 감당할 수 없는 경우는 한국의 파송선교센터(모 지부, 모 교회)와 한국본부와 세계본부에서 긴밀하게 협력하여 의료비를 지원해 주는 정책을 정하여 그렇게 시행하고 있다. 갑자기 실직을 하여 생활이 어려운 경우에도 새로운 자립의 방법을 얻을 때까지 상기와 같은 방법으로 물질을 지원하고 있다. 둘째로 자녀들이 자람으로 고등학교나 대학교의 학비 문제도 상기와 같은 원칙으로 해결해 왔으나 점차 그 수가 늘어남으로 'UBF 장학재단'을 설립하여 해결하고자 기도하고 있다. 국제본부에 모이는 각 나라의 십일조 헌금과 선교사들을 파송한 한국과 선진국에서 사역하는 선교사들이 서로 힘을 합하여 장학기금을 마련하고자 한다. 그러면 장학위원회를 만들어 학비 지원이 필요한 선교사 자녀들이 상황을 파악하고 적절히 지원힐 수 있을 것이다. 본국에서 사역하는 전임사역자들이 검소한 생활을 할 수 있는 만큼 생활비를 지원하면서 자녀들의 교육 문제를 책임져 주듯이 오지 선교사 자녀들의 교육 문제도 책임지고 해결해 주려는 방향이다. 셋째로 선교사들의 노후 대책은 국제이사회에서 연구하여 대비하기로 하였다. 큰 방향은 평생 자비량하며 선교사역을 감당한 선교사들이 소천을 받을 때까지는 본 선교회가 책임감을 갖고 생활을 도와주는 것이다.

마. 전략적 선교사 파송

UBF의 평신도 전문인 자비량 선교사 파송은 하나님께서 길을 열어 주시는 대로 이루어져 왔다. 92개국에 선교사 파송이 이루어졌으나 자비량할 수 있는 기회는 아무래도 마주나 유럽 쪽이 더 많았다. 자연히 이 두 지역의 선교사 수가 다른 지역에 비해 많게 되었다. 세계 교회의 21세기 선교의 목표는 미전도 지역으로 향하고 있다. 미전도 지역은 자비량할 수 있는 기회가 적고, 대부분 열악한 환경이다. 그러나 이런 지역에 더 많은 선교사가 필요하다.

이제 UBF는 선교비를 지원해서라도 이런 지역에 평신도 전문인 선교사를 파송하는 전략적 선교사 파송을 시작해야 한다. 이런 지역에는 최고로 훈련된 정병 선교사를 파송해야 될 것이다. 자비량 선교를 원칙으로 하되 우선 전략적으로 지원받는 선교사를 파송하고, 사역하면서 자비량의 길을 찾게 해야 될 것이다. 이런 지역에 자비량 선교사만 보내려 하다 보면 선교사를 파송할 수 없을 것이기 때문이다. 그런데 이런 지역도 목회자 선교사보다는 평신도 전문인 선교사를 선호하며, 평신도 전문인, 혹은 유학생들은 얼마든지 들어갈 수 있다는 유리한 점이 있다.

마지막으로 선교 열정과 희생정신, 개척 정신을 더해 가는 것이다. 선교지의 상황이 급변하고 있고, 개척기의 UBF 맴들과 오늘날의 리더들 간에 세대차와 의식의 차이가 있기는 하지만 선교 열정과 희생정신, 개척 정신이 초창기보다 약화되고 있는 것이 사실이다.

UBF가 계속해서 주님이 기뻐하시는 선교사역에 쓰임 받기 위해서는 더욱 예수님의 성육신적 삶과 희생정신을 배우고 본받음으로 선교 열정과 희생정신, 개척 정신을 더해 가야 할 것이다.

제5장
평신도 전문인 자비량 선교의 활성화 방안

평신도 전문인 자비량 선교

한국 교회는 지난 10년 동안 평신도 전문인 선교사 파송에 증가 추세를 보였으나 자비량 선교사의 파송은 미미한 상태였다. 더구나 평신도 전문인 선교사들이 선교비를 지원받는다면 기존의 목회자 중심의 선교사 파송의 한계를 극복하기 어렵다고 본다. 또한 이것은 본래적 의미의 전문인 선교 정신에 부합되지 않는 것이다. 이 한계를 극복하기 위해서는 필자가 지금까지 제시해 온 평신도 전문인 자비량 선교를 활성화해야 한다. 그렇다면 평신도 전문인 자비량 선교를 활성화할 수 있는 방안이 무엇이겠는가? 선교 지향적 교회로의 전환, 선교 신학과 선교 방법의 변화, 심도 있는 성경 본문 공부를 통한 선교 헌신자 양성, 기도 지원, 재정 지원, 심방 격려, 다양한 선교 모델 도입, 선교사 자신들의 준비 등을 생각할 수 있다. 이에 대하여 좀더 자세하게 말해 보겠다.

✿ 사도행전 1장 8절

오직 성령이 너희에게 임하시면 너희가 권능을 받고 예루살렘과 온 유대와 사마리아와 땅 끝까지 이르러 내 증인이 되리라 하시니라.

1. 선교 지향적 교회로의 전환

사도행전에서 초대교회를 대표하고 있는 예루살렘 교회와 안디옥 교회는 멋진 대조를 보인다. 예루살렘 교회는 기독교의 시작이요, 사도들이 함께하는 교회로서, 교회의 대표성을 지닌 교회였다. 한편 안디옥 교회는 선교하는 교회로서 선교적 역할을 감당한 점이 특색이다. 사도행전의 기록을 보면, 예루살렘 중심의 초대교회는 초기의 활발한 복음 전파와 공동체적 생활로 칭찬받은 교회였다. 하지만 사도행전 13장부터는 안디옥 교회와 사도 바울을 중심으로 사도행전을 기록하고 있다. 이러한 전환은 기독교가 확장해 나가면서 '하나님이 교회에게 진정 무엇을 원하고 계신가에 대한 방향성을 알려주시는' 표지(標識)이다. 뿐만 아니라 하나님은 선교하는 살아 있는 교회를 통하여 역사를 이끌어가신다는 것을 알 수 있다.239)

하나님께서 그분의 고유한 목적을 위해서 성령을 통해 세우신 교회가 그에게 주어진 다양한 은사와 자원을 선교에 투자하지 않고 그 자체의 존립을 위해 소비한다면, 그것은 하나님의 뜻에 불순종하는 범죄가 되는 것이다. "불이 탐으로 존재하듯이 교회는 선교함으로 존재한다"는 브루너의 명언240)은 곧 진리일 뿐 아니라 교회가 명심해야 될 말이다. 복음을 전하지 않는 교회, 더 이상 선교하지 않는 교회는 존립 목적을 잃은 교회가 되는 것이다.

그러므로 교회 지향적(敎會指向的) 교회에서 선교 지향적(宣敎指向的) 교회241)로 전환되어야 한다. 지역교회가 선교적 사명을 감당하지 못한다면 모이기만 하는 '교회 지향적인 교회'가 되고 말 것이다. 이런 점에서 예루살렘 교회는 '모이는 교회'의 전형이라고 할 수 있다. 성령이 충만했고, 날마다 모여서 교제했으며, 기도와 말씀이 있었고, 성도 간의 사랑이 있었다. 겉으로 보기에 아름다운 교회였다. 그러나 그들은 스스로에 만족하였고, 또 자신들의 세계밖에 몰랐다. 그들이 스스로 만족하고 자신들만의 교회 사역에 빠져들었을 때 교회는 방향성을 잃었고, 전통과 조직과 인간적인 문제들에 휩싸이고 말았다. 결국 예루살렘 교회는 '주는 교회'라기보다는 '받는 교회'로 전락했고, 나중에는 핍박으로 인해 강제로 '흩어지는 교회'가 되었다.242) 다시 말하면 타율에 의하여 선교 지향적인 교회로 바뀌어야만 했던 것이다.

반면에 안디옥 교회는 퍼져 나가는 교회, 곧 '선교 지향적 교회'의 모범을 보여준다. 교회가 합심하여 가장 훌륭한 사역자를 세우고 그들을 선교사로 파송했다. 그들은 자기 지역에 머물지 않고 주님의 선교적 사명을 감당하길 원했다. 이러한 목회적 차이가 예루살렘 교회와 안디옥 교회를 달라지게 만든 것이다.

1990년대에 들어와 한국 교회에 나타난 현상 중의 하나는 '모이는 교회' 형태의 개교회 중심성의 한계라고 할 것이다. 많은 지역교회들이 교회 건물, 수양관, 교회 묘지 등에 힘을 쏟은 것이 사실이다. 이런 현상은 대형교회 지향주의와 맞물려 과도한 경쟁의식과 물량주의, 성공주의, 숫자 콤플렉스, 건물 콤플렉스를 불러일으켰다. 또한 이는 윤리성 결여의 모습으로 외부에 표출되어서 기독교의 이미지를 실추시키는 데 일조했다고 할 수 있다.243) 이것이 오늘날 교회 성장의 정체 현상으로 나타났다고 볼 수 있다. 교회의 역사 속에서 부흥이 가장 활발한 시기는 바로 국내의 전도와 국외의 선교가 동시에 잘 진행되었던 때이다. 한국 교회의 새로운 변화가 요구되는 이때, 한국 교회는 교회 지향적인 '모이는 교회'에서 선교 지향적인 '흩어지는 교회'로의 방향과 사역을 전환하는 것이 필요한 때이다.244)

선교 지향적 교회가 되기 위해서는 무엇보다도 담임목회자들의 의식이 선교 중심으로 변화되어야 한다. 이것은 목회신학과 목회철학의 문제이다. 한국 교회의 현실에서 지역교회에 대한 담임목회자들의 영향력은 매우 크다. 김광건 박사가 한국 교회를 분석할 때, 무의식적으로든 카리스마적 지도자를 직·간접적으로 선호한다고 했다. 전쟁을 겪은 구세대뿐만 아니라 신세대들도 카리스마 지향적 경향을 나타낸다고 분석했다. 아주 날카로운 분석이다. 지도자의 카리스마적 영향력이 매우 중요하다.245) 그러므로 먼저 담임목회자들의 의식 변화가 급선무이다. 물론 필요한 예배당을 짓는 것도 중요하다. 그러나 목회자들은 먼저 큰 예배당을 지으려 하기보다 교인들에게 선교 교육을 시키고 선교사를 양성하여 파송하는 일을 우선적으로 해야 한다. 수만 명의 교인들이 모이는 교회가 단 몇 명의 선교사를 파송하고 있다면 건강한 교회라고 할 수 있을까?

한국 교회는 '숫자 강박관념'과 '건물 강박관념'에서 과감하게 탈피해야 한다. 선교는 우리 주님의 유언이며, 지상명령이다. 또한 교회의 존립 목적이다. 그러므로 목회자가 선교적이 되어 선교를 위하여 기도하고 투자할 때 전 교인들이 선교에 관심을 갖고 기도할 것이며, 선교의 소명을 받고 선교사로 파송받는 신자들이 늘어날 것이다.

목회자들은 '전 신자의 제자화·선교사화'의 비전을 가지고 교인들에게 분명한 선교의 비전을 제시하고 가르쳐야 한다. TAGET 2030에서 선교가 활성화된 지역교회의 기준을 발표하였다. "교회 내 세계선교부 혹은 해외선교위원회의 유무, 교인 300명당 1가정(2명)의 선교사를 파송했거나 7~14가정의 선교사를 협력 후원, 연 최소 1-2회 정도의 해외선교 관련 집회 개최, 연간 교회 경상 재정의 10퍼센트 이상을 해외선교에 사용, 교인 60-70퍼센트 이상이 선교위원회에 소속, 당회에서부터 청년, 대학부, 고등부에 이르기까지 연 1회 이상의 단기선교를 실시하는 교회." 이와 같은 구체적인 선교 비전을 제시하며 공유하고 가르치는 것이 중요하다. 광주 사랑의교회 박희석 담임목사는 'Ten-Ten-Ten Vision From 2007 To 2030'을 제시했다. 2030년까지 '10개 기관 설립, 100명의 선교사 파송, 1,000명의 순장 파송'이라는 아주 구체적인 선교 비전을 교인들에게 제시하고 가르치고 있는 것이다.[246]

또한 목회자들은 '평신도신학'의 바른 정립을 통해 훌륭한 평신도들을 선교에 동원할 수 있도록 발굴하고, 격려하고, 교육해야 할 것이다. 앞장에서 살펴본 대로 각 지역교회 목회자들은 교인 중에서 어떤 유형으로든 해외에 나가 살게 되는 사람들에게 선교 신앙과 선교 사명을 심어 주는 등, 그들이 평신도 전문인 자비량 선교사가 되도록 격려하고 세우는 일을 해야 한다. 유학생이든, 상사 주재원이든, 공관원이든, 사업가이든 영적 지도자가 확신을 갖고 이들을 선교사화한다면 이들은 놀라운 선교의 자원이 될 것이다. UBF가 매년 80-90명의 선교사를 파송할 수 있는 것도 모든 평신도들을 선교요원화하고 있기에 가능한 것이다. 또한 UBF는 모든 회원의 제자화·선교사화의 목표를 갖고 선교 지향적인 공동체로 성장하도록 계속하여 노력하고 있다. 목회자들이 '평신도들을 선교사로 동력화하느냐 못 하느냐'에 21세기 선교의 성패가 달려 있다고 해도 과언이 아니다.

또한 교회 지도자들은 '세계의 교회는 하나'라는 교회의 세계성을 인식해야 한다. 이를 통해서 독선과 편견, 개교회주의 혹은 개교파주의를 탈피해야 한다. 교회는 곧 그리스도의 몸이라고 했는데, 거시적으로 볼 때 지구상의 교회는 하나이다. 하나님께서는 세계 구원의 뜻을 이루시기 위해 다양한 은사들을 통한 다양한 형태의 교회 혹은 교파를 허락하시고, 특수한 사명을 위하여 '특수교회' 형태의 독립선교회도 허락하셨다. 그러므로 모두는 서로 상대방을 인정하고, 거시적인 안목으로 서로에 대하여 '그리스도의 몸을 이루는 지체들'이라는 의식을 가져야 한다. 이럴 때 서로 협력하고 동역하는 '성숙한 선교'를 이룰 수 있을 것이다.

2. 선교 신학과 선교 방법의 변화

'지구촌 목회'(global ministry)를 해야 할 21세기 선교를 섬기려면 선교 신학과 선교 방법에 있어서 변화가 있어야 한다. 오늘날 세계의 특징은 지구가 하나의 마을로 되어가는 지구촌화(공동운명체), 과거의 일원성과 획일성에 가치 · 이념 · 문화 · 종교의 다양성을 인정하는 다원화, 고도의 지식과 기술을 표방하는 전문화, 그리고 새로운 지식과 정보의 창조 및 축적과 함께 이에 따른 책임성이 강조되는 정보화 등이라고 말할 수 있다.[247] 이와 같은 지구촌화 · 다원화 · 전문화 · 정보화 시대에 타문화권에 효과적으로 복음을 전하고자 할 때, 선교의 개념 정립과 선교 방법에도 수정이 필요하다.

지난날의 선교의 개념은 '교회의 선교' 혹은 '하나님의 선교'(missio Dei)로, '영혼 구원' 혹은 '사회 구원'으로 양분되어 어느 한 쪽에 치우쳤다. 여기에 대하여 허버트 케인은 "복음주의는 선교를 전도와 동일시하여 영혼 구원은 잘하지만 다른 활동에 참여하는 데는 느리고, 반면 자유주의자들은 사회 봉사는 잘하지만 영혼 구원에는 관심이 없다"라고 양자의 문제점을 지적했다.[248] 이러한 선교에 대한 이해의 한계를 극복하고, 복음 전파를 통한 영혼 구원과 함께 그리스도의 이름으로 하는 다양한 봉사를 통한 전인 구원(全人救援), 더 나아가 '세상의 구원'을 목표로 하는 선교의 개념으로 선교신학을 정립해야 할 것이다. 선교 방법에 있어서도 선교지의 종교·문화·역사 등을 깊이 통찰하고 연구하여 그 선교지에 가장 효과적으로 복음을 전달할 수 있는 다양한 방법들을 찾아야 한다. 무엇보다도 평신도 전문인들을 선교에 동원할 수 있는 선교 신학과 방법이 세워져야 할 것이다. 이상과 같은 선교 신학과 선교 방법론을 정립하고, 이를 교육하고 실천해야 한다.

3. 심도 있는 성경 공부를 통한 선교 헌신자 양성

UBF 파송 평신도 전문인 자비량 선교사들은 대부분 대학 1학년 때부터 7,8년 이상 체계적인 성경 공부를 통해서 신앙의 기초가 철저히 다져지고 성경을 자립적으로 가르칠 수 있는 성경 선생으로 준비된 후에 선교 훈련을 받고 파송을 받는다. 전 회원 제자화, 선교사화의 방향 가운데 성경 공부를 통한 제자화·선교사화의 과정을 거침으로 3,000명 이상의 평신도 전문인 자비량 선교사들이 90여 개국에 파송되어 현지 대학생 전도 및 제자화의 사역을 섬길 수 있게 된 것이다.

KWMA의 강승삼 박사는 한국 선교사들이 다수가 어떤 선교사로 준비될 것인가 하는 것(Being)보다 선교사로서 어떻게 사역을 할 것인가(Doing)에 더 많은 관심을 갖고 있는 것을 문제로 지적했다.249) 전문인 자비량 선교사는 자기의 직업에 종사하면서 선교하는 형태이므로 물질을 지원받으며 선교하는 선교사들과 차원이 다르다. 몇 배의 무거운 십자가를 지면서 선교를 하고 있다고 할 수 있다. 이들이 열매를 맺고 하나님께 영광을 돌리는 전문인 선교사가 되는 관건은 선교 훈련에 달려 있다고 해도 과언이 아니다. UBF의 선교 훈련의 기본은 어떻게 사역을 할 것인가(Doing)를 훈련시키는 것이 아니라 먼저 선교사로 준비되도록(Being) 하는 훈련에 수년씩 투자하고 있다.

평신도 전문인 자비량 선교사 양성과 이들을 통한 세계 선교를 실천하려면 신학 일반과 타문화에 관한 다양한 훈련이 필요하되, 먼저 성경 본문 공부에 더 많은 비중을 두고 선교의 모델이 되시는 예수님과 전문인 자비량 선교의 모델이 되는 사도 바울을 본받는 선교사가 되는 훈련, 곧 먼저 'Being'이 되도록 돕는 훈련을 시켜야 할 것이다. 다시 말하면, 예수님처럼 자기를 낮추고 비우고 희생하는 선교사, 사도 바울이 선교사로서 물질 지원을 받을 수 있지만 예수님의 자기 희생적 삶을 배우고자 스스로 자비량하기로 결단하고 실천했던 철저한 자기 비움과 자기 희생의 정신, 철저한 성경적 가치관과 세계관의 정립, 단순하고 우직한 믿음과 순종의 삶, 하나님께 헌신된 분명한 소명의식, 자기 절제와 깊은 기도생활을 영위할 수 있는 탁월한 영성, 하나님의 마음에 합한 비전의 정립 등을 도와야 할 것이다. 더 나아가 자립적으로 전도와 제자 양육을 할 수 있는 성경 선생으로서의 역량을 갖추도록 돕고, 개인의 영성을 계속 극대화할 수 있는 영성 훈련을 도와주는 것이 바람직하리라 생각된다. 전문인 자비량 선교의 성패는 선교사 훈련에 달려 있다고 해도 과언이 아니다. 어떤 훈련 과정을 통하여 어떤 전문인 자비량 선교사로 준비되는가 하는 것이 전문인 자비량 선교 활동의 성패를 가를 수 있다.

김명혁 박사는 21세기 선교의 비전과 전략은 선교의 최초의 모델이신 예수님의 '성육신적' 삶을 따라서, 그리고 그 뒤를 이은 사도 바울의 '자기 부정적' 삶을 따라서 사는 것이라고 말했다.250) 그 역시 선교사의 준비와 삶에서 'Being'의 문제를 강조하고 있음을 알 수 있다. 그가 말한 10가지의 성육신적 선교 원리를 요약하면 다음과 같다.

첫째, 성육신적 선교운동은 '되는' 데 있다. 예수님이 보여주신 선교는 '되는' 것이다. '말씀이 육신이 되어', 곧 선교는 사람이 되는 것이고, 삶이 되는 것이다. 예수님은 말씀으로 머물지 않고 사람이 되셨고, 삶이 되셨다. 사도 바울은 자기의 선교 방식을 설명하면서 '유대인들에게는 유대인과 같이 되는 것이고, 율법 아래 있는 자들에게는 율법 아래 있는 자같이 되는 것이고, 율법 없는 자에게는 율법 없는 자와 같이 되는 것이고, 약한 자들에게는 약한 자와 같이 되는 것이고, 여러 사람에게는 여러 모양이 되는 것'이라고 고백하였다(고전 9:20-22). 성육신적 선교운동이란 '되는 것'이다. 말이 아닌 삶이 되는 것이다.

둘째, 성육신적 선교운동은 '거하는 데' 있다. 예수님이 보여주신 선교가 '거하는 것' 이었기 때문이다. '우리 가운데 거하시매.' 선교는 거하는 것이다. 거한다는 것은 천막을 치고 함께 산다는 것이다. 예수님은 30년 동안 사람들과 함께 사셨다. 사도 바울은 안디옥에 가서, 빌립보에 가서, 데살로니가와 베뢰아와 고린도에 가서 그리고 에베소와 로마에 가서 그곳에 있는 사람들과 함께 거하며 살았다. 그리스도인들이 세계 곳곳에 가서 그곳에 있는 현지인들과 함께 살면서 그리스도를 나타내 보여주는 것이 선교이다. 기쁨과 즐거움, 슬픔과 아픔을 서로 나누면서 함께 사는 것이 '성육신적' 선교이다.

셋째, 성육신적 선교운동은 '은혜가 충만한 데' 두어야 할 것이다. 예수님이 보여주신 선교가 '은혜가 충만한 것' 이었기 때문이다. '은혜와 진리가 충만하더라.' 선교는 은혜가 충만한 것이다. 선교는 은혜를 충만하게 베푸는 것이다. 즉 착함과 관용과 사랑을 충만하게 베푸는 것이다.

넷째, 성육신적 선교운동은 '하나님 나라 선포' 에 두어야 할 것이다. 예수님이 분부하신 선교가 '하나님 나라 선포' 였기 때문이다. "가면서 전파하여 말하되 천국이 가까이 왔다 하고"(마 10:7). 선교는 하나님 나라의 도래와 종말을 선포하는 것이다. 주님의 재림이 매우 가까운 21세기를 살아가는 오늘의 선교야말로 그 초점을 하나님 나라의 도래와 종말의 선포에 두어야 한다고 생각한다. 초대 교회의 목회자들과 선교사들에게는 종말의식이 충만했다. 그런데 오늘날의 목회와 선교는 그 초점을 너무 현실적 정치, 경제, 문화, 민족 등에 두고 있다고 생각된다. 예수님은 부활하신 후에도 제자들에게 선교 위임명령을 다시 부여하시면서 '민족이나 나라'의 회복에 관심 두지 말고, 오직 하나님 나라의 도래에 두며 구름 타고 다시 오실 주님의 재림에 두라고 암시하셨다. 민족을 무시하거나 등한시해서도 안 되지만 민족주의나 교파주의는 반드시 극복하여야 할 것이다. 그리고 하나님 나라의 도래(현실적이고 미래적인)에 모든 관심을 기울이고 재림의 주님을 바라보며 종말을 준비하도록 하는 종말 지향적 선교를 하는 것이 옳다고 생각한다.

다섯째, 성육신적 선교운동은 치유와 구원에 두어야 할 것이다. 예수님이 분부하신 선교가 치유와 구원의 선교였기 때문이다. "예수께서 열두 제자를 불러 모으사 모든 귀신을 제어하며 병을 고치는 능력과 권위를 주시고 하나님의 나라를 전파하며 앓는 자를 고치게 하려고 내보내시며"(눅 9:1-2). 성육신적 선교의 선교 모델인 예수님께서 제자들에게 보여주시고 분부하신 대로, 사람을 살리는 구원과 치유가 되어야 할 것이다. 선교는 십자가의 피와 하나님의 말씀을 통한 인간의 전인적인 치유와 구원에 초점을 두어야 한다. 민족주의와 종교주의적 갈등과 대결이 극심해지는 21세기의 선교야말로 말을 전하는 것보다는 사람을 고치고 살리는 치유와 구원을 베푸는 것이 되어야 할 것이다.

여섯째, 성육신적 선교운동은 동반자적 협력에 두어야 할 것이다. 예수님이 보여주신 선교의 방식이 '동반자적 협력'이었기 때문이다. "그 후에 주께서 따로 칠십 인을 세우사 친히 가시려는 각 동네와 각 지역으로 둘씩 앞서 보내시며"(눅 10:1). 예수님께서 제자들을 선교사로 보내실 때 열둘, 또는 70인을 둘씩 짝을 지어 보내셨다는 사실은 매우 중요한 의미를 지니고 있다고 생각한다. 이는 예수님께서 나 혼자만을 귀하게 보시지 않았고, 다른 사람들도 귀하게 보셨다는 것이다. 서로 싸우지도, 경쟁하지도, 크려고도 하지 말고 함께 협력하며 사역을 하라는 암시였다고 생각한다. 예수님께서 제자들을 위해서 "그들도 하나가 되게 하옵소서"(요 17:11)라고 기도하셨는데, 그래야 세상이 아버지와 아들을 믿게 될 것이라고 지적했기 때문이다(요 17:21).

일곱째, 성육신적 선교운동은 '땅 끝까지 모든 족속에게' 이르는 데 두어야 할 것이다. 예수님이 분부하신 선교가 "땅 끝까지 이르러(행 1:8) 모든 민족에게"(마 28:19) 복음을 전파하라는 것이었기 때문이다. 21세기 선교는 선교의 집중과 중복을 피하고 복음이 아직 전파되지 않은 미전도 종족을 찾아가는 '전방 개척 선교'가 되어야 할 것이다. 사도 바울은 아직 복음이 전파되지 않은 이방을 향하여 달려간다고 선언했고, 땅 끝인 서바나까지 가기를 소원한다고 고백했다. 사도 바울에게 있어서 그 당시 반기독교 세력의 심장부였던 로마가 정죄나 타도의 대상이 아닌 선교의 마지막 종점이 되었고, 순교의 마지막 제단이 되었다. 이처럼 이슬람, 중국, 북한도 우리에게 있어서 선교의 마지막 종점이 되어야 할 것이다. 그들이 사는 곳이 우리의 순교의 제사를 드릴 마지막 제단이 되어야 할 것이다.

여덟째, 성육신적 선교운동은 '전 교회 총동원'에 두어야 한다. 땅 끝까지 이르러 모든 족속에게 복음이 전파되기 위해서는 '전 교회 총동원'이 되어야 할 것이다. 사도 바울과 사도행전의 선교운동을 보면 '전 성도 총동원'에 두었고, '전 성도 전문인 사역'에 있었기 때문이다. "그 흩어진 사람들이 두루 다니며 복음의 말씀을 전할새"(행 8:4).

아홉째, 성육신적 선교운동은 '버림과 떠남'에 두어야 할 것이다. 예수님이 보여주신 선교의 방식이 '버림과 떠남'이었기 때문이다. "선한 목자는 양들을 위하여 목숨을 버리거니와"(요 10:11). "내가 떠나는 것이 너희에게 유익이라"(요 16:7). 사도 바울도 개척하기 위해서 '날마다 죽노라'고 결단하며 선교를 하였고, 개척된 곳은 '현지인 리더'를 세우고 떠났다. 그는 오직 주님을 위해서 오직 양 무리들을 위해서 모든 것을 다 버리고 가볍게 떠났다.

열째, 성육신적 선교운동은 '하나님의 영광'에 두어야 할 것이다. 예수님이 보여주신 선교의 최종 목적은 '하나님의 영광'이었기 때문이다. "아버지께서 내게 하라고 주신 일을 내가 이루어 아버지를 이 세상에서 영화롭게 하였사오니"(요 17:4). 예수님께서 성육신하신 후 세상에서 인류 구원의 모든 일을 다 이루신 것은 하나님을 영화롭게 하고 하나님께 영광을 돌리게 하심이라고 말씀하셨다. "베드로가 어떠한 죽음으로 하나님께 영광을 돌릴 것을 가리키심이러라"(요 21:19).

수제자 베드로가 주님께서 분부하신 선교 위임 명령을 순교의 제물로 마감하게 되는 최종 목적도 하나님께 영광을 돌리는 데 있다고 미리 말씀해 주셨다. 우리는 우리의 모든 사역의 최종 목적과 원리를 하나님의 영광을 추구하는 데 두도록 혼신의 각오와 노력을 다하여야 할 것이다. "그런즉 너희가 먹든지 마시든지 무엇을 하든지 다 하나님의 영광을 위하여 하라"(고전 10:31).

폴 히버트는 《성육신적 선교사역》이라는 그의 책에서 사역지 문화에 대한 선교사들의 이해를 강조하고 있다.

"사역에 대한 성육신적 접근은 선교사의 형편에 따라서가 아니라 사역 대상자들이 처한 형편 속에서 그들을 만나야 함을 의미한다. 먼저 그들이 세상을 보는 방식에 대해서 배워야 한다. 그들의 문화를 이해해야 한다. 자문화중심주의를 철저히 벗어나야 한다. 현장 사람들과 동일시되기 위해서는 시간과 노력을 필요로 한다. 가장 깊은 차원의 성육신적 사역은 사역 대상자들을 진정으로 사랑하고 그들이 선을 이루고 구원에 이르도록 하는 데 우리 자신을 헌신하는 것이다."251)

　1964년 1월, 내가 대학 1학년이었던 겨울, 나는 학교 게시판에 붙은 한 광고를 보았다. 그 내용은 '영어 성경 및 영어 회화 공부, 강사는 미국인 사라 배리 선교사' 라는 것이었다. 당시 미국 사람을 직접 만나는 것은 쉽지 않았기에 스스로 찾아갔다. 20명쯤 모였다. 시내에 있는 한 예배당을 빌려 월요일부터 금요일까지 매일 오전 3시간, 오후 3시간 영어 성경 공부와 영어 회화 공부를 했다. 나는 처음 성경을 접했다.

　한 달 반쯤 지나 종강을 할 때가 되자 7-8명 정도가 남았다. 사라 선교사는 종강 파티를 자기 집에서 하겠다고 했다. 난생 처음 미국 사람의 집에 가 본다는 호기심이 생겼다. 당시에는 미국 선교사들이 어느 도시든지 외곽 숲속에 미국식 집을 짓고 살고 있었기 때문이다. 아마도 위생이나 신변 안전 문제로 그렇게 했을 것이다. 그런데 그분이 살고 있는 곳은 연탄불을 때는 단칸 온돌방이었다. 모포 한 장과 몇 권의 책이 살림의 전부였다. 사라 배리 선교사는 당시 31세의 미모의 여성이었다. 밝고 재미있고 구김살이 없었다. 우리를 진실되이 대하며 열심을 다해 영어와 성경을 가르쳐 주었다. 그분이 섬기는 예수님이 누구시기에 이런 미인 미국 처녀가 이렇게 살고 있을까? 한편으로는 충격을 받았고, 한편으로는 깊은 의문을 갖게 되었다. 이분은 현재 81세의 처녀이신네, 시카고 UBF에서 지금도 비슷하게 살고 계신다. 아직도 대학생들에게 일대일로 성경을 가르치고 있다. 아마도 이때 하나님은 처음으로 그를 통해 나에게 예수님을 보여주시고, 나를 체포하신 것 같다.

이후로 필자는 광주에서 막 일어난 UBF 운동에 행사가 있을 때마다 초청을 받아 가게 되었는데, UBF의 설립자인 고 이창우 강도사(이사무엘 박사) 가정도 비슷하게 살고 있었고, 사라 배리 선교사는 광주에서도 셋방에 살고 있었다. 오랜 후에야 이분들이 예수님의 성육신적 삶을 본받아 이렇게 살고 있음을 알게 되었다. 그리고 이분들은 나의 인생에 큰 영향을 끼친 분들이 되었다. 이 경험이 UBF의 캠퍼스 전도, 제자화, 평신도 전문인 자비량 선교를 이해하는 첫 단추라고 말할 수 있다. 필자는 졸업 후 은행원과 군대 생활 등 5년간 사회생활을 경험했다. 1972년 스물여덟 살의 나이에 하나님은 나를 UBF 전임사역자로 부르셨다. 그리고 지금까지 38년간 대학생 전도와 제자 양성, 평신도 전문인 자비량 선교사 양성 및 파송의 한 길을 달려오게 하셨다.

4. 기도 지원, 재정 지원, 편지 지원 및 선교지 방문 등

1) 기도 지원

오스왈드 샌더스가 "기도는 보충적인 것이 아니고 근본적인 것"

이라고 지적했듯이, 선교사역에서 기도는 단순한 지원 사역이 아니고 바로 선교사역 그 자체이다.252) 따라서 파송 교회 혹은 선교회에서는 파송한 평신도 선교사들에 대해서 깊은 관심을 갖고, 항상 형편을 살피며, 전폭적인 기도 지원을 해야 한다. 현지에서 자기 직업을 갖고 일하면서 선교 사명을 감당하는 것은 쉬운 일이 아니다. 본국의 기도 지원 없이는, 사실상 불가능하다고 할 수 있다. 본국에서 끊임없이 이들을 위하여 기도할 때, 하나님께서 성도들의 기도를 받으시고 성령을 부어 주셔서 평신도 자비량 선교사로 하여금 3, 4중의 십자가를 능히 질 수 있게 하시고, 열매를 맺게 하시는 것이다.

중보기도의 능력은 성경에 잘 나타나 있다. 그 예는 먼저 아브라함에게서 발견할 수 있다. 아브라함이 소돔과 고모라 성을 위해 간절히 기도할 때, 하나님께서는 그의 기도를 들으시고 롯을 구원해 주셨다. 이런 중보기도의 능력은 모세의 중보기도에서 더욱 잘 찾아볼 수 있다. 출애굽한 이스라엘은 오합지졸이었지만, 아말렉은 무장된 군대였다. 이때 이스라엘의 지도자 모세는 이 싸움을 여호수아에게 맡기고 자신은 산꼭대기에 올라갔다. 싸움이 시작되었다. 그런데 성경은 이 싸움이 군사력의 우위에 따라 결정되지 않았음을 분명히 밝히고 있다. 출애굽기 17장 11절에 보면 "모세가 손을 들면 이스라엘이 이기고 손을 내리면 아말렉이 이기더니"라고 했다. 결국 아론과 훌이 모세의 양손을 높이 들어줌으로, 이스라엘은 첫 전투에서 대승을 거두었다. 이를 통해 실제 전투는 모세의 중보기도였고, 여호수아와 이스라엘 백성은 이 기도의 열매를 주워서 취하는 역할을 하였다고 볼 수 있다. 이처럼 파송 교회 동역자들의 간절한 중보기도로 선교사들은 열매를 거두는 기쁨을 누릴 수 있다. 한 사람 '알리'의 구원을 위해 20년을 눈물과 기도로 지원한 어느 노부부의 이야기를 김요한 선교사는 다음과 같이 기록하였다.

    1994년 7월 저는 T국에서 호텔 지배인으로 있는 알리를 만나고, 그에게 성경을 선물하였습니다. 그는 "성경과 예수"라는 비디오테이프를 보는 가운데 예수님을 영접하였습니다. 선교 기도 모임을 위해 영국으로 가는 길에 알리의 소원 하나를 듣게 되었습니다. 20년 전 알리는 영어를 배우기 위해서 영국의 어느 도시에서 체류하게 되었는데, 이때 프랭크와 윈니라는 노부부의 집에서 1년 이상 하숙을 하였다고 했습니다. 그때 노부부가 알리에게 극진한 사랑을 베풀어줘 지금껏 그들을 못 잊고 있었는데, 그의 소원은 바로 그들의 생사 여부를 알고 싶다는 것이었습니다. 영국에 도착한 우리는 수소문 끝에 노부부에게 전화를 하게 되었고, 알리가 예수님을 영접했다는 소식을 전하였습니다. 바로 이때 윈니 부인은 감격에 겨워 눈물을 터뜨리며 이렇게 더듬거렸습니다. "주님께서 알리의 구원을 위해 20년 동안 기도하게 하시더니, 제가 주님 품에 가기 전에 이 기쁜 소식을 알게 하시는군요." 253)

    기도 지원의 방법으로는 다음과 같은 것을 실천할 수 있다. 첫째로, 한국 교회 신자들의 기도 능력이 가장 강력하게 나타나는 매일 새벽기도회 때, 각 교회(선교회)마다 파송 선교사들의 상세한 기도제목을 기록한 기도표를 만들어 모든 신자들이 이를 기초로 매일 새벽에 열렬히 기도함으로 기도 지원을 감당할 수 있다. 둘째로, 금요 철야기도회 시간에 선교사들을 위한 기도시간을 대폭적으로 할애하여 기도를 진행시켜 나갈 수 있다. 셋째로, 주일예배의 공기도 시간에 선교사들에 대한 기도제목을 가지고 기도할 수 있다. 넷째로, 구역예배 시 성경 공부를 하고 기도시간을 갖는데, 이때 선교위원회가 특별 제작한 선교를 위한 기도 요청지를 활용해 매주 구역예배나 속회에서 사용하게 하는 방법도 있다.254) 다섯째로, 매년 갖는 각종 수련회에 '세계 선교 환상의 밤' 시간을 만들어 직접 선교사님들의 보고도 듣고 간절한 중보기도를 하는 방법도 있다. 이는 중보기도뿐만 아니라 세계로 부르시는 하나님의 비전을 볼 수 있는 좋은 기회가 될 것이다.

2) 재정 지원

전문인 자비량 선교사는 스스로 생활비를 벌면서 선교하는 것을 원칙으로 한다. 그러나 분명한 직장을 통해 나가는 경우를 제외하고는, 특히 선교 개척기나 선교 오지로 나갈 경우에는 처음부터 재정적 자립을 이루기가 쉽지 않다. 그러므로 개척 자금 없이 선교 오지로 파송받은 전문인 자비량 선교사들에게는 선교 정착비와 자립할 때까지의 최소한의 생활비를 본국에서 지원해야 할 것이다. 또한 예기치 못한 질병이나 사고를 만나게 되었을 때 그리고 선교의 거점(base camp)을 만들어 효과적인 선교를 하고자 할 때에도 피송교회가 실상을 잘 파악하여 필요한 비용을 적극적으로 지원해야 할 것이다. 어떤 선교회에서는 일정 지역에 파송된 평신도 선교사들이 함께 모여서 선교 활동을 할 수 있도록 일정 지역에 선교센터를 구입하여 선교의 거점을 만들어 매우 효과적인 선교를 하고 있다. 특히 모스크바와 X국 등을 비롯한 특별지역에는 선교센터를 구입하여 베이스 캠프(base camp)를 만들어 선교사들이 이곳을 중심으로 매일 모여서 함께 성경을 공부하고, 기도모임을 이루고, 제자를 양육하고, 예배를 드리며 선교하고 있는데, 이런 효과적인 선교로 현지인들 가운데 많은 열매를 맺고 있다.

또한 그리스도의 이름으로 행하는 봉사 활동을 위한 재정 지원도 필요하다. 예를 들면, 아프리카 우간다에 의료선교사로 파송된 유 선교사 가정은 대학병원에서 일하며 의대생들을 성경 공부로 전도하여 제자훈련을 시켰다. 그리하여 이곳에 현지 대학생 교회가 설립되었다. 본국 선교회는 이 선교사의 요청으로 수차례에 걸쳐 의료기구와 의약품들을 이 병원에 보내 주었다.[255] 이로써 현지인들과 좋은 유대관계를 맺게 되었고, 복음 전파와 의료 선교 사업에서도 좋은 결실을 맺게 되었다. 이러한 역할이 파송 교회와 선교회가 감당해야 할 역할인 것이다.

자립할 수 있는 일자리가 전혀 없는 미개발국에 선교사를 파송할 경우에는 본국 선교부가 생활비를 지원할 수밖에 없다. 이런 경우에도 이제는 목회자 대신에 전문 기술과 지식을 가진 평신도들을 선교사로 파송해야 할 것이다.

3) 편지 지원 및 선교지 방문

선교사들이 선교 현장에서 겪는 큰 어려움 중 하나는 외로움이다. 모국과 모교회(母教會)에 대한 향수는 누구도 피할 수 없는 인간의 성정이다. 특히 오지에 혼자 혹은 한 가정만 떨어져서 선교를 해야 하는 개척 선교사들의 경우에는 이 문제가 매우 심각하다. 여기에다가 문화적인 이질감과 현지인들의 냉대 등이 심할 경우에는 정신적 상처를 받기도 하고 정신질환을 앓는 경우도 있다. 그러므로 파송 교회의 신자들은 현장에 파송된 선교사들의 동역자요, 친구로서 위로와 격려의 편지를 보내는 데 힘써야 한다. 본국에서 어떻게 선교사들을 위해 기도하고 있으며, 또 본국에는 어떤 은혜의 역사가 일어나고 있는지를 자세히 알려줌으로 항상 본국의 동역자들과 가까이 있다는 마음을 가질 수 있도록 도와야 한다.

뿐만 아니라 필요한 때에는 파송 교회의 목회자나 신앙적 영향력이 있는 자비량 사역자들이 직접 선교지를 방문하여 얼마간 머물면서 어려움도 들어주고, 성경 공부 및 합심 기도 등을 통해 도와주어야 한다. 이때 본국의 동역자들이 선물을 보내어 격려할 수도 있다. 선교지에서 수련회를 갖는 경우에도 이런 방법으로 적절한 도움을 줄 수 있다. 특히 전문인 자비량 선교사의 경우는 원하는 대로 휴가를 내기도 어렵다. 그러므로 더욱 적극적으로 본국에서 인적·물적 자원을 투자하여 선교지를 방문하고, 적절한 수련회 및 영성 계발 프로그램을 운영하여 영육 간에 도움을 주어야 한다. 이 경우에 유의할 점은 선교지를 방문하는 분들이 아무런 영적 도움도 주지 못하고 번거롭게만 함으로 오히려 선교사들에게 부담을 주거나 힘을 빼는 일이 없도록 하는 것이다.

4) 선교사 재충전 및 복지 후생

선교사들이 일정 기간 사역을 하고 나면 영육 간에 쉼과 재충전이 필요하다. 이를 위한 '안식년 제도'는 성경이 가르쳐 주는 지혜이다. 전문인 자비량 선교사들은 시간적으로 자유롭지 못한 경우가 많지만, 적절하게 시간을 내어 본국에 와서 영육 간에 재충전할 수 있도록 파송 교회에서 적극적으로 배려해야 한다. 이 밖에 적용이 가능한 사람에게는 목회자들에게 제공하는 안식년 제도를 적용해야 할 것이다.

본국에 오면, 체류 기간에 맞는 재충전의 프로그램을 제공함으로 하나님의 말씀으로 재무장할 수 있도록 하고, 또 적절한 쉼을 얻도록 해야 한다. 그리고 사역의 결과와 어려움 및 기도 지원에 필요한 정보들을 보고할 기회를 마련해 주어 모든 신자들이 실제적인 관심을 갖고 기도 지원을 할 수 있도록 배려해야 한다. 형편이 어려운 경우에는 여비도 지원하고, 본국 동역자들의 따뜻한 영접과 사랑으로 일시 귀국한 선교사들에게 위로와 힘을 주어야 한다.

자녀 교육의 문제에 대해서도 섬세한 배려를 해야 한다. 특히 교육 여건이 열악한 지역에서 사역하는 선교사들의 경우에는 더욱 마음을 써서 자녀들이 정상적 교육을 받을 수 있도록 배려해야 한다. 아시아 지역에 파송된 선교사들의 자녀 교육을 돕기 위해서 여러 교단과 독립선교회가 협력하여 필리핀 마닐라에 '한국인 선교사 자녀 학교'를 설립하여 운영하고 있는 것은 매우 다행스러운 일이다. 정기적인 교육 이외에도 선교사 자녀들을 본국에 초청하여 한국어와 한국 역사 등을 공부하게 함으로써 2세들이 부모들의 좋은 동역자요, 2세 선교사로서 동일성을 가질 수 있도록 돕는 것이 필요하다.

또한 앞에서도 언급했거니와 선교사들이 건강에 어려움이 생겼거나 소천을 당했을 경우, 적절하게 돌봐주는 것이 필요하다. 그리고 선교사들이 사역을 마치고 현역에서 은퇴하게 되었을 때에도 적절하게 돌봐줄 수 있도록 준비를 해야 할 것이다. 이상과 같은 복지 후생과 선교사 관리를 위해서 선교본부에서는 중장기적인 계획 가운데 구체적인 대책을 세워 나가야 할 것이다.

5) 선교사 위기관리기구 조직 및 운영

한국 선교계는 21세기에 들어와서 위험 선교 지역에서 일하는 선교사들의 신변 안전에 관한 여러 위기 상황에 적극 대처하기 위하여 한국 선교사 위기관리기구를 공식적으로 설립할 것을 논의하였다. 2004년 한국세계선교협의회를 주축으로 1년간 협의하여 선교사 위기 관리 지침서를 작성하였다.256) 이 지침서는 회원 선교 단체에 적용되었으나, 이제는 한 단체의 선교사 피랍이 한국 선교계 전체에 미치는 영향을 감안하여 한국 선교사 위기관리기구를 설립하여 각 선교단체의 위기관리위원회와 공동 대처해 나가기로 하였다.

오늘날 선교지, 특히 창의적 접근 지역과 이슬람 지역 등지에서는 선교사의 삶과 사역에 있어서 위기가 많이 발생한다. 위기 상황에서 우리 선교사들과 선교 단체들이 어떻게 대처해야 할 것인가에 대하여 각 교단과 선교 단체는 선교사 위기 관리 계획을 미리 세워 두어야 한다. 그 내용은 위기 관리 기본 정책이 무엇이며, 위기 관리 책임자는 누구인지, 의사소통은 어떻게 연결되어 있는지, 관련되어 있는 사람들, 예를 들어 가족과 친지, 후원자, 교회 등에서 어떤 조치를 취해야 하는지 등에 관한 것이다. 그리고 선교사 개인과 선교 단체는 어떻게 대처해 나가야 할 것인가에 대해 사전에 비상 대책을 구체적으로 마련해 두어야 한다.

6) 파송 교회(선교회)간의 협력

한국 교회 선교에 있어서 큰 문제점 중 하나는, 본국에서나 선교 현지에서 선교 협력이 결여된 각개전투식의 산발적인 선교를 한다는 것이다. 심한 경우에는 선교사들끼리 분쟁과 다툼이 일어나는데, 이것은 하나님 앞에서 큰 죄이다. 선교 현지에서 불필요한 선교

자원의 낭비를 막고 효과적인 선교를 하기 위해서는 선교사들 간에 협력이 잘 이루어져야 한다. 파송 기관이 서로 다르더라도, 동일하신 하나님의 부르심을 받고 선교지에 파송된 선교 동역자를 존중하고 귀하게 여겨야 한다. 이를 위해서는 경쟁의식이나 자기 교파 혹은 자기 교회 중심적인 성숙하지 못한 태도를 버려야 한다. 목회자 선교사들은 전문인 자비량 선교사들을 존중하고, 전문인 자비량 선교사들은 목회자 선교사들을 존중해야 한다. 상대방을 존중하지 않는 것은 성숙하지 못하다는 것이다. 모두가 그리스도의 몸을 이루는 지체라는 의식을 갖고, 그리스도의 마음으로 남을 낮게 여기는 자세가 필요하다. 아울러 공식적인 선교사 모임도 강화되어야 할 것이다. 이런 점에서 한국선교사협의회를 통한 선교사들 간의 연합은 바람직하다고 할 수 있다.[257]

본국에서는 선교사를 파송하고 있는 교단이나 선교회들이 한국세계선교협의회와 같은 협의기구를 매개체로 하여 여러 방면에서 실질적인 선교 협력을 이루어야 한다. 이렇게 할 때 한국 교회의 선교 역량이 총집결되어 최대의 효과를 거둘 수 있을 것이다.

5. 다양한 전문인 자비량 선교 모델 발굴

1) 선교 모델의 발굴

이미 이루어지고 있는 평신도 전문인 자비량 선교사들 중에서 모델이 될 만한 선교사들의 사례를 직업별·지역별로 보여준다면, 이를 모델로 삼아 다양한 전문직을 가진 선교 후보생들이 시행착오를 덜 거치고 선교사역에 공헌할 수 있을 것이다. 이를 위해 UBF에서는 직업별로 좋은 선교사의 모델들을 발굴하여 《UBF 평신도 전문인 자비량 선교의 개척자들》이라는 제목의 책을 발간하고자 한다. 앞으로 많은 선교사들을 소개함으로써 전문인 자비량 선교에 소원을 갖고 기도하며 준비하는 분들에게 도움을 주고자 한다.

2) 650만 한인 디아스포라들의 선교 동력화

디아스포라 선교는, 구약에서는 바벨론 포로생활에서 찾아볼 수 있다. 신약에서는 예루살렘 성도들의 핍박으로 인하여 유대와 사마리아와 땅 끝까지 이르러 흩어져 나가면서 복음을 전하던 사역을 들 수 있다. 한인 디아스포라 측면에서 한국 5천 년 역사 동안에는 한국 백성이 한반도와 만주에서 벗어나지 못했다. 그러나 일본 침략을 받으면서 세계 각처에 흩어지게 되었다. 하나님께서는 러시아, 중국, 일본으로 우리 백성을 흩어 놓으셨다. 그리하여 지금도 러시아에 60만, 중국에 300만, 일본에 70만이 살고 있는 것이다. 다시 하나님은 한국 전란을 통해서 한국 백성을 캐나다, 아프리카, 미국, 남미로 흩으셨고, 다시 중동 각 나라와 동남아시아, 아프리카 유럽으로 흩어 놓으셨다. IMF를 통해서 다시금 북미, 남미로 흩으셨다. 하나님께서 전세계에 흩어 놓으신 주님의 구속사적, 선교사적 섭리는 과연 무엇일까?

오늘날 동남아시아, 중앙아시아, 중동, 중남미, 아프리카 등 오대양 육대주 어디에 가도 민족 감정이나 정치적 갈등으로 인해 우리나라와 한국인들을 배척하는 나라는 거의 없다. 특히 미전도 종족 국가 어디를 가도 우리의 피부와 생김새 때문에 이방인 취급을 받는 곳이 드물다. 오랜 고난과 투쟁 속에 다져진 인내심과 풀뿌리 근성은 지구촌 어느 오지에 갖다 놓아도 생존할 수 있을 만큼 강한 저력으로 내재되어 있다.

게다가 우리 민족은 세계 어느 곳에 가도 먼저 교회를 세우는 민족, 흩어져 사는 국가 수로는 유대인을 앞지른다고 평가할 수 있다. 175개국에 650만 명이 흩어져 있고, 4,000여 개의 디아스포라 교회가 있다. 또한 2,3,4세 자녀들에게 우리말을 가르쳐 민족혼을 유지하고 있다. 이들은 그 나라의 말과 우리말을 유창하게 구사하고 있고, 문화와 관습에 익숙하여 문화 충격을 받지 않는다. 현재 한국 선교사들의 통역과 주일학교 봉사 등 충실한 협력 선교사로서 조력자가 되고 있다. 한국 교회와 크리스천은 전세계에 나가 있는 한인 디아스포라를 동원하고 한인교회와 연결하여 이 땅에 하나님 나라 건설에 이바지할 때이다.

전세계 175개국여 이상에 흩어져 살고 있는 한인 디아스포라와 그 자녀들을 향한 선교에 대한 도전과, 그들을 통한 세계 선교를 해야 할 시기이다. 두 가지 이상의 언어와 문화적 환경 속에 있는 그들이 세계 선교에 대한 사명과 비전을 갖고서 헌신을 하고 복음을 전할 때, 수많은 다문화권의 젊은이들이 세계 선교를 위하여 헌신을 하게 될 것이다.

3) 비거주 전문인 선교의 활성화

이는 선교자의 베이스 캠프를 다른 곳에 두고 필요할 때마다 선교 현장에 들어가서 선교를 하는 형태이다. 선교의 소명이 있으나 직장이나 다른 여러 형편으로 인하여 선교 현장에 들어가 장기간 체류를 할 수 없는 선교사들이 있다. 이들은 가능할 때 선교 현장에 들어가서 가능한 기간 머물면서 선교활동을 하고 다시 베이스로 돌아온다. 그리고 다시 기회를 잡아서 선교지에 들어가 선교 활동을 한다. 이와 같은 형태의 비거주 선교사들은 일정한 선교지를 정하여 정기적으로 들어가 선교 활동을 하는 것이 좋다.

4) 가정교회를 통한 전문인 선교 활성화

X국과 같이 외국인의 선교 활동이 금지된 지역에서는 선교사의 가정을 선교의 베이스요 교회로 만들어 가정교회를 통하여 선교 활동을 할 수 있다. 이 경우는 사업이나 전문직을 통하여 친구 삼기를 한 후에 일대일 전도 및 성경 공부와 같은 방법을 사용하면 아주 효과적이다. 가정교회를 통한 전도 및 제자 양육은 인격적인 관계성

가운데서 현지인을 훌륭한 전도인이요 영적 리더로 키울 수 있는 좋은 방법이다. 이런 지역에서는 공식적으로 선교를 인정하는 날을 기다릴 것이 아니라, 다양한 직업을 가진 전문인 선교사들이 들어가 가정교회를 이루고, 이 가정교회를 통한 선교를 적극적으로 이루어야 한다.

5) 실버 전문인 선교사의 활성화

갈수록 한국 사람들의 평균 수명은 길어지고 있는 반면, 직장에서의 퇴직 연령은 빨라지고 있다. 한창 일할 수 있는 나이에 퇴직을 한 사람들 중에 25퍼센트는 교회의 직분을 맡은 자들이거나 신자들이다. 이들이 일정한 훈련을 받고 퇴직금이나 연금을 갖고 개발도상국으로 나아갈 때 훌륭한 전문인 자비량 선교사가 될 수 있다. 이들은 평생 쌓은 인생과 신앙의 경륜이 있고, 자립할 능력이 있고, 자녀들을 양육해야 하는 부담이 없다. 이들은 교회를 개척할 수도 있고, 이미 개척된 교회에서 섬길 수도 있고, 현지 선교사들을 도울 수도 있다. 더구나 인생의 마지막 때를 타문화권 선교사로 하나님께 헌신할 수 있다면 이보다 더 큰 축복은 없을 것이다.

6) 선교의 네트워킹을 통한 선교 활성화

21세기는 협력과 파트너십의 시대이다. 독단은 비성경적이다. 삼위일체 사상이 가장 완벽한 협력과 파트너십의 모델이다. "형제가 연합하여 동거함이 어찌 그리 선하고 아름다운고"(시 133:1). 구슬이 서 말이라도 꿰어야 보배다. 말 한 필이 끄는 힘이 1마력이지만 두 마리를 엮어서 끌게 하면 23마력의 시너지효과가 생성된다. 세계 복음화도 모든 세계 교회가 함께하여야 하는 협력과 파트너십을 요구하고 있다.

하지만 실제적으로는 쉽지 않은 일이다. 본국에서나 선교 현지에서 선교 네트워킹이 결여된 각개전투식의 산발적인 선교를 하고 있다. 심한 경우에는 선교사들끼리 분쟁과 다툼이 일어나는데, 이것은 하나님 앞에서 큰 죄악이다. 선교 현지에서 불필요한 선교 자원의 낭비를 막고 효과적인 선교를 하기 위해서는 선교사들 간의 협력이 잘 이루어져야 한다. 목회자 선교사들은 평신도 전문인 선교사들을 존중하고 평신도 전문인 선교사들은 목회자 선교사들을 존중해야 한다.

또한 본국에서는 각 교단 선교부와 독립선교회, 혹은 선교사를 파송하거나 지원하고 있는 지역교회들이 갖고 있는 모든 정보들, 다시 말하면, 인적·물적·지역적 정보들과 선교의 노하우들을 한 곳으로 모으는 것이 필요하다. 2006년 한국에서 열린 세계선교대회의 목표 중 하나가 '세계 복음화 완수를 위한 한국 교회 연합/협력과 역할 분담의 청사진 제시'였다. 많은 분들의 이와 같은 의식의 공유로 한국 교회의 선교 역량이 총집결되어 최대의 효과를 내는 저비용 고효율의 선교가 이루어지기를 기대한다.

6. 선교사 자신들의 준비

평신도 전문인 자비량 선교사의 경우에는 때로 직장 문제로 촉박하게 파송되는 경우가 있는 만큼 준비할 시간이 부족한데, 이를 위해서는 미리 계획적인 훈련을 통해서 준비해야 한다. 뿐만 아니라 선교 윤리가 부족한 것을 볼 때, 합당한 제자훈련을 받아 예수님과 같은 내면성을 소유해야 한다. 여기서 전문인 자비량 선교사의 구체적인 준비사항을 살펴보고자 한다.258)

첫째, 자기 직업을 갖고 자립적으로 생활을 하면서 선교를 해야 하기 때문에 그만큼 굳은 신앙과 예수 그리스도의 헌신적인 삶을 배우겠다는 준비가 되어야 한다. 무엇보다도 많은 성경 공부를 통해 성경적인 신앙과 가치관의 정립이 이루어지도록 준비를 시켜야 할 것이다. 또한 하나님께로부터 선교사로 부름을 받았다는 소명의식이 분명해야 한다. 복음에 대한 체계적인 지식과 신앙을 확립하는 동시에, 성경을 스스로 공부하고 가르칠 수 있는 훈련·전도 훈련·제자 양육 훈련·기도 훈련 등을 철저하게 준비시켜야 될 것이다.

사도 바울도 영적 사역을 준비하기 위하여 아라비아 광야에서 3년을 보냈다. 준비가 되지 못했을 경우에는 자립과 선교, 특히 언어 습득과 복음 전도, 제자 양육 그리고 유학생의 경우에 학문을 감당해야 하는 십자가 등 5, 6중의 십자가를 감당하는 것은 어려울 것이다. 그러므로 파송기관에서는 철저한 훈련을 통한 준비를, 파송을 받는 선교사들은 이러한 문제의식을 갖고 철저한 신앙 훈련 및 직업 훈련 등을 해야 할 것이다.

둘째, 성령의 능력을 덧입기 위한 자립적인 영성 훈련이 되어 있어야 한다. 모범적인 전문인 자비량 선교사 바울의 행적을 보면, 그는 철저히 성령의 능력으로 선교하는 것을 볼 수 있다. 전문인 자비량 선교사가 성령의 능력을 덧입어 악한 영의 세력을 제압하고 선교의 결실을 얻기 위해서는 성령의 능력을 덧입을 수 있는 자립적으로 영성 훈련을 할 수 있도록 준비되어야 한다. 스스로 깊은 말씀 묵상과 기도, 회개와 자기 절제의 삶을 훈련할 수 있어야 한다. 오늘날 선교 현장에서 부족한 것은 성령의 능력을 덧입어 선교하는 영성이다. 신학 교육을 통해 구두 메시지를 전할 수 있는 신학적 소양은 많이 갖추나, 일반적으로 이에 동반되어야 할 성령의 능력의 나타남에는 부족한 현실이다.259)

바울은 자신의 선교가 말로써만 아니라 성령의 능력으로 일어난 것이라고 말했다(고전 2:4). 바울의 선교 환경은 오늘날의 닫힌 지역보다 더 힘든 지역이었다. 그럼에도 그의 선교가 성공적이었던 것은, 복음의 직접적인 선포와 그에 따르는 성령의 능력 때문이었다. 예수님께서도 제자들을 선교 현장으로 보내실 때 그들에게 많은 표적이 따를 것이라고 말씀하셨고, 그 표적으로 귀신을 쫓아내며 새 방언을 말하며 병든 사람에게 손을 얹어 고치는 것을 말씀하셨다(막 16:17-18). 또한 제자들에게 대위임명령을 주실 때, "오직 성령이 너희에게 임하시면 너희가 권능을 받고 예루살렘과 온 유대와 사마리아와 땅 끝까지 이르러 내 증인이 되리라"고 말씀하셨다(행 1:8).

셋째, 전문인 자비량 선교사가 본국의 상사 주재원이거나 현지에 취업을 한 경우에는 더욱 지혜와 충성된 자세가 필요하다. 취업을 했을 경우 직장에서는 직장 일에 충성할 것을 요구할 것이며, 본인은 직장 일과 선교 두 가지 일에 다 충성하고자 할 것이다. 이런 경우에 직장의 상사가 불신자인 경우에는 더욱 문제가 된다. 중국과 같이 외국인의 선교 활동이 법으로 금지된 나라에서 선교사의 신분이 드러날 경우 강제 출국을 당하는 일도 있을 수 있으므로 더욱 지혜가 필요하다.

그러므로 전문인 자비량 선교사들은 구약의 요셉과 같이 자기가 몸담고 있는 직장을 하나님께서 주신 사명지로 인정하고 직장에서 맡은 업무에 성실하게 임함으로, 윗사람이나 동료들의 신뢰를 얻는 자가 되어야 한다. 그러면서 삶을 통해서 그리스도의 향기를 나타내고 지혜롭게 복음을 전할 수 있어야 한다. 여기에는 열린 마음과 그리스도의 정신이 필요하며, 충성심과 봉사자의 자세가 필요하다. 만민을 사랑하시는 하나님의 보편적인 사랑의 마음을 늘 잃지 않아야 할 것이다.

넷째, 선교지 언어를 유창하게 구사할 수 있도록 준비한다면 매우 좋을 것이다. 우선 언어를 익히지 못하면 아무리 복음을 전하고 싶어도 전달할 수 없게 된다. 뿐만 아니라 현지 언어를 잘 구사하면 자기들의 문화와 사회에 관심이 있다는 표시이므로 그곳 사람들에게 존경을 받는다. 이로써 문화적 장벽을 제거하게 된다.260) 물론 오랫동안 현지에 머물면서 언어를 익힐 수도 있지만, 전문인 자비량 선교사는 얼마나 오랫동안 머물 수 있을지 모르고 또 직장에서 근무를 해야 하므로 언어를 집중적으로 익힐 시간적 여유가 부족할 수도 있다. 그러므로 평소에 선교지 언어를 미리 배워 두는 것이 필요하다. 무엇보다도 소명 의식 가운데 현지인들을 사랑하는 마음으로 현지어를 사랑하고 어찌하든지 현지어를 마스터하고자 하는 열정을 갖고 언어를 공부해야 할 것이다.

다섯째, 그 문화권에 대한 이해를 가져야 한다. 전문인 자비량 선교사들은 해외로 떠나기 전에 먼저 많은 시간을 내어 파송될 나라의 종교·문화·역사·지리·정치·경제 등에 관한 책들을 많이 읽어 두는 것이 필요하다. 이러한 분야의 사전 지식을 갖출 때 현지인들을 깊이 이해할 수 있고 그들과의 접촉점을 쉽게 찾을 수 있다. 그 나라의 문화를 알기 위해서는 대사관을 자주 찾거나 자기 주변에 와 있는 그 나라 사람들을 직접 만나서 이야기를 나누어 보는 것도 좋다. 또한 그곳에 선교사로 가 있는 사람들을 통해서 정보를 얻거나 선교 전문기관들을 통해서 필요한 정보를 얻는 것도 좋다.

여섯째, 계속하여 기도를 지원해 줄 선교 동역자들을 확보해야 한다. 선교 역사는 근본적으로는 사람이 하는 것이 아니라 사람을 통해 성령께서 하시는 것이다. 그러므로 동역자들의 기도 지원은 선교 역사를 이루는 데 필수적인 요소이다. 파송 교회나 선교회가 전체적으로 기도 지원을 할 것이나 선교사 수가 많아질 경우 교회가 각 선교사들을 위해 인격적으로 기도 지원을 하는 것이 쉽지 않다. 그러므로 선교사는 인격적인 관심과 관계 가운데 꾸준히 기도로 지원해 줄 선교 동역자들을 확보하는 것이 중요하다. 이때 선교사가 물질적 도움이 필요하게 될 경우에는 물질 지원도 할 수 있을 것이다.

일곱째, 건강 관리를 위하여 자기에게 합당한 운동을 개발하여 습관화하는 것도 중요하다. 선교 사역은 단기간에 끝나는 일이 아니라 장기간에 걸쳐 섬겨야 할 사역이다. 훌륭한 사역을 섬기기 위해서는 영적인 무장과 함께 육적인 무장도 필요하다. 무엇보다도 몸이 건강해야 아무런 장애 없이 선교 활동을 왕성하게 할 수 있다. 특히 3, 4중의 십자가를 감당해야 하는 전문인 자비량 선교사들은 건강 관리를 더욱 잘해야 할 것이다. 이를 위해서는 선교지의 상황과 자기 형편에 맞는 합당한 운동을 개발하여 꾸준하게 습관화함으로써 필요한 건강을 유지하도록 힘쓰는 일이 필요하다.

이상을 요약하면, 전문인 자비량 선교사로서 성공적인 사역을 감당하기 위해서는 '복음에 대한 사명의식' 과 '완전한 자기 헌신' 이 있어야 한다. 성경 지식은 물론 영적 훈련, 인격 훈련, 인간 관계 훈련, 제자 훈련, 전도 훈련, 직업 훈련, 언어 훈련 등을 충분히 받아야 한다. 그리고 기도로 동역할 선교 동역자를 확보해야 한다.

맺는말

평신도 전문인 자비량 선교의 전망

1980년대만 해도 한국에서 간호사나 기술자 크리스천들이 선교 소명을 받고 해외 선교지에 나아가 복음을 전한다 하여 이들을 선교사로 인정하는 사람들은 거의 없었다. 한국 교회의 교인들은 말할 것도 없고 목회자들까지도 그러했다. 그러나 이제는 달라졌다. 평신도들을 세계 선교에 동원해야 한다는 생각을 가진 목회자와 평신도들이 늘어나고 있다. 동시에 평신도신학을 연구하거나 전문인 선교, 혹은 전문인 자비량 선교를 연구하여 논문으로 발표하는 예가 증가하고 있다. 이것은 매우 희망적이고 고무적인 일이다.

이렇게 된 데는 몇 가지 큰 요인이 있다. 첫째로, 해외에서 활동하고 있는 헌신적인 전문인 자비량 선교사들의 선교의 결실이 나타나고 있기 때문이다. 둘째로, 목회자 선교사들의 입국을 거부하는 나라들은 계속해서 증가하고 있는 반면에, 전문 직업을 가진 전문인들은 어디든지 갈 수 있게 된 시대적 상황의 변화 때문이다. 셋째로, 막대한 선교비를 감당해야 하는 재정 문제로 인하여 전문인 자비량 선교사 양성에 대한 필요성이 절박하게 대두되고 있기 때문이다.

그러나 아직도 한국 교회 목회자들의 절대 다수는 평신도 전문인 자비량 선교에 대한 인식이 부족한 상태이다. 특히 자비량 선교에 있어서는 불모지나 다름없다. 각 교단이나 지역교회에서 전문 직업을 가지고 선교사로 파송을 받는 전문인 선교사들이 늘어나고 있으나 이들도 대부분 목회자들과 같이 물질 후원을 받는다. 여기에는 목회자 자신들의 인식 부족에도 원인이 있지만, 전문인 자비량 선교의 모델을 접해 보지 못한 것이 더 큰 원인이라고 생각된다.

그래서 나는 이 책을 통해서 평신도 전문인 자비량 선교가 무엇인가를 살피고 성경과 역사의 모델들을 통해 설명했다. 뿐만 아니라 한국 교회의 평신도 전문인 자비량 선교의 개척자요, 선두주자라고 할 수 있는 UBF의 평신도 전문인 자비량 선교의 실제를 소개했다. 또한 그동안 가려져 있던 한국 교회의 전문인 자비량 선교의 실상을 밝혔다. 어떻게 평신도 전문인 자비량 선교를 활성화할 수 있을까 하는 대안도 찾아보았다. 이상을 통해 아직까지 평신도 전문인 자비량 선교의 구체적인 예와 모델을 접해 보지 못한 이 땅의 목회자들과 평신도들에게 작으나마 섬김의 자리로 매김하길 소원한다.

이계준 박사는 "이제 평신도는 지구촌을 섬기는 일에 총출동하

맺는말

여 그리스도의 복음으로 모든 문제를 처방하고 해결하는 총체적 선교에 동참해야 한다"라고 말했다.261) 허버트 케인 박사는 "해외에 나가게 되는 헌신적인 크리스천들이 훈련을 받고 효과적인 그리스도의 증인들이 된다면, 이것은 세계 선교 운동에 미래의 물결이 될 것이다"라고 말했다.262) 또한 중국 선교를 섬겼던 롤랜드 알렌은 "강력하고도 깊은 선교 정신을 가진 남녀 평신도들을 선교사로 나가도록 독려하는 길 외에는 세계 복음화를 성취할 다른 방법은 없다"고 말했다.263)

그렇다. 이제 바야흐로 세계 선교에 평신도 전문인들을 동원할 때이다. 평신도 전문인들이 세계 선교에 동원되어 세계 선교 역사를 동력화할 때이다. 평신도 전문인 자비량 선교를 연구하고 접목하고 과감하게 도입할 때이다. 이를 통해 세계 구원을 이루고자 하시는 하나님의 비전을 볼 때이다. 그리하여 주님의 재림을 준비하며 하나님께서 기뻐하시는 세계 선교의 사역을 총력적으로 섬길 때이다. 하나님은 이 시대의 세계 선교에 평신도 전문인 자비량 선교사들을 부르고 계신다.

모든 신자들은 '선택된 하나님의 백성'(chosen people)이요 '선교하는 하나님의 백성'(missionary people)이다. 하나님께서 선택하신 것은 '선교'라는 분명한 사명을 맡기시기 위해서이다. 복잡 다양한 각 분야의 전문가들이 자기의 전문 지식과 은사와 달란트를 최대한 계발하여 세계 선교에 투자할 때 그 효과는 대단할 것이다. 장국원 박사는 "일찍이 지상 역사상 가장 배타적인 민족과 문화와 종교의 온상인 유다에서 기독교의 세계 선교를 섬김으로써 세계 역사상 최대의 세계화가 발단하고, 민족과 국가 사이 또 민족 내의 갈등과 증오가 극복되는 것을 체험했듯이, 한국 교회가 세계 선교를 이룸으로써 세계화를 실현할 수 있다"고 말하였다.[264]

세계 선교를 총력을 다해 섬긴다면 한국 교회가 갈등과 분열을 극복하고 연합하는 아름다운 교회로 더욱 성숙해질 것이다. 또한 용서와 화해의 복음이신 예수 그리스도 안에서 진정한 민족의 통합과 통일도 이루어질 것이다. 조국의 평화통일의 날도 앞당길 수 있을 것이다. 세계 선교를 통해 우리 주님께서 다시 오시는 그날까지, 세계의 완성은 성취되어 나갈 것이다.[265]

이제 평신도 전문인들은 성경의 가르침과 같이 자신들의 위치와 역할을 분명하게 인식해야 한다. 하나님께서 부여하신 사명을 영접해야 한다. 하나님께서 부르시는 소명을 영접하고, 단순하고 헌신적인 신앙과 선교 열정으로 무장하여 하나님께 자신을 헌신해야 한다.

맺는말

　목회자들과 선교학자들은 기존의 선교 신학과 선교 방법을 재평가하여 다원화·지구촌화·전문화되어 가는 21세기 세계 선교를 섬기기에 적합한 선교 신학을 정립해야 할 것이다. 한국 교회가 목회자 선교사 파송도 계속해야 하나, 평신도 전문인 자비량 선교사 파송으로 그 중심축을 옮겨야 한다. 특히 평신도 전문인들의 은사를 계발하고 이들을 세계 선교에 적극적으로 동원하고 세우기 위해서는 '평신도 전문인 신학'을 정립하고 이를 평신도 전문인들에게 교육하고 훈련시켜 선교사로 파송하는 역할을 적극적으로 감당해야 할 것이다. 특히 평신도 전문인 자비량 선교를 신학화하고 적극적으로 실천할 때이다. 지역교회의 목회자들뿐 아니라 교단 선교부와 독립선교회의 지도자들도 이상과 같은 선교 신학과 선교 방법의 재평가 및 평신도 전문인 자비량 선교신학의 정립과 교육에 힘써야 할 때이다.

　평신도 전문인들을 세계 선교에 동력화하기 위해서는 지역교회가 교회 구조를 선교 지향적인 교회로 전환해야 한다. 그리고 지역교회나 교단 선교부, 혹은 독립선교회에서 평신도 전문인 자비량 선교사 양성과 훈련 프로그램을 만들어서 정기적인 선교 교육을 실시해야 한다. 특히 선교사 교육 훈련에 있어서 신학적 소양과 타문화에 대한 교육을 할 뿐 아니라, 성경 본문 공부를 더욱 심도 있게 실시하여 선교의 최초 모델이신 예수님의 성육신적 삶을 배우고 실천하는 선교사를 양성하고 전문인 자비량 선교의 모델인 사도 바울의 삶과 사역을 배우는 데 초점을 맞추어야 할 것이다.

1998년도에 한국 교회가 파송한 선교사 중 목회자 선교사는 4,751명, 전문인 선교사는 3,456명이었다. 11년이 지난 2009년도에는 목회자 선교사가 14,697명, 전문인 선교사가 7,433명이다. 선교사의 절대 수는 8,207명에서 22,130명(이중 파송 선교사 2,579명 포함)으로 2배 이상 증가하여 선교사 파송 세계 2대국이 되었다. 이는 매우 고무적인 일이다. 전문인 선교사의 수도 거의 2배 정도 증가했다. 고무적인 일이다. 그러나 목회자 선교사의 수는 거의 3배 정도 증가했다. 그리하여 목회자 선교사와 전문인 선교사의 파송 비율이 10년 전에는 60.7퍼센트 대 39.5퍼센트에서 66퍼센트 대 34퍼센트로 감소하였다. 이는 변화하고 있는 21세기의 선교 상황을 비추어 볼 때 우려스러운 일이다.

또한 전문인 선교사 파송이 2배 정도 증가했으나 UBF 선교회를 제외하면 자비량 선교사의 증가는 매우 미미한 상태이다. 아직도 대부분의 전문인들이 선교사로 파송받으면서 목회자 선교사들과 같이 물질 후원을 받고 있는 것이다. 이는 전문인 선교의 본래적 취

맺는말

지에 맞지 않는 일이다. 전문인 선교의 본래적 취지는, 사도 바울이 천막을 만들며 자비량했던 것처럼 자기의 직업을 통해 자비량하면서 선교하는 것이다.

사도 바울이 스스로 자비량하면서 20여 년 동안 3차에 걸쳐 소아시아와 유럽의 수많은 지역을 다니며 무수한 고난과 죽음의 고비를 넘기면서 끝없는 복음의 개척자의 삶을 살았고, 결국은 죄수의 입장이 되어 로마까지 가서 선교를 한 것은 예수님의 성육신적 삶과 자기 희생, 주는 삶을 배우고자 하는 데서 출발되었음을 주목해야 할 것이다. 진정한 선교 정신은 자기 비움과 낮아짐, 자기 희생, 주는 것이라고 말할 수 있다. 예수님의 성육신적 삶을 배우고, 사도 바울의 자기 희생적 선교의 삶을 배우는 길은 깊이 있는 성경공부와 배운 말씀에 단순히 순종하는 것이라고 생각한다. 이와 같은 내용 있는 전문인 자비량 선교 교육이야말로 전문인 자비량 선교의 성패를 좌우한다 해도 과언이 아닐 것이다.

이와 같이 내용 있는 전문인 자비량 선교 교육을 통해 전문인 자비량 선교사들을 준비시키고(Being), 평신도의 위치와 역할, '왜 평신도들이 세계 선교를 섬겨야 하는가'에 대한 성경적·역사적·신학적 근거들도 교육해야 할 것이다. 동시에 평신도 전문인 자비량 선교사로서 좋은 결실을 맺고 있는 사례들을 연구하고 개발하여 제시해야 할 것이다.

이렇게 할 때 '하나님의 동결된 자산'인 평신도들은 하나님의 선교 소명과 비전을 영접하고, 새로운 21세기 세계 선교 역사를 힘있게 또 헌신적으로 섬기게 될 것이다. 이를 위해 평신도 전문인 자비량 선교사로서 모델이 될 만한 선교사들을 초빙하여 '사역보고회'를 갖는 것도 매우 효과적일 것이다. 더 나아가 교단 선교부나 독립선교회들이 주축이 되어 평신도 전문인 자비량 선교사 사역보고회나 선교 세미나 등을 열어서 이를 활성화한다면 더욱 좋을 것이다. 실례로 UBF의 경우, 정기적으로 이런 선교보고회를 가짐으로 수많은 청년들을 평신도 전문인 자비량 선교에 동원하고 있는데, 2006년 6월 서울 올림픽공원 올림픽 홀에서 제15회 전문인 자비량 선교보고대회를 가짐으로써 3,000여 명의 새로운 전문인 자비량 선교 지원자들을 발굴하였다. 하나님이 원하시는 세계 구원의 역사를 섬기기 위해서는 전임사역자(목회자)와 자비량 사역자(평신도) 그리고 온 교회가 한마음 한뜻이 되어 이를 위해 열심히 기도해야 할 것이다.

한국 교회의 목회자들과 평신도들이 땅 끝까지 이르러 만민이

맺는말

구원받기를 원하시는 우리 주님의 마음에 합하여 믿음과 기도로 세계 선교 역사를 섬긴다면, 한국 교회 1천 만 평신도의 십분의 일인 1백 만 명의 평신도 전문인 자비량 선교사가 일어날 수 있을 것이다. 그리하여 21세기에는 한국이 세계를 섬기는 제사장 나라로 쓰임받는 영광스러운 역사가 일어날 것이다.

하늘과 땅의 모든 권세를 가지신 우리 주님께서는 '선택된 하나님의 백성'이요, '선교하는 하나님의 백성'인 목회자와 평신도 모두에게 절대 주권 가운데 명령하신다. "그러므로 너희는 가서 모든 민족을 제자를 삼아 아버지와 아들과 성령의 이름으로 세례를 베풀고 내가 너희에게 분부한 모든 것을 가르쳐 지키게 하라 볼지어다 내가 세상 끝 날까지 너희와 항상 함께 있으리라"(마 28:19-20). "오직 성령이 너희에게 임하시면 너희가 권능을 받고 예루살렘과 온 유대와 사마리아와 땅 끝까지 이르러 내 증인이 되리라"(행 1:8).

뜻이 하늘에서 이루어진 것같이 땅에서도 이루어지옵소서!

후기 : 감사의 글

먼저 성삼위 하나님께 감사와 찬송과 영광을 돌립니다. 주 예수 그리스도를 통해 저를 구속하시고 지난 40여 년 동안 캠퍼스 선교와 세계 선교의 한 모퉁이를 섬길 수 있도록 은혜를 베풀어 주신 나의 아버지 하나님께 감사를 드립니다.

대학 1학년 때 저를 처음 성경 공부를 통해 예수님께로 인도해 주시고 지금까지 46년 동안 기도해 주고 계시는 배사라(Mother Sarah Barry) 선교사님(1955년 한국 전쟁 직후 한국에 25세의 처녀 선교사로 오셔서 고 이사무엘 박사님과 함께 UBF를 공동 설립하셨으며, 한국 대학생 선교와 세계 선교에 평생을 헌신하셨고, 지금은 UBF 세계 본부에서 사역 중)과 40여 년 동안 제가 하나님의 종이요, 캠퍼스 사역자로 성장하도록 말씀과 기도와 사랑으로 섬겨 주신 고 이사무엘 박사님(UBF 설립자)과 이그레이스 선교사님께 감사를 드립니다. UBF의 첫 학생 출신으로 본회의 책임자가 되어 현장 사역을 섬기면서 학문을 할 수 있도록 격려해주시고 도와주신, 평생의 신앙과 사역의 동역자 전요한 선교사님(UBF 세계 대표)께 감사를 드립니다.

이 책은 웨스트민스터신학대학원대학교에 제출한 저의 박사 학위 논문 〈평신도 전문인 자비량 선교의 관점에서 본 UBF 선교사역에 대한 평가〉(2009)를 수정 · 보완 · 정리한 것입니다. 이 연구 논문

후기 : 감사의 글

의 주심을 맡아 지도해 주신 박찬호 박사님(전 웨스트민스터신학대학원 대학교 총장), 논문의 심사를 맡아 조언과 지도를 해주신 웨스트민스터대학원대학교의 권문상 박사님, 박건 박사님, 박희석 박사님, 서울장신대학교의 김광건 박사님, 합동신학대학원대학교의 안점식 박사님께 감사를 드립니다. 그리고 평소에 저와 저의 섬기는 사역을 사랑으로 격려해주시고, 이 책의 추천사를 써 주신 김명혁 박사님, 강승삼 박사님께 감사를 드립니다. 또한 이 책을 출판해 주신 쿰란출판사의 이형규 대표님과 직원들에게 감사를 드립니다.

저는 한국 교회의 선교사역을 조금이나마 섬기고자 하는 마음으로, 한국 교회의 한 지체요 제가 섬기고 있는 모임인 대학생성경읽기선교회(UBF)를 통해 일어나고 있는 평신도 전문인 자비량 선교사역을 소개하게 되었습니다. 이 논문을 쓰는 데 저의 동역자가 되어 자료를 수집하고, 분석하는 데 실제적인 많은 수고를 감당한 한양 UBF의 이여호수아(승호) 목자님, 현장 사역과 학문을 함께 감당할 수 있도록 기도해 준 대학생성경읽기선교회의 모든 전임사역자들(스태프)과 한양 UBF의 동역자들과 형제자매들께 감사를 드립니다. 캠퍼스 선교 사역의 평생 동역자요 친구로서 변함없이 헌신적으로 저를 섬겨 주고 기도해 준 저의 사랑하는 아내 김옥희에게 감사를 드립니다. 또한 UBF 사역에 동역자가 되어 함께 사역을 섬기며 나

를 위해 기도해 주는 큰아들 이사무엘, 혜진 부부, 둘째 아들 이마가, 은정 부부에게 고마움을 전합니다. "언제나 나에게 생명의 신비와 존재의 아름다움과 순수함과 조건 없는 사랑을 일깨워주고 기쁨을 주는 사랑하는 손녀 안나, 마리아, 손자 다니엘아, 고맙고 사랑한다. 부디 이 시대의 안나와 마리아와 다니엘로 자라다오."

우주 만물을 창조하시고 주관하시며 역사를 섭리하시는 하나님 아버지, 하늘 보좌를 버리시고 낮고 낮은 구유까지 낮아져 오셔서 죄인들을 섬기시되 십자가에 죽으시고 부활하사 그를 따르는 자들에게 세계 선교 지상명령을 주신 세상의 구주 예수 그리스도, 믿는 자들과 영원토록 항상 함께 계시며 주께 헌신된 종들을 세우시고 세계 구원의 역사를 이루어가시는 성령 하나님께서 세세 무궁토록 찬송을 받으시옵소서. 날마다 이 땅에 하나님의 나라가 확장되며, 그 이름이 거룩히 여김을 받으시옵소서. 주님의 뜻을 이루소서. 아멘.

참고문헌

1. 단행본

강승삼. 《21세기 선교 길라잡이》. 서울 : 생명의 말씀사, 2000.
권문상. 《부흥 어게인 1907》. 서울: 브니엘, 2006.
김광건. 《영적 리더쉽의 새로운 패러다임》, 서울: 웨스트민스터출판부, 2006.
　　　책임 편집, 《하나님 나라와 리더십》, 서울: 웨스트민스터 출판부, 2006.
김광식. 《선교와 토착화》. 서울: 한국신학연구소 출판부, 1977.
김명혁. 《선교의 성서적 기초》. 서울: 성광문화사, 1988.
김상복 외. 《한국 교회와 세계 선교》. 서울: 엠마오, 1990.
김수진. 《평신도 운동과 교회성장》. 서울: 대한예수교장로회 총회출판국, 1989.
김의환. 《복음주의 선교신학의 동향》. 서울: 생명의 말씀사, 1990.
김회창. 《21세기 선교 전략 방향》. 서울: 새순출판사, 1998.
남후수, 《미래의 세계선교전략》. 서울: 프리칭아카데미, 2008.
대학생성경읽기선교회. 《제사장 나라, 거룩한 백성》. 서울: UBF 출판부, 2001.
민경배. 《알렌의 선교와 근대 한미외교》. 서울: 연세대학교 출판부, 1992.
　　　《한국기독교회사》. 서울: 연세대학교 출판부, 1995.
박건. 《멘토링 사역, 멘토링 목회》, 서울: 나침반, 2006.
박영관. 《기독교회 신앙과 역사》. 서울: 예수교문서선교회, 1994.
박종구. 《세계 선교 그 도전과 갈등》. 서울: 신망애출판사, 1994.
박찬호. 《칼 헨리 복음주의 신학의 대변자》, 서울: 살림, 2006.
백낙준. 《한국개신교사》. 서울: 연세대학교 출판부, 1993.
서정운. 《교회와 선교》. 서울: 두란노, 1988.
신동우. 《선교학》. 서울: 예루살렘, 1993.
안점식. 《세계관을 분별하라》. 서울: 죠이출판사, 제7판, 2003.
옥한흠. 《평신도를 깨운다》. 서울: 두란노, 1984.
은준관. 《기독교 교육 현장론》. 서울:대한기독교출판사, 1991.
이계준. 《기독교 대학과 학원 선교》. 서울: 전망사, 1997.
이광순, 이용원. 《선교학개론》. 서울: 한국장로교출판사, 1996.

이남균.《개척기 UBF 조상들의 복음신앙과 선교정신》. 서울: UBF, 2005.
이성희.《미래목회 대예언》. 서울: 규장문화사, 1998.
이장식.《평신도는 누구인가?》. 서울: 대한기독교출판사, 1980.
이현정.《땅끝까지》. 서울: UBF 출판부, 1997.
　　　《평신도를 부른다 1권, 2권》. 서울: 성광문화사, 1999.
　　　《그제야 끝이 오리라》. 서울: UBF, 2006.
장국원.《세계 신학의 전개와 경건복음주의》. 서울: 기독교문서선교회, 1992.
　　　《역사와 신학》. 서울: 아람문화사, 1998.
장로회신학대학교 출판부.《선교와 현장》. 서울: 한들, 1996.
전호진.《선교학》. 서울: 개혁주의신행협회, 1993.
　　　《한국 교회 선교 : 과거의 유산, 미래의 방향》. 서울: 성광문화사, 1993.
정영민 외.《21세기를 향한 한국 선교의 비전》. 서울: 한국기독학생출판부, 1996.
정준기.《미국 대각성운동》. 서울: 복음문화사, 1994.
　　　《복음운동사》. 광주: 광신대학교 출판부, 1998.
정진경.《목회자의 지성과 인격》. 서울: 일정, 1998.
조성범.《기능인 세계 선교》. 서울: 기쁜산, 1992.
황승룡.《조직신학(하)》 서울: 한국장로교출판사, 1993.
한국기독교선교단체협의회.《평신도의 선교요원화》. 서울: UBF 출판부, 1990.
　　　　　　　　　　　　《한국선교총람》. 서울: 기독교선교단체협의회, 1996.
한국세계선교협의회 편저.《한국교회선교의 비전과 협력》. 서울: 횃불, 1992.
　　　　　　　　　　《선교전략포럼논총》, 서울: 대양미디어, 2007.
　　　　　　　　　　〈선교타임즈〉, 선교타임즈사, 2008년 3월호.
　　　　　　　　　　〈한국선교 KMQ〉, 계간 vol 7, No 3, 2008년 봄호
UBF.《한 알의 썩는 밀알》, 서울: UBF 출판부, 2006.
UBF 교재연구부 편저.《위대한 선교사들》. 서울: UBF 출판부, 1990.
UBF.《거룩한 나라 백성 I, II, III》. 서울: UBF 출판부, 2006.
UBF 홍보국.《성서 한국 세계 선교》. 서울: UBF 출판부, 1997.
《21세기 선교의 비전과 전략》, 2005년 선교지도자포럼 및 전략회의, 2005.10. MNET.

참고문헌

2. 논문

강승삼. "한국 교회사 속의 경제공황 상황과 세계 선교." 한국복음주의 선교학회 세미나. 1998년 2월.
　　　　"급변하는 시대의 전방 개척 선교와 현대 선교 전략." 제6회 한국선교지도자포럼핸드북, (한국기독교총연합회, 한국세계선교협의회, 2006.11). 15.
강요섭. "세계화시대의 선교." 현대와 신학. 제21집, 1996년 6월.
김광덕. "지역교회 목회자들의 선교의식 현주소." 미션월드. 1994년 5월.
김마가. "전문인 선교사역의 가능성." 세계선교 제15호. 1993년 봄.
김명혁. "한국 교회 선교운동의 역사적 조명과 평가." 한국교회 지도자 21세기 선교전략 예비회의(II) 및 기도회. 1998년 10월.
김성욱. "평신도론의 성경적 기초." 한국 복음주의 선교신학회 세미나, 1997.
　　　　"평신도 선교 운동의 교회사적 연구." 세계선교 제32호. 1997년 가을.
김성태. "선교 개념 발전사와 그에 따른 선교 전략 수립." 세계선교 제10호. 1992년 1월.
　　　　"이천년대를 향한 세계 선교 전망." 세계선교 제31호. 1997년 여름.
　　　　"지역교회의 능동적인 선교 참여를 위한 효과적인 협력 선교에 대한 제언." 세계선교. 제33호. 1998년 봄.
김수읍. "평신도 자비량 선교사에의 요청." 자비량 선교. 1992년 11월.
　　　　"한국 교회의 해외선교." 자비량 선교. 1993년 4월.
김영애. "지역교회의 선교 현황과 문제점." 미션월드 1994년 5월.
김요한. "선교사의 재정 관리." 세계선교 제26호. 1996년 봄.
김중은. "구약의 선교에 관한 기초적인 고찰." 교회와 신학 제28집. 1996.
김형익. "교단 선교부와 선교단체 그리고 지역교회의 협력 방안 모색." 세계선교 제33호. 1998년 봄.
노봉린. "세계 선교 현황과 한국 교회의 선교적 사명." 한국세계선교협의회 편저. 《한국교회선교의 비전과 협력》. 횃불. 1993.
문상철. "한국 선교사의 중도 탈락에 대한 연구." 한국선교핸드북, 한국해외선교회출판부, 1996년 8월.

"한국 선교의 현황과 과제." 한국선교핸드북. 한국해외선교회 출판부, 2007년.

민경배. "말콤 펜윅의 한국 선교." 현대와 신학. 제17집. 1993년 12월.

"한국 교회의 선교." 현대 선교 신학. 전망사, 1992년 9월.

"한국 교회 어제와 오늘의 과제 - 교회사적 접근(1)." 한국교회 진단 - 도전과 과제. 연세대학교, 1998년 6월.

민요섭. "10/40 창문지역의 전문인 선교." 의료와 선교. 제16호. 1995년 가을.

"의료선교 운동의 방향에 대한 소고." 의료와 선교. 제22호. 1997년 가을.

박광철. "교회는 결국 선교적이어야 한다." 빛과 소금. 1998년 1월호.

"동결된 선교자원 - 학생." 빛과 소금. 1989년 5월호.

"평신도 지도자와 선교." 빛과 소금. 1991년 12월호.

"해외선교, 이렇게 준비해야." 빛과 소금. 1989년 8월호.

"현대 복음주의적 선교의 경향." 신학과 선교. 제15집. 1990.

박구원. "하나님의 선교 : 에큐메니컬 선교신학." 이계준 엮음. 《현대선교신학》. 전망사. 1992.

박기호. "전문인 선교사와 목사 선교사의 사이에 협력이 가능한가?" 세계선교. 제31호. 1997년 여름.

박도수. "교회 내 선교 교육 실태." 세계선교. 제16호. 1993 여름호.

박창환. "바울의 선교 원칙." 교회와 신학. 제28집. 1996.

박형용. "성경 신학에서 본 선교학." 한국 복음주의 선교신학회 세미나. 1998년 4월.

방동섭. "한국 교회의 뿌리와 평신도." 한국 복음주의 선교신학회 세미나. 1997.

서정운. "세계선교의 환상을 고수하자." 빛과 소금. 1998년 1월호.

"세계와 선교." 교회와 신학. 제28집. 1996.

선교한국 조직위원회. "선교한국세미나 자료집."

선교한국. 청년학생선교저널 제5호, 선교한국, 1995년 9월.

손봉호. "평신도의 역할과 사명." 빛과 소금. 1989년 4월호.

송효길. "모든 그리스도인의 세사상론." 한국 복음주의 선교신학회 세미나, 1997.

참고문헌

시멘즈 롯. "새로운 선교의 길." 이득수 편역. 《직업 선교》. 한국기독학생회출판부, 1995.
신성종. "성경적 관점에서 본 선교." 빛과 소금. 1998년 1월호.
안점식. "한국 교회의 성장 요인과 90년대 정체 요인에 대한 선교학적 고찰: 도널드 맥가브란(Donald McGavran)의 교회 성장론을 중심으로." 수은 윤영탁 박사 은퇴 기념논총, 《그 아들에게 입맞추라》. 수원 : 합동신학대학원 출판부, 2005.
오경환. "자비량 선교의 성서적 기초." 세계선교. 제15호. 1993년 봄호.
유기남. "한국 선교사 위기관리 기구와 위기관리 지침서." 제7회 한국선교지도자 국제포럼 핸드북, 2007.11. CCK, KWMA, ISFM, KSFM, IJFM, KJFM.
유병국. "세계 복음화를 위한 협력의 방안." 세계선교. 제33호. 1998년 봄호.
은준관. "한국 교회 과제 - 교회론적 관점(I, II)." 한국 교회 진단 - 도전과 과제. 연세대학교, 1998년 6월.
이계준. "기독교대학에서 학원 선교의 현실과 전망." 현대와 신학. 제15집. 1992년 5월.
"새 시대와 세계 선교." 현대와 신학. 제21집. 1996년 6월.
"통전적 선교신학을 향하여". 이계준 엮음. 《현대선교신학》. 전망사, 1992.
이광순. "선교와 세계화." 교회와 신학. 제27집, 1995.
이덕주. "초기 한국 기독교 역사 속의 평신도." 빛과 소금. 1989년 4월호.
이동휘. "선교와 목사의 역할." 한국세계선교협의회 편저. 《한국교회선교의 비전과 협력》. 횃불, 1993.
이만열. "선교사 입국 이전의 기독교와의 접촉." 신학정론. 제2권, 제1호, 1984년 4월.
이병구. "선교하는 교회로서의 방향성." 세계선교. 제33호, 1998년 봄.
이상훈. "성서로 본 평신도, 그들은 누구인가?" 빛과 소금. 1989년 4월호.
이종성. "목사상의 현대적 발전에 대한 개관." 현대와 신학. 제3호. 1966.
이태웅. "21세기를 맞이하는 세계 선교의 전망." 한국선교핸드북. 한국해외선교회 출판부, 1996년 8월.

"한국 선교 훈련." 《한국교회선교의 비전과 협력》, 횃불, 1993.
이현모. "평신도의 선교신학." 청년학생저널. 제6호, 1996년 1월.
이현정. "땅 끝까지." 평신도의 선교요원화. 한국기독교선교단체협의회, 1990.
"평신도 선교사의 역할." 한국선교총람. 한국기독교선교단체협의회, 1996.
"평신도 선교 활동." 한국선교총람. 한국기독교선교단체협의회, 1996.
"전문인 선교 훈련." 2007전문인자비량선교대회자료집, KIMNET, UBF, PGM. 2007년 10월.
이형기. "교회사를 통해서 본 교직자와 평신도." 장신논단. 제3집, 1987년 11월.
"선교와 교회 일치." 교회와 신학. 제28집, 1996.
장정란. "명말 청초, 예수회 선교사 아담 샬의 중국 활동." 성신사학 제10집(1992), 성신여자대학교 사학회, 80.
장중열. "종교개혁과 세계 선교." 신학과 선교. 제17집, 1992.
정진경. "목회자의 지성과 인격." 정진경 목사 희수기념논집. 일정, 1998.
장훈태. "한국 선교 신학 교육 이대로 좋은가?" 한국복음주의신학회 논문집, 제40권 2006년 10월.
전재옥. "21세기를 향한 선교를 생각하며." 현대와 신학. 제21집. 1996년 6월.
"평신도의 선교요원화." 선교문제연구회논문집. 1990년 11월.
"한국 교회의 선교 현황과 선교 전략." 빛과 소금. 1998년 1월.
전호진. "교단 선교와 초교파 선교회의 바람직한 관계." 세계선교. 제33호, 1998년 봄.
"도전받는 선교, 미래의 방향은?" 한국세계선교협의회 주관 2000년 세계선교대회 준비 지도자 수련회 세미나, 1998년 10월.
"미국의 경제공황이 교회와 선교에 미친 영향과 한국 교회의 경제 위기 대처 방안." 한국복음주의 선교신학회 세미나, 1998년 2월.
"한국 교회의 선교신학과 선교 전략." 한국세계선교협의회 편저. 《한국교회선교의 비전과 협력》. 횃불, 1993.
조경호. "IMF시대 - 왜 우리에게 소망이 있는가?" 청년학생선교저널 제14호, 1998년 4월.

참고문헌

조성범. "기능인 선교의 출발." 자비량 선교. 1992년 9월.
조용백. "한국 교회 선교사역의 전반적인 맥락에서 본 고효율·저비용 선교 동원 방안." 청년학생선교저널. 제14호. 1998년 4월.
지형은. "복음과 교회를 끌어안고." 한국 대학생성경읽기선교회 교회사 세미나. 1997년 9월.
청년학생선교저널편집부. "선교를 꿈꾸게 하는 교회 교육 구조." 청년학생선교저널. 1995년.
최종상. "선교 역사에 나타난 선교의 실상." 빛과 소금. 1998년 1월호.
한경철. "평신도 선교의 이해(Ⅰ,Ⅱ)." 자비량 선교. 1993년 1/2월호.
한정국. "2000년 세계선교대회 (NCOWE Ⅲ) 기획위원회 상정안." 한국 교회 지도자 21세기 선교 전략 예비회의(Ⅱ) 및 기도회, 1998년 7월 20일
"신약, 구약, 교회사에 나타난 전문인 선교."《선교의 패러다임이 바뀐다》. 창조, 2000.
"한국선교미래 프로젝트 : 전방개척선교 1차 5개년 개발계획 중간점검." 2007 제7회 한국선교지도자 국제포럼 핸드북, CCK, KWMA, ISFM, KSFM, IJFM, KJFM, 2007년 11월.
홍정길. "왜 선교를 하여야 하는가?" 빛과 소금. 1998년 1월.
황태연. "선교와 교육." 한국세계선교협의회 편저.《한국교회선교의 비전과 협력》. 횃불, 1993.
황호찬, 최현돌. "우리 나라 교회 회계제도의 현황과 개선 방안." 기독교 사상. 1998년 6월.
"한국 교회의 재정 관리 및 개선을 위한 연구." 기독교 사상. 1998년 5월.
"The Wheation Declaration". 한국선교총람. 한국기독교선교단체협의회, 1996.
청년학생선교저널 제5호. 선교한국. 1995년 9월.
한국선교 KMQ 통권 33호, KWMA, 2010년 봄호

3. 학위논문

권정학. "한국교회의 평신도 교육에 관한 연구." 석사논문, 연세대 연합신학대학원, 1996.
김선철. "Tentmaking과 선교." 석사논문, 침례신학대 신학대학원, 1994.
김우현. "한국 교회의 평신도 전문인 선교 실태에 관한 연구." 석사논문, 장신대 신학대학원, 1997.
박성규. "마틴 루터의 만인제사직론과 헨드릭 크레머의 평신도신학 비교 연구." 석사논문. 연세대 연합신학대학원, 1994.
박종호. "교회에서의 어린이 선교 교육." 석사논문, 한일장신대, 2006.
배진구. "교회 재정에 관한 연구." 석사논문, 서울신학대 신학대학원, 1987.
순돈호. "전문인 선교사 훈련에 관한 연구." 석사논문, 아세아 연합신학연구원, 1995.
신성호. "효과적인 선교 전략으로서의 자비량 선교에 대해서." 석사논문, 고신대 신학대학원, 1993.
양주선. "조나단 에드워즈의 부흥운동과 선교사상이 근대 선교에 끼친 영향." 석사논문, 연세대학교 연합신학대학원, 1996.
원지나. "효과적인 청소년 선교 교육 방안 연구." 석사논문, 총신대, 2006.
윤경일. "자비량 선교에 대한 연구." 석사논문, 서울신학대 신학대학원, 1993.
이경림. "국내 선교단체의 재정 운영에 관한 연구." 석사논문, 총신대 신학대학원, 2003.
이승규. "선교와 교회의 상관성에 대한 연구." 석사논문, 장신대 신학대학원, 1997.
이원주. "단기선교를 통한 교회의 선교 전략." 석사논문, 합신대, 2005.
이현정. "평신도 자비량 선교에 관한 신학적 연구." 석사논문, 연세대 연합신학대학원, 1998.
장수환. "Tentmaking 선교를 통한 21세기 선교전략." 석사논문, 장신대 신학대학원, 1994.
정진호. "제한 지역 국가에 대한 자비량 선교사를 통한 선교전략." 석사논문, 서울

참고문헌

신학대 신학대학원, 1993.
조한상. "전문인 선교에 관한 연구." 석사논문, 장신대 신학대학원, 1996.

4. 사전

기독교대백과사전편찬위원회. 《기독교대백과사전》 기독교문사. 1995년. 제9권, 제15권.

5. 번역서

Bavinck, J. H.. 《선교학 개론》(*An Introduction to the Science of Missions*). 전호진 역. 성광문화사, 1994.
Bosch, David J. 《선교신학》(*Witness to the World*). 전재옥 역. 두란노서원, 1991.
Charles Allen Clark. 《한국 교회와 네비우스 선교정책》(*The Nevius Plan for Mission Work*). 박응규·김춘섭역. 대한기독교서회, 1994.
Christy, Wilson Jr.. 《현대의 자비량 선교사들》(*Today's Tentmakers*). 김만풍 역. 순 출판사, 1993.
Deaville, Walker F.. 《윌리엄 캐리》(*William Carey*). UBF 교재연구부 역. UBF 출판부, 1992.
Fenwick, Malcom C.. 《한국에 뿌려진 복음의 씨앗》(*The Church of Christ in Corea*). 이길상 역. 예영커뮤니케이션, 1994.
Hamilton, Don. 《자비량 선교사들은 이렇게 말한다》(*Tentmakers Speak*). 정진환 역. 죠이선교회, 1994.
Heim, Karl. 《세계의 완성자 예수님》(*Jesus the World Perfecter*). 장국원 편역. UBF 출판부, 1988.
Herbert, Kane J.. 《선교사의 생활과 사역》(*Life and Work on the Mission Field*). 백

인숙 역. 두란노서원, 1996.

Hesselgrave, David J. 《현대 선교의 도전과 전망》(Today's Choices for Tomorrows Missions). 장신대 세계선교원 역. 한국장로교출판사, 1994.

Hiebert G. Paul & Eloise Hiebert Meneses. 《성육신적 선교사역》, 안영권과 이대헌 옮김, 서울, 기독교문서선교회, 1998.

J. C. 호켄다이크. 《흩어지는 교회》(The Church Inside Out). 이계준 역. 대한기독교서회, 1994.

J. Oliver Buswell. 《조직신학 제1권》(A Systematic Theology of the Christian Religion), 권문상 박찬호 옮김, 서울: 웨스트민스터 출판부, 2005.

McGavran, Donald A.. 《교회성장이해》(Understanding Church Growth). 한국복음주의선교학회 역. 한국장로교출판사, 1993.

M. 깁스 and T.R. 모튼. 《오늘의 평신도와 교회》(God's Frozen People). 김성환역. 대한기독교서회, 1991.

R. Paul Stevens. 《참으로 해방된 평신도》(Liberating the Laity). 김성오 역. 한국기독교학생회출판부, 1997.

Stephen, Neil. 《기독교 선교사》(A History of Christian Missions). 홍치모·오만규 역. 성광문화사, 1993.

Stevens, R. Paul and Collins, Phil. 《평신도를 세우는 목회자》(The Equipping Pastor : A Systems Approach to Congregational Leadership). 최기숙 역. 미션월드라이브리, 1996.

Steer, Roger. J. 《허드슨 테일러(상,하)》(Hudson Taylor). 윤종석 역. 두란노, 1997.

Tucker, Ruth A. 《선교사 열전》(From Jerusalem To Irian Jaya). 박해근 역. 크리스챤 다이제스트, 1990.

Williston Walker. 《세계기독교회사》(A History of the Christian Church). 강근환 역. 대한기독교서회. 1994.

야마오리 데츄나오 외. 《직업선교》. 이득수 편역. 한국기독학생회출판부, 1995.

참고문헌

6. 외국문헌

Abrecht, Paul. *The Churches and Rapid Social Change*. Garden City, New York : Doubleday & Company Inc., 1961.

Alden D. Kelley. *Christianity and Political Responsibility*. Philadelphia: Westminster. 1961.

Allen, Roland. *Missionary Methods*. London : Lutterworth Press, 1968.

Andreas Lindemann. *Die Clemensbriefe*. J.C.B. Mohr : T?bingen, 1992.

Anthony, Michael J. ed. *The Short-Team Missions Boom*. Grand Rapids, Michigan : Baker Book House Co., 1994.

Barry, Sarah. "UBF World Mission History". *World Missions*. UBF, 1998.

"University Bible Fellowship Report", *World Campus Mission*. UBF, 1974.

Brunner, Emil. *The Word and The World*. New York : Charles Scribner's Sons, 1931.

The Word and the Church. London: SCM, 1931

Cairns, Earle Edwin. *Christianity through the Centuries*. Michigan : Zondervan Publish House, 1996.

Calvin, John. *The Epistle of the Paul the Apostle to the Hebrews and the First and Second Epistles of St. Peter*. Grand Rapids, Michigan : Eerdmans, 1960.

Carl G. Kromminga. *The Communication of the Gospel through neighboring*. Doctoral Dissertation : Free University.

Charles Mellis, *Committed Communities. Pasadena California* : William Carey Library, 1976.

Chung, Jun Ki. *A Short History of University Bible Fellowship*. Korean, Gospel Culture Publishing Co., 1992.

Cook, Harold R.. *Strategy of Missions*. Chicago : Moody Press, 1963.

Craig Van Gelder, *Local and Mobile : a study of two functions*, (Reformed Theological Seminary, 1975.

Danker, William. *Profit for the Lord.* Grand Rapids, Michigan : Eerdmans, 1971.

Douglas, J. D.. *Proclaim Christ Until He Comes.* Minneapolis, Minnesota : World Wide Publications, 1990.

Earle E. Cairns. *Christianity through the Centuries.* Michigan : Zondervan, 1996.

Edwards F. Murphy, "The Missionary Society as an Apostolic Team", *Missiology, An International Review.* 1976.

Eim, Yeol Soo. *Student Movement in Korea.* Pasadena, California : S.W.M. F.T.S. 1983.

Gillespie, Thomas W.. "The Laity in Biblical Perspective". *The New Laity.* ed. by Ralph D. Bucy. Waco, Texas : Word Books, 1978.

Grimes Howard. *The Rebirth of the Laity.* New York and Nashville: Abingdon Press, 1958.

Hendrik Kraemer. *A Theology of the Laity.* London: Lutterworth Press, 1958.

Herbert Kane, *The Chritian World Mission : Today and Tomorrow.* Grand Rapids : Balter Book House, 1981.

Hesselgrave, David J.. *Planting Churches Cross-Culturally.* Grand Rapids, Michigan : Baker Book House, 1980.

Howard Grimes. *The Rebirth of the Laity.* Abingdon Press. 1958.

Jerry White. *The Church and The Parachurch : An Uneasy Marriage.* Portland Oregon : Multnomah Press, 1983.

John Calvin. *The Epistle of the Pual the Apostle to the Hebrews and the First and Second Epistles of St. Peter.* Grand Rapids Michigan : Eerdmans, 1960.

Johnstone, Patrick J.. *Operation World. England* : WEC Press, 1993.

Judy, T. Marvin. *The Multiple Staff Ministry.* Nashville Tennessee : Abingdon Press, 1969)

Kaiser, Jr. Walter C.. *Toward an Old Testament Theology.* Grand Rapids, Michigan : Zondervan Publishing House, 1979.

Kane, J. Herbert. *Understanding Christian Missions.* Grand Rapids, Michigan :

참고문헌

Baker Book House Company, 1978.

The Christian World Mission : Today and Tomorrow. Grand Rapids, Michigan : Baker Book House Company, 1981.

Kang, Sung Sam. *Development of Non-Western Missionaries : Characteristics of Four Contrasting Programs*. Deerfield Il., 1995.

Missionary Training in Asian Context. Global Mission Society, 2008

Kenneth Scott Latourette. *A History of the Expansion of Christianity*, vol. 1, Grand Rapids, Michigan : Zondervan Publishing House, 1970.

Kenneth S. Latourette. *A History of Expansion of Christianity*, vol. 7, Advance Through Storm, Grand Rapids : Zondervan, 1978.

Küng, Hans. *The Church in History*. Grand Rapids Michigan : Eerdmans, 1955.

Latourette, Kenneth Scott. *A History of the Expansion of Christianity*. vol 1,2,3,7. Grand Rapids, Michigan : Zondervan, 1970.

Lee, Samuel. *God's Mission To A Lost World*. Chicago, Illinois : UBF, 1993.

Marvin T. Judy. *The Multple Staff Ministry*. Nashville, Tennessee ; Abingdon Press. 1992.

Michel Green. *Evangelism in the early Church*. Grand Rapids : Eerdmans, 1975.

Neely, Alan. *Christian Mission*. Maryknoll, New York : Orbis Books, 1995.

Nelson, A. Marlin and Chun, Chaeok. *Asian Mission Societies : New Resourses for World Evangelization*. Monrovia, CA : World Vision's MARC, 1976.

Nelson, L. Marlin. *The How and Why of Third World Missions*. South Pasadena, Calif. : William Carey Library, 1976.

Paul Abrecht. *The Churches and Rapid Social Change*. Garden City New York: Doubleday & Company, 1961.

Ralph D. Winter. "The Two Structures of God's Redemptive Mission." *Missiology, An International Review*, Vol. II, No. 1, Jan. 1974.

"Seeng The Task Graphically." *Missions Quarterly* Vol 10. No 1. Jan. 1974.

Russell, Letty M.. *Christian Education in Mission*. Philadelphia: Westminster

Press, 1967.

Ruth A. Tucker. *From Jerusalem to Irian Jaya*. Grand Rapids, Michigan : Zondervan Publishing House, 1983.

Theological Dictionary of the New Testament Ⅳ. Grand Rapids, Michigan : William B. Eerdmans Publishing Company, 1977. edit by Kittel Gerhard & Friedrich.

Theological Dictionary of the Old Testament Ⅱ. Grand Rapids, Michigan : William B. Eerdmans Publishing Company, 1975. edit by Botterweck G. Johannes & Ringgren Helmer.

UBF. *WORLD MISSIONS*. 1988-1998.

Wagner, C. Peter. *The Babylonian Captivity of the Christian Mission*. Fuller Theological Seminary, 1972.

Walter Kaiser. *Toward an Old Testament Theology*. Grand Rapids : Zondervan, 1978.

Wilson, Jr. J. Christy. *Today's Tentmakers*. Wheaten, Illinois : Tyndale House Publishers Inc., 1979.

Yves Congar. *Lay People in the Church*. London: Geoffrey Chapman, 1957.

미주

1) 2005년 한국기독교총연합회의 자료에 의하면 15,492,805명이었고, 통계청에서 조사한 자료로는 총인구 4,704만 명 중에 개신교 인구가 862만 명으로 조사되었다.
2) KMQ. vol.9 no. 3. 2010 봄호 p. 79.
3) 미국의 경우 전체 선교사는 64,084명이며, 이 중 해외선교사는 46,381명이다. 인도의 경우 전체 선교사는 41,064명이며, 이중 대다수는 국내 타문화권 사역을 하고 있다. 한국은 12,279명 중에 해외선교사는 10,646명으로 조사되었다. 이들 국가 다음으로는 영국이 8,164명이며 이 중 해외선교사는 5,666명이다. 캐나다는 7,001명 중 해외선교사가 4,337명이다. 브라질의 경우에는 5,801명 중 1,912명의 해외선교사를 파송하였다. 호주는 4,670명 중에 3,598명, 독일은 3,953명 중에 3,228명으로 조사되었다〔Patrick Johnstone and Jason Mandryk with Robyn Johnstone, 세계기도정보 (서울: 죠이출판사, 2002), pp. 895-901.〕.
4) KWMA는 Korea World Mission Association의 약자로서 한국 교회의 범 교단 및 선교단체를 총망라한 한국 교회의 선교 연합기관이다.
5) 처음에는 엠티 2020운동으로 선포했다가 2009년 KWMA 이사회에서 엠티 2030운동으로 변경하기로 결의했다. 그러므로 나는 엠티 2030 운동으로 사용한다.
6) 여기서 자비량 사역자는 전문인 자비량 선교사를 의미한다.

7) 이현정, "평신도 자비량 선교에 관한 신학적 연구"(신학석사 학위 논문, 연세대학교 연합신학대학원, 1998년) p. 202.

8) 졸고, "평신도 자비량 선교에 관한 신학적 연구" (신학석사 학위 논문, 연세대학교 연합신학대학원, 1998), p. 2.

9) the Missions Advance Research and Communications Center

10) Ibid.

11) 전호진, "도전받는 선교, 미래의 방향은" (한국세계선교협의회 주관 2000 세계선교대회 및 전략회의(NCOWE III) 준비 선교 지도자 수련회 세미나, 1998년 10월), p. 1.

12) Ibid., p. 2.

13) Ibid., p. 4.

14) 데츄나오 야마모리, Ibid., pp. 80-81.

15) 〈국민일보〉, 2008년 10월 28일자, p. 26.

16) 전호진, Ibid., p. 3.

17) McWorld : 맥도날드 햄버거와 코카콜라로 상징되는 미국 문화를 지칭함.

18) Marlin L. Nelson, *The How and Why of Third World Missions* (An Asian Case Stufy), (the William Carey Library, 1976), p. 158.

19) Christy J. Wilson, *Today's Tentmakers* (Wheaten Illinois: Tyndale House Publishers, Inc. 1979), p. 136.

미주

20) 이사무엘(이현정), 《평신도를 부른다》(서울: 성광문화사, 1999), pp. 49-50.
21) *The Theological Dictionary of the Old Testament*, ed. G. Johannes Botterweck and Helmer Ringgzen, vol. II(Grand Rapids, Michigan: William B. Eerdmans Publishing Co., 1977), pp. 26-432.
22) 창 10:5, 12:2; 사 11:10, 42:6; 슥 12:3 등을 참조하기 바람.
23) 이외에도 시 78:52-66, 95:7; 사 43:21, 5:16; 호 1:9-10; 슥 8:6 등에 이 표현이 사용되고 있다.
24) 김성욱, "평신도론의 성경적 기초", 한국 복음주의 선교신학회 세미나, 1997, p. 6.
25) *Theological Dictionary of the New Testament*, ed. Gerhard Kittel and Gerhard Friedrich, vol. IV(Grand Rapids, Michigan : William B. Eerdmans Publishing Co., 1975), p. 57.
26) 행 15:14, 18:10; 롬 9:25; 고후 6:16; 딛 2:14; 벧전 2:9; 히 4:9, 8:10, 10:31, 13:21; 계 18:4, 21:3 등.
27) 베드로전서는 사도 베드로가 네로 황제에 의한 기독교 박해가 본격적으로 시작되는 주후 64년경 로마에서 소아시아에 흩어진 성도들에게 쓴 서신으로 보고 있다.
28) Walter Kaiser, *Toward an Old Testament Theology* (Grand Rapids : Zondervan, 1978), p. 105.

29) *Gesenius' Hebrew-Chaldee Lexicon to the Old Testament,* Translated into English by Samuel P. Tregelles(Grand Rapids, Michigan : William B. Eerdmans Publishing Co., 1980), p. 578.

30) Samuel Lee, *God's Mission To A Lost World* (Chicago, Illinois : UBF, 1993), p. 174.

31) 김성욱, Ibid., p. 2.

32) 은준관, Ibid., p. 234.

33) 김성욱, Ibid., p. 2.

34) 이사야 43:20-21 "장차 들짐승 곧 시랑과 및 타조도 나를 존경할 것은 내가 광야에 물들을, 사막에 강들을 내어 내 백성, 나의 택한 자로 마시게 할 것임이라 이 백성은 내가 나를 위하여 지었나니 나의 찬송을 부르게 하려 함이니라."

35) 신 4:37, 7:6; 사 41:8-9, 43:20-21; 시 105:6, 43 등을 참조하시기 바란다.

36) John Calvin, *The Epistle of the Paul the Apostle to the Hebrews and the First and Second Epistles of St. Peter* (Grand Rapids, Michigan : Eerdmans, 1960), p. 52.

37) 김성욱, Ibid., p. 10.

38) 김성욱, Ibid., p. 6.

39) 옥한흠, 《평신도를 깨운다》 (서울: 두란노, 1984), p. 51.

미주

40) 은준관,《기독교 교육 현장론》(서울:대한기독교출판사, 1991), p. 235.

41) 내가 여기서 사용하는 '평신도주의' 란 '성직주의' 에 대비하여 사용하는 개념으로, 평신도의 위치와 역할을 지나치게 강조하는 주의를 말한다.

42) 디아코니아(Diakonia)란 그리스도의 사역을 서술하는 희랍어에서 유래되었다. 신약에 와서는 봉사를 제공하는 사람 혹은 종[δουλος (dulos)]을 의미하기도 했다.

43) 이장식,《평신도는 누구인가?》(서울: 대한기독교출판사, 1980), p. 28.

44) 은준관, Ibid., p. 237. 옥한흠, Ibid., 34. Michel Green, *Evangelism in the early Church* (Grand Rapids: Eerdmans, 1975), p. 172.

45) Kenneth Scott Latourette, *A History of the Expansion of Christianity*, vol. 1 (Grand Rapids, Michigan: Zondervan Publishing House, 1970), p. 116.

46) Marvin T. Judy, *The Multiple Staff Ministry* (Nashville, Tennessee: Abingdon Press, 1969), p. 20.

47) Andreas Lindemann, *Die Clemensbriefe* [J.C.B. Mohr(Paul Siebeck): Tübingen, 1992], p. 124.

48) 권정학, "한국 교회의 평신도 교육에 관한 연구" (석사논문, 연세대

학교 연합신학대학원, 1996), pp. 14-19.

49) M. 깁스 and T. R. 모튼, 《오늘의 평신도와 교회》 김성환 역(대한기독교서회, 1991), p. 30.

50) 기독교대백과사전 편찬위원회, 《기독교대백과사전》 제15권(기독교문사, 1995), p. 823.

51) Hendrik Kraemer, *A Theology of the Laity* (London: Lutterworth Press, 1958), pp. 51-52.

52) 은준관, Ibid., p. 238, John Knox, *The Ministry in the Primitive Church : The Ministry in Historical Perspectives*, ed. H. Richard Niebur and Daniel D. Williams, p. 10.

53) 폴 스티븐스, 《참으로 해방된 평신도》 김성오 역 (한국기독학생회출판부, 1997), p. 30.

54) M. 깁스 and T. R. 모튼, Ibid., p. 40.

55) 윌리스턴 워커, 《세계기독교회사》 강근환 역 (대한기독교서회, 1994), p. 129.

56) M. 깁스 and T. R. 모튼, Ibid., p. 36.

57) 은준관, Ibid., p. 238.

58) 이종성, "목사상(像)의 현대적 발전에 대한 개관" 〈현대와 신학〉 제3호(1966), pp. 28-30.

59) 이형기, "교회사를 통해서 본 교직자와 평신도" 〈장신논단〉 제3집

미주

(1987년 11월), p. 116, 141, 143.

60) Carl G. Kromminga, *The Communication of the Gospel through Neighboring* (Doctoral Dissertation, Free University), p. 83.

61) Roland H. Bainton, *The Ministry in the Middle Ages* The Ministry in Historical Perspective, ed. H. R. Niebuhr and Daniel D. Williams(San Francisco : Harper & Row Publishers), p. 91.

62) 이장식, Ibid., p. 38.

63) Kenneth Scott Latourette, *A History of the Expansion of Christianity*, vol. 2(Grand Rapids, Michigan : Zondervan Publishing House, 1970), p. 367.

64) 김성욱, "평신도 선교운동의 교회사적 연구", 〈세계선교〉 제32호 (1997년 가을), p. 25.

65) Ibid.

66) Ibid., pp. 25-26.

67) Earle E. Cairns, *Christianity through the Centuries* (Michigan: Zondervan Publishing House, 1996), pp. 272-277.

68) M. 깁슨 and T. R. 모튼, Ibid., p. 42.

69) 송호길, "모든 그리스도인의 제사장론" 한국 복음주의 선교신학회 세미나 (1997년 6월), p. 5.

70) Ruth A. Tucker, *From Jerusalem to Irian Jaya* (Grand Rapids,

Michigan: Zondervan Publishing House, 1983), pp. 70-74.

71) 양주선, "조나단 에드워즈의 부흥운동과 선교사상이 근대선교에 끼친 영향"(석사논문, 연세대학교 연합신학대학원, 1996), p. 79.

72) 김성욱, Ibid., p. 29.

73) WCC의 모임은 1948년 암스테르담 대회를 기점으로 하여 지금까지 계속하여 열리고 있다. 그러나 1971년 방콕대회 때부터 그 활동의 성격이 주로 인권운동 · 정치운동 등의 사회복음론에 치우쳤다. 그 전까지는 평신도에 대해서 많은 관심을 나타낸다.

74) WCC, *The Uppsala Report* (Geneva : WCC, 1968), p. 33.

75) "The Wheaton Declaration",《한국선교총람》(한국기독교선교단체협의회, 1996), pp. 363-364. "Too little training and use of the great body of laymen."

76) J. D. Douglas, ed., *Let the Earth Hear His Voice* (Minneapolis: World Wide Pub., 1975), p. 457, 김성욱, "평신도 선교운동의 교회사적 연구" p. 30에서 재인용.

77) "The Manila Manifesto",《한국선교총람》(한국기독교선교단체협의회, 1996), p. 433, 444.

78) M. 깁슨 and T. R. 모튼, Ibid., pp. 18-19.

79) 이장식, Ibid., p. 33.

80) 이만열, "선교사 입국 이전의 기독교와의 접촉"〈신학정론〉제2권,

미주

제1호(1984년 4월), p. 155.

81) 백낙준, 《한국 개신교사》(연세대학교 출판부, 1993), p. 51.

82) 방동섭, "한국 교회의 뿌리와 평신도", 한국 복음주의 선교신학회 세미나 (1997), p. 5.

83) Webster, *The People, Knowledge of the Gospel, Numerous Baptism* (The Missionary Review of the World 8, 1885), pp. 497-498, 방동섭, Ibid., 5에서 재인용.

84) Ibid., p. 488.

85) Ibid., p. 498.

86) 백낙준, Ibid., p. 51.

87) S. M. Zaener and A. J. Brown, *The Nearer and Farther East* (New York: MacMillan, 1908), p. 288, 민경배, 《한국기독교회사》 신개정판(연세대학교 출판부, 1995), p. 171에서 재인용.

88) 박성규, "마틴 루터의 만인제사직론과 헨드릭 크레머의 평신도신학 비교 연구" (석사논문, 연세대학교 연합신학대학원, 1996), p. 10.

89) Ibid., p. 125.

90) William Carey, "An Enquiry into the Obligation of Christians to Use Means for the Conversion of the Heathens", ed. Ralph D. Winter, *Perspectives on the World Christian Movement* (Pasadena, California : William Carey Library, 1992), pp. 96-97.

91) 은준관, Ibid., p. 243.
92) Yves Congar, *Lay People in the Church* (London: Geoffrey Chapman, 1957), p. 18.
93) Ibid., p. 59 ff.
94) 은준관, Ibid., p. 245.
95) Ibid., p. 246.
96) H. Kraemer, Ibid., p. 78.
97) Ibid., pp. 78-80.
98) 은준관, Ibid., p. 246.
99) H. Kraemer, Ibid., p. 127.
100) 평신도의 종교란 크레머가 말하는 개념으로서, 자유교회에서 주장하는 극단적인 교회론을 의미한다. 자유교회는 교회의 전통도, 교회의 신조도, 교리도 사실상 부정하며, 교회란 평등한 모든 신자 하나하나의 성령 경험이어야 한다고 주장하는 것이다(은준관, Ibid., pp. 246-248).
101) Ibid., p. 249.
102) H. Kraemer, Ibid., p. 150.
103) Ibid., p. 129.
104) 은준관, Ibid., p. 252.
105) 통전적(holistic)이라는 단어의 사전적 의미는 "육체와 정신을 통일

미주

적으로 보는"(Si-Sa Elite 영한사전, 1998년도판)이다. 이를 선교학에서 사용할 때에는 인간을 육체와 영혼 혹은 육체와 영혼과 정신을 통합적으로 보는 것을 의미한다. 또한 세상을, 인간과 인간이 몸담고 있는 사회를 통합적으로 보는 것이다. 여기서 사용하는 '통전적 평신도론'이라는 개념은 평신도를 이해할 때 어느 한쪽에 치우치지 않는 통합적이고 온전한 개념으로서의 평신도론을 의미한다. 즉 평신도를 통합적인 입장에서 이해하는 것이다.

106) 비슷한 입장으로 John R. W. Stott는 "넓은 의미의 선교의 개념을 세상에서 복음 전도와 사회 행동을 포함하는 그리스도인의 봉사로 인정할 수 있다면, 그리스도인들은 하나님의 뜻을 따라 사회에 보다 큰 영향을 미칠 수 있고, 우리의 막대한 힘과 그리스도의 명령의 철저한 요구에 맞는 영향력을 행사할 수 있을 것이다"라고 말했다[J. R. W. 스토트, 《현대의 기독교 선교》 서정운 역(대한기독교서회, 1992), p. 47.]

107) 통전적 선교란, 영혼의 구원과 육체의 구원, 인간의 구원과 사회의 구원을 분리시키지 않고 이 모든 구원을 통합적으로 지향하는 선교이다.

108) 서정운, 《교회와 선교》 (두란노, 1988), p. 173.

109) 이계준, "새 시대와 세계선교", 〈현대와 신학〉 제21집(1996년 6월), p. 144. 이계준, "통전적 선교 신학을 향하여", 이계준 엮음, 《현대선

교신학 : 한국적 성찰》(전망사, 1992), pp. 7-20.

110) J. C. 호켄다이크, 《흩어지는 교회》 이계준 역(대한기독교서회, 1994), pp. 95-96.

111) 이장식, Ibid., p. 40.

112) Letty M. Russell, *Christian Education in Mission* (Philadelphia : Westminster Press, 1967), p. 116, 은준관, Ibid., p. 258에서 재인용.

113) Letty M. Russell, Ibid., p. 117.

114) Ibid.

115) Hans Küng, *The Church in History* (Grand Rapids, Michigan : Eerdmans Publishing Co., 1955), p. 481.

116) Ibid., p. 52.

117) Howard Grimes, *The Rebirth of the Laity* (Abingdon Press, 1958), pp. 75-80.

118) J. C. 호켄다이크, Ibid., pp. 30-31.

119) H. Kraemer, Ibid., p. 150.

120) J. Moltmann, *The Invitation to an open Messianic Life-style Church* (London: SCM, 1977), p. 125. 루터, 모라비안, 웨슬리, 몰트만은 "교회 안의 작은 교회"라고 했고, 크레머는 "순수한 기독교적 세포조직" 혹은 "그리스도 중심의 형제됨"이라고 불렀다. UBF에는 '요회' 혹은 '지파' 등으로 부르는 작은 공동체들이 있다.

121) 은준관, Ibid., p. 264.

122) Colin W. Williams, *The Church* (Philadelphia : Westminster, 1968), pp. 154-155.

123) Letty M. Russell, Ibid., p. 66.

124) 은준관, Ibid., p. 268.

125) 이장식, Ibid., p. 66.

126) Paul Abrecht, *The Churches and Rapid Social Change* (Garden City, New York: Doubleday & Company, 1961), p. 90.

127) Alden D. Kelley, *Christianity and Political Responsibility* (Philadelphia: Westminster, 1961), p. 90.

128) Paul Abrecht, Ibid., p. 91.

129) 많은 사람들 중에서 한 사람을 선택하는 것은 가장 오래된 하나님의 방법이다[Donald Stuhlmueller C. P. and Donald Senior C. P., *The Biblical Foundations for Mission* (Maryknoll, New York : Orbis Books, 1883), p. 84].

130) 박창환, "바울의 선교원칙" 〈교회와 신학〉, 제28집(1996), p. 24.

131) 이광순·이용원, 《선교학 개론》 (한국장로교출판사, 1996), p. 44.

132) Johannes Blauw, *The Missionary Nature of the Church* (MCGraw-Hill, 1963), p. 34.

133) 이광순·이용원, Ibid., p. 58.

134) 박창환, Ibid., p. 9.

135) 졸고, Ibid, pp. 57-59.

136) 제1차 선교여행 : 사도행전 13:1-14:28.

137) 제2차 선교여행 : 사도행전 15:40-18:22.

138) 고린도전서 9:11-12 "우리가 너희에게 신령한 것을 뿌렸은즉 너희 육신의 것을 거두기로 과다 하겠느냐 다른 이들도 너희에게 이런 권을 가졌거든 하물며 우리일까 보냐 그러나 우리가 이 권을 쓰지 아니하고 범사에 참는 것은 그리스도의 복음에 아무 장애가 없게 하려 함이로라."

139) 제3차 선교여행 : 사도행전 18:23-21:14.

140) 룻 시멘즈, "새로운 선교의 길", 이득수 편역, 《직업선교》(한국기독학생회출판부, 1995), p. 17.

141) Ibid.

142) Ibid., p. 18.

143) 창세기 3장 8-9절은 말한다. "그들이 날이 서늘할 때에 동산에 거니시는 여호와 하나님의 음성을 듣고 아담과 그 아내가 여호와 하나님의 낯을 피하여 동산 나무 사이에 숨은지라 여호와 하나님이 아담을 부르시며 그에게 이르시되 네가 어디 있느냐."

144) 대학생성경읽기선교회, 《제사장 나라, 거룩한 백성》(서울: UBF 출판부, 2001), p. 1.

미주

145) Ibid., p. 62.

146) J. Christy Wilson Jr., *Today's Tentmakers Self-support: An Alternative Model for Worldwide Witness* (Wheaten Illinois: Tyndale House Publishers, 1978), pp. 20-21.

147) 후안 카트레트, 《예수회의 역사》, pp. 99-101.

148) Ibid., p. 137.

149) 장정란, "명말 청초, 예수회 선교사 아담 샬의 중국 활동" 〈성신사학〉 제10집(성신여자대학교 사학회, 1992), p. 80.

150) UBF 교재연구부, 《위대한 선교사들》 (UBF 출판부, 1990), pp. 140-145.

151) Ibid., p. 153.

152) Ibid., p. 152.

153) Ibid., pp. 147-148.

154) 크리스티 윌슨, Ibid., p. 42.

155) UBF교재연구부, Ibid., p. 149.

156) Ibid., p. 150.

157) Ibid., pp. 150-151.

158) Ibid., pp. 151-152.

159) 최종상, "선교 역사에 나타난 선교의 실상", 〈빛과 소금〉 1998년 1월호, p. 64.

160) 정준기, 《복음운동사》(광주: 광신대학교 출판부, 1998), pp. 135-136.

161) William Danker, *Profit for the Lord* (Grand Rapids, MI : Eerdmans, 1971), p. 73, 김성욱, "평신도 선교운동의 교회사적 연구", p. 28에서 재인용.

162) 데빌 워커, 《윌리엄 캐리》 UBF 교재연구부 역 (대학생성경읽기선교회, 1992), pp. 96-97.

163) 크리스티 윌슨, Ibid., p. 44.

164) 루스 터커, Ibid. pp. 142-145.

165) 민경배, 《알렌의 선교와 근대 한미외교》 (서울: 연세대학교 출판부, 1992), pp. 82-83.

166) 민경배, 《한국기독교회사》 p. 46.

167) Ibid., pp. 147-148.

168) 백낙준, Ibid., p. 173.

169) 민경배, 《알렌의 선교와 근대 한미외교》 pp. 203-209.

170) 박영관, 《기독교회 신앙과 역사》 (기독교문서선교회, 1994), p. 253.

171) 민경배, Ibid, p. 274.

172) 1989년 5월 서울에 전차 부설이 한창일 때 김영준과 이용익이 전차를 부설하면 반드시 재원이 마를 것이라고 건의도 하고, 또 부설 완료 후에도 시민을 충동해서 금차(禁車)하게 한 일이 있었다. 이 때문

미주

에 미국인이 고종에게 고하여 전차 이용의 금지를 말렸는데, 김영준과 이용익이 이에 깊은 원한을 품어 기독교 박멸을 계획하고 고종에게 기독교의 폐단에 대해 상소하여 국내에 있던 선교사와 신도들을 한꺼번에 살육하려고 했던 것이다.

173) 민경배, 《한국기독교회사》 p. 180.

174) Ibid., p. 387.

175) Ibid., p. 281.

176) 민경배, "말콤 펜윅의 한국 선교", 〈현대와 신학〉 제17집 (1993년 12월), p. 60.

177) Ibid., pp. 70-72.

178) 박건, 《멘토링 사역, 멘토링 목회》 (서울: 나침반, 2006), p. 91.

179) Ibid., pp. 74-76.

180) 민경배, "말콤 펜윅의 한국 선교" p. 295.

181) 전재옥, Ibid., p. 20.

182) 졸고, Ibid., p. 155.

183) Ibid.

184) Kane, *Winds of Charge in the Christian Mission*, p. 142.(J. Christy Wilson Jr., Ibid., p. 102에서 재인용)

185) J. Christy Wilson Jr., Ibid., p. 68.

186) Ibid.

187) Ibid., p. 69.

188) Ibid., p. 70.

189) Jun Ki Chung, *A Short History of University Bible Fellowship* (Gospel Culture Publishing Co., 1992), p. 107.

190) 민경배, "한국 교회 어제와 오늘의 과제 : 교회사적 접근(1)" 〈한국 교회 진단 : 도전과 과제〉 (연세대학교 연합신학대학원, 1998년 6월), p. 62.

191) J. Christy Wilson Jr., *Today's Tentmakers* (Wheaten Illinois : Tyndale House Publishers, 1978), p. 136. 김만풍 목사가 이 책을 《현대의 자비량 선교사들》이란 이름으로 번역하여 순 출판사에서 출판하였는데(1989년 초판, 1993년 4판), 이 부분이 페이지 중간에 있음에도 불구하고 이 부분의 번역이 빠져 있다.

192) Marlin L. Nelson, *The How and Why of Third World Missions : An Asian Case Study* (William Carey Library, 1976), p. 158.

193) Ibid., p. 159.

194) Marlin A. Nelson and Chaeok Chun, *Asian Mission Societies*, New Resources for World Evangelization (Monrovia, CA : World Vision's MARC, 1976), pp. 64-65.

195) 이여호수아 《개척기 조상들의 복음신앙과 선교정신》(UBF 출판부, 2005), pp. 7-8.

미주

196) 이현정 편저, 《그제야 끝이 오리라》(UBF 선교사 수양회 특강 : UBF 의 소감, 2006년 선교사 수양회 자료모음집, 2006, UBF 출판부), p. 190.

197) 이여호수아, Ibid, p. 17-19

198) 이여호수아, Ibid, p. 19-20.

199) 대학생성경읽기선교회, 《한알의 썩는 밀알 - 머더 사라 배리 선교사님의 생애와 사역》(이 책은 한국에서 발간되는 일간지 〈국민일보〉에서 2004년 12월 26일부터 2005년 1월 6일까지 "역경의 열매"란에 연재되었던 내용을 묶은 것이다), UBF 출판부, 2005), pp. 36-38.

200) Ibld, p. 8.

201) 여기서 UBF 맨(man)이란 편의상 필자가 붙인 이름이다. 이들은 UBF에서 전도를 받고 결신하고 신앙 훈련을 받은 사람들 중에서 UBF의 캠퍼스 전도 및 제자 양성 사역의 소명을 영접하고 이 사역에 헌신하고 있는 사람을 가리킨다. 이 용어는 편의상 그렇게 쓴 것이고, 다른 신자들과 어떤 구별성이 있다는 의미나 혹은 다른 의미를 갖지는 않는다.

202) Jun Ki Chung, Ibid. pp. 93-95.

203) UBF 내에서는 전임사역자를 스태프 목자로 부른다. 스태프는 한 지부를 책임 맡고 전체 사역을 전적으로 섬기는 자들을 지칭하는 데서 유래했고, 목자라는 호칭은 구약성경에 언급된 '목자와 양의 비유',

예수님의 '선한 목자 비유'에서 연유했다. 비신자 대학생들을 전도하고 양육하는 데 있어서 예수님의 선한 목자상을 배워 예수님의 잃은 양들을 헌신적으로 섬기고 목양하고자 하는 목회 철학과 소원에서 이런 호칭을 사용하게 되었다. 목자라는 호칭은 어떤 특권이나 권위의식을 내포하는 것이 아니라 도리어 섬기는 종의 도리를 내포하고 있다. 이런 방향에서 학생으로서 후배 학생을 목양하는 자들은 '학생 목자'라고 부르고, 졸업한 학사들 중에서 목양하는 자들은 '학사 목자'라고 부른다.

204) Ibid, p. 16.

205) 정관 제7조(회원의 의무) 회원은 다음의 의무를 진다. 1. 본회의 정관 및 규약의 준수 2. 총회 및 이사회의 결의사항 이행 3. 회비 및 제부담금의 납부 제8조(회원의 탈퇴) 회원은 이사장에게 탈퇴서를 제출함으로써 자유롭게 탈퇴할 수 있다. 제9조(회원의 상벌) 1. 본회의 회원으로서 본회의 발전에 기여한 자에게는 이사회의 의결을 거쳐 포상할 수 있다. 2. 본회의 회원으로서 본회의 목적에 위배되는 행위 또는 명예와 위신에 손상을 가져오는 행위를 하거나 제7조의 의무를 이행하지 아니한 자에 대하여 이사회는 제명, 견책, 자격 정지 등의 징계를 의결하고 이사장은 이를 시행한다.

206) 정관 제21조는 총회의 기능을 다음과 같이 규정하고 있다. 총회는 다음과 같은 사항을 의결한다. 1. 임원의 선출 및 해임에 관한 사항

미주

2. 본회의 해산 및 정관 변경에 관한 사항 3. 기본 재산의 처분 및 취득과 자금의 차입에 관한 사항 4. 예산 및 결산의 승인 5. 사업 계획의 승인 6. 기타 중요사항

207) 정관 제28조는 이사회의 의결사항을 다음과 같이 규정하고 있다. 이사회는 총회의 결의에 반대하지 않는 범위 내에서 다음의 사항을 심의 의결한다. 1. 업무 진행에 관한 사항 2. 사업 계획의 운영에 관한 사항 3. 예산 결산서의 작성에 관한 사항 4. 정관 변경에 관한 사항 5. 재산 관리에 관한 사항 6. 총회에 부의할 안건의 작성 7. 총회에서 위임받은 사항 8. 정관의 규정에 의하여 그 권한에 속하는 사항 9. 기타 본회의 운영상 중요하다고 이사장이 부의하는 사항

208) 정관 제13조(임원 선임 제한) 1. 임원의 선임에 있어서 이사는 이사 상호 간에 민법 제777조에 규정된 친족관계에 있는 자가 이사 정수의 반을 초과할 수 없다. 2. 감사는 감사 상호 간에 또는 이사와 민법 제777조에 규정된 친족관계가 없어야 한다.

209) 정관 제37조(지부장의 임명) 본회의 각 지부장은 이사회의 의결을 거쳐 이사장이 임명, 전보한다. 제38조(지부장의 권리) 지부장은 지부를 대표하며, 이사회의 지시와 감독하에 지부를 자체적으로 유지 운영함을 원칙으로 한다. 제39조(지부장의 의무) 지부장은 제7조의 회원의 의무에 준한다. 참고로 제7조를 보면 이러하다. (회원의 의무) 회원은 다음의 의무를 진다. 1. 본회의 정관 및 제 규약의 준수 2.

총회 및 이사회의 결의사항 이행 제40조(지부장의 상벌) 지부장은 제8조의 회원의 상벌 기준에 준한다.

210) UBF 내에서는 각 지부의 책임 전임사역자들을 '스태프 목자' 라 부르기도 하고 '책임 목자' 라고 부르기도 한다.

211) 이여호수아, 《개척기 UBF 조상들의 복음신앙과 선교정신》 pp. 60-63

212) Sarah Barry, "UBF World Mission History", UBF World Missions (Chicago, 1998), p. 39.

213) 이여호수아, Ibid, p. 36.

214) 이현정 편저, Ibid, pp. 192-193.

215) Ibid, p. 206.

216) Ibid, pp. 206-209.

217) 이여호수아, Ibid, pp. 25-26.

218) 이여호수아, Ibid, pp. 43-44.

219) 2001년도까지 UBF에서 분리된 CMI 소속 선교사를 포함한다.

220) 졸고, "평신도 자비량 선교에 관한 신학적 연구" p. 98.

221) 졸고, "평신도 선교사의 역할", 〈한국선교총람〉(한국 기독교 선교단체 협의회, 1996), p. 158.

222) 임누가, "추수할 일꾼들을 보내어 주소서"《거룩한 나라 백성Ⅲ》(서울:UBF), pp. 95-102.

미주

223) Ibid., p. 157.

224) Ibid., p. 158.

225) Ibid., p. 157.

226) 정락인, "전시 행정에 시들어가는 해외봉사의 꿈"〈시사저널〉제970호 (2008.5.27.), p. 44.

227) Ibid.

228) 〈국민일보〉 2008년 11월 25일자 (제 6130호), p. 28.

229) Ibid., p. 158.

230) Ibid.

231) 졸고, "평신도 자비량 선교에 관한 신학적 연구" p. 91.

232) 문상철, "한국 기독교 선교운동의 동향과 과제",〈한국선교핸드북〉 2007-2008 (서울: 한국선교연구원) CD로 배포.

233) Patrick Johnstone ,《세계기도정보》(서울: 죠이출판사, 1998), pp. 895-901.

234) 이현정 편저, Ibid, p. 200.

235) Ibid, p. 205.

236) UBF 교재연구부, "위대한 선교사들"(UBF출판부, 1990), pp. 153-154

237) Jun Ki Chung, Ibid, p. 106.

238) Ibid, p. 109.

239) 이병구, "선교하는 교회로서의 방향성", 〈세계선교〉 제33호 (1998년 봄), p. 42.

240) Emil Brunner, *The Word and the Church* (London : SCM, 1931), p. 108.

241) 교회 지향적 교회와 선교 지향적 교회라는 개념과 비슷한 개념으로는 호켄다이크의 '모이는 교회'와 '흩어지는 교회', 레인스와 웬츠가 말하는 '모이는 구조'와 '흩어지는 구조'등이 있다.

242) 이병구, Ibid., p. 43.

243) 안점식, "한국 교회의 성장 요인과 90년대 정체 요인에 대한 선교학적 고찰: 도널드 맥가브란(Donald McGavran)의 교회성장론을 중심으로" 수은 윤영탁 박사 은퇴 기념논총, 《그 아들에게 입맞추라》 (수원: 합동신학대학원출판부, 2005), p. 808.

244) 이병구, Ibid., p. 43.

245) 김광건, 《영적 리더십의 새로운 패러다임》 (서울: 웨스트민스터출판부, 2판, 2006), pp. 144-145.

246) http://www. sarangch21. net.

247) 이계준, "새 시대와 세계선교" pp. 139-147.

248) Herbert Kane, *The Chritian World Mission: Today and Tomorrow* (Grand Rapids : Balter Book House, 1981), p. 144.

249) Kang Sung Sam, *Missinang Traing in Asian Contmot* (Global

미주

missin Societig, 2008), p. 56

250) 《21세기 선교의 비전과 전략》 (2005년 선교지도자포럼 및 전략회의, 2005.10. MNET), pp. 65-70

251) Paul G. Hiebert & Eloise Hiebert Meneses, 《성육신적 선교사역》, 안영권과 이대헌 옮김 (서울: 기독교문서선교회, 1998), pp. 84-85.

252) 신동우, 《선교학》 (서울: 예루살렘, 1993), p. 45.

253) 김요한, "선교사의 재정 관리", 〈세계선교〉 제26호(1996년 봄), p. 26.

254) 김성태, "지역교회의 능동적인 선교 참여를 위한 효과적인 협력 선교에 대한 제언", 〈세계선교〉 제33호(1998년 봄), p. 8.

255) 졸고, "땅끝까지", 《평신도의 선교요원화》 (한국기독교선교단체협의회, 1990), p. 164.

256) 유기남, "한국선교사 위기관리 기구와 위기관리 지침서" 제7회 한국선교지도자 국제포럼 핸드북 (2007.11. CCK, KWMA, ISFM, KSFM, IJFM, KJFM), pp. 68-77.

257) 김성태, "2천년대를 향한 세계선교 전망", Ibid., p. 29.

258) 졸고, 《평신도 선교사의 역할》 p. 155.

259) 남후수, 《미래의 세계선교전략》 (프리칭아카데미, 2008), p. 66.

260) Ibid., p. 67.

261) 이계준, "새 시대와 세계선교", p. 147.

262) J. Herbert Kane, *Understanding Christian Missions* (Grand Rapids, MI: Baker Book House Co., 1978), p. 405.

263) Roland Allen, *The Ministry of the Spirit* (London: World Dominion Press, 1960), pp. 78-79.

264) 장국원, 《역사와 신학》 (아람문화사, 1998), p. 143.

265) Karl Heim, 《세계의 완성자 예수님》, 장국원 편역 (UBF 출판부, 1988), pp. 280-289.

| 판 권 |
| 소 유 |

평신도 **전문인** 자비량 **선교**

2010년 7월 10일 인쇄
2010년 7월 15일 발행

지은이 | 이현정
발행인 | 이형규
발행처 | 쿰란출판사

주소 | 서울 종로구 이화동 184-3
TEL | 02-745-1007, 745-1301~2, 747-1212, 743-1300
영업부 | 02-747-1004, FAX / 02-745-8490
본사평생전화번호 | 0502-756-1004
홈페이지 | http://www.qumran.co.kr
E-mail | qumran@hitel.net
　　　　　qumran@paran.com
한글인터넷주소 | 쿰란, 쿰란출판사

등록 | 제1-670호(1988.2.27)

책임교열 | 오완 · 박신영

값 12,000원

ISBN 978-89-5922-950-5 93230

＊ 이 출판물은 저작권법에 의해 보호를 받는 저작물이므로 무단 복제할 수 없습니다.
　잘못된 책은 교환해 드립니다.